新世纪高职高专
汽车运用与维修类课程规划教材

U0590047

汽车底盘拆装与检修

QICHE DIPAN CHAIZHUANG YU JIANXIU

■ 主　编　庞成立

副主编　杨连福　宋丽敏

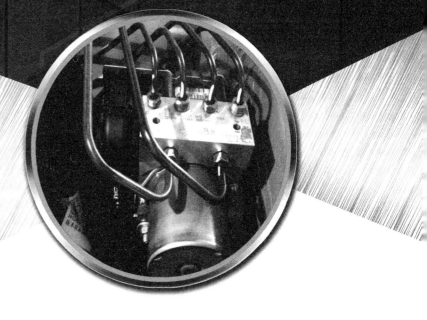

 大连理工大学出版社

图书在版编目（CIP）数据

汽车底盘拆装与检修 / 庞成立主编. —大连 ：大连理工大学出版社，2016.3
ISBN 978-7-5685-0299-3

Ⅰ. ①汽… Ⅱ. ①庞… Ⅲ. ①汽车－底盘－装配（机械）②汽车－底盘－车辆修理 Ⅳ. ①U463.1②U472.41

中国版本图书馆 CIP 数据核字（2016）第 025368 号

大连理工大学出版社出版
地址：大连市软件园路 80 号　邮政编码：116023
电话：0411-84708842　邮购：0411-84708943　传真：0411-84701466
E-mail：dutp@dutp.cn　URL：http://www.dutp.cn
大连力佳印务有限公司印刷　　　　大连理工大学出版社发行

幅面尺寸：185mm×260mm	印张：13.25	字数：318 千字
2016 年 3 月第 1 版		2016 年 3 月第 1 次印刷

责任编辑：吴媛媛　　　　　　　　　　　责任校对：范峻凯
封面设计：张　莹

ISBN 978-7-5685-0299-3　　　　　　　　　定　价：29.80 元

前　言

伴随中国汽车工业的迅猛发展，以高素质技术技能人才培养为主体的中国高等职业教育的国际化趋势越发明显。教材编写项目组成员借鉴了美国圣智学习集团的经验，引进了国际化的职业教育理念、课程体系和教学手段，编写了本教材。

教材是教学的重中之重，是教学的重要辅助资源。汽车底盘是车辆的核心组成部分，众多汽车院校均开设了汽车底盘的独立实践课程，而汽车底盘实践教学中运用的教材基本上是理论性较强的教材，不利于学生对实践技能的有效掌握。因此，我们决定编写一本实践性较强的实训教材。

在高职教育教学的长期实践过程中，特别是在创建示范性院校和示范性专业的过程中，尝试以学生为主体，设计实践情境，让学生能够看懂教材，按照教材的指导完成各项目训练的内容，做到预习、练习和复习的有效衔接，打破传统学科体系以及教学模式，这就需要有相应的改革配套教材辅助实践教学；而且，以往有些教材的部分内容过于陈旧、千篇一律，毫无创新性和实效性。鉴于此，本教材应体现新材料、新技术和新工艺，内容更新与时俱进，教材内容由原来的大货车倾向社会保有量较大的现代轿车，适于高职高专汽车专业的学生使用。

本教材在简单介绍汽车底盘各总成部件结构及工作原理的基础上，重点描述如何以规范的程序对汽车传动系统（包括离合器、手动变速器、自动变速器、万向传动装置、驱动桥等部件）、汽车行驶系统、汽车转向系统、汽车制动系统进行科学的维护、修理、拆装以及故障诊断与排除。全书共划分成5大模块、16个项目，按照汽车相关专业相应的习惯编排项目顺序，每个项目均强调学生综合素质的培养，力求突出以下特色：

1. 内容选取方面：体现建构主义教学理念，突破专业界限，强调知识和实践技能衔接贯通后的综合运用。理论知识方面的基本构造仍需少量介绍一些，重点强调实践步骤、实践规范、实践工量具与设备仪器的有效运用。

2. 操作技能方面：强调尽量基于工作过程的真实要求。例如：从维修工艺要求出发，分解部件总成；完全依照操作规

新世纪

范,介绍性能检测和故障诊断方法。

3. 内容更新方面:与时俱进,追踪最新技术、政策和标准,注重介绍相关领域技术和仪器设备的最新发展,强调技术的先进性,尽量避免知识老化现象。

4. 职业能力分析调研方面:构建符合应用型人才培养需要的教材,对课程服务的岗位进行职业能力和职业资格标准的调研与分析,在教材内容中融入职业资格标准,真正做到以职业能力培养为目标的教学实施。

5. 项目内容编排方面:每个项目开始都明确知识、技能目标,教学重点、难点指引,并进行简单的教学设计,统筹教学设备与工量具;项目中设置分项子项目,将内容有效地分割序化,统一精心编排;每个项目后都提供了大量丰富的项目练习与测试题,用以检验学生的学习效果,使所学知识和技能得到巩固和提升。

6. 插图建设方面:基于美观、大方、简洁的原则进行插图的建设,尽量把零部件的结构等易于用图形来表达的内容形象直观地表达出来。

本教材由大连职业技术学院庞成立任主编,大连职业技术学院杨连福和宋丽敏任副主编。具体编写分工如下:庞成立编写模块2~模块5,并负责全书的总体框架设计、组织和统稿;杨连福编写模块1的项目1;宋丽敏编写模块1的项目2。

另外,在编写教材的过程中我们得到了大连捷仕达汽车销售服务有限公司候传利、大连市西岗区正泰汽车服务中心王献武等具有多年汽车维修经验的维修技师的实践技术指导、支持和帮助,并参考了大量的优秀文献,在此一并表示衷心的感谢!

由于时间仓促,书中仍可能存在不足和疏漏之处,恳请使用本教材的广大读者批评指正,并将意见和建议反馈给我们,以便修订时完善。

编　者

2016 年 1 月

所有意见和建议请发往:dutpgz@163.com

欢迎访问教材服务网站:http://www.dutpbook.com

联系电话:0411-84706676　84707424

目　录

项目 1 汽车底盘总体认识

教学准备			
序号	名称		内容
1	学习目标	知识目标	了解汽车底盘及传动系统的功用、类型、基本组成,理解常用基本术语
		技能目标	获得与人沟通的初步训练,掌握现场访问和技术调查的基本方法;能够实物识别汽车底盘主要零部件
2	教学设计		针对学校有汽车的部门和个人进行访问及调查,然后在理实一体化整车实训室用模型讲解汽车底盘基本结构和简单工作原理
3	重点		汽车底盘及传动系统的类型、功用和基本组成
4	难点		现场技术调查
5	教学设备及工量具		汽车总成或教学模型台架若干

1.1 汽车底盘认识调查实践指导 ⋮

1.1.1 汽车底盘认识调查任务

(1)调查所接触的汽车信息,例如汽车的行驶里程、VIN 码、年款、汽车以前的维修情况、维修的预测以及技术服务报告。

(2)查找和解释汽车及主要零部件编号。

(3)调查和了解汽车底盘的总体组成、传动系统总体布置形式及其特点。

1.1.2 汽车底盘认识调查步骤

(1)观察汽车并描述其主要零部件的作用及在车上的位置。

(2)变速器或者变速驱动桥能达到的速度是多少?

(3)使用维修手册或者借助其他的信息来源,描述被调查汽车认证号码所代表的含义。

(4)在汽车底部或者发动机隔间中,查找在变速器或者变速驱动桥上的认证标签。

（5）如果主驱动桥壳和变速器或者是驱动桥壳分离，查找主驱动单元的认证标签，并说明你是在哪里找到的。

（6）说明在主驱动轴的认证标签上的信息

（7）使用维修手册或者电子数据库，查找关于汽车驱动装置的信息；描述离合器和直接附在驱动装置上面的控制单元或者是传感器。

（8）使用维修手册或者电子数据库，查找和记录所有的关于由生产厂家记录的驱动装置的维修提示。

（9）使用合适的信息，查找和记录汽车的维修历史情况。

（10）为与变速器和驱动装置相关的汽车编写技术服务报告。

注意 用文字和简图记录访问及调查的成果，在访问过程中要注意文明礼貌。

1.1.3 汽车底盘实物识别

如图 1-1 所示，结合台架识别后驱动汽车底盘总体结构组成，明确主要元件名称及部位。

图 1-1　后驱动汽车底盘台架

如图 1-2 所示，结合台架识别前驱动汽车底盘总体结构组成，明确主要元件名称及部位。

图 1-2　前驱动汽车底盘台架

1.1.4 接车谈话与客户委托

师生模拟企业 4S 店维修场景，由汽车前台接待服务顾问直接接受客户委托，向客户提供咨询，与其商定维修的范围，然后将委托单转交给车间主管或服务团队。通过对工作流程的改变，使车辆机电维修工加强了与客户的直接接触。所以，未来的车辆机电维修工在掌握专业知识和方法的同时，还需要具备解决问题的沟通能力。职业学校最好通过团队协作的方式达到培养该能力的目的。

本项目要求团队的成员共同完成下列任务：扮演提出委托的客户，进行角色换位；共同对维修工作进行计划、口述执行和检验；在完成维修后与客户进行咨询谈话。

1. 接受客户委托流程

向客户致以友好的问候，进行自我介绍；认真、积极、耐心地倾听客户意见，询问客户要求；询问客户姓名、车牌号和里程数；请客户出示机动车行驶证；根据车辆识别号和发动机编号识别车辆;与客户一起对故障现象进行初检,确认故障现象;询问客户是否还有其他要求;确定交车日期;询问客户的电话号码,以便进行回访;让客户确认委托内容并签字。

2. 直接接车

客户将其车辆交给维修站进行修理时,在接车谈话过程中,就要让客户感觉到维修站为其留出了时间,并且在直接接车时向其提出有益的建议。即使许多客户不要求为其留出这个时间,让客户确信以下情况是很重要的:

客户可以自己看到其车辆的故障;可以准确解释检测结果;需进行附加维修工作时维修站不用再次询问客户;可以在客户在现场时确定附加的维修项目;让客户感觉到只进行必要的维修工作;如果客户事先知道所有工作内容,就会了解维修结算金额。这个直接接车时间约为 10～15 分钟。

3. 委托内容

委托识别(日期、序列号、委托类型);车辆识别(型号、车型、牌照号、底盘编号、注册登记日期);客户识别(姓名、签字、电话号码)。

工作说明:详细工作内容和工时(标明车辆机电维修工姓名和人员编号);配件和材料消耗说明。

1.2 汽车底盘总体认知引导

1.2.1 汽车底盘总体构成

汽车由发动机、底盘、车身及电气设备组成,汽车底盘由传动系统(简称传动系)、行驶系统(简称行驶系)、转向系统(简称转向系)及制动系统(简称制动系)四大系统共同组成,货车底盘总体结构及轿车底盘总体结构分别如图 1-3 及图 1-4 所示。

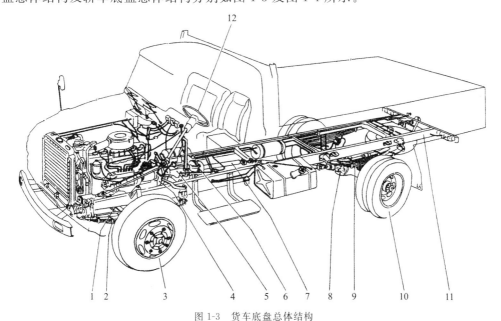

图 1-3 货车底盘总体结构

1—前轴;2—前悬架;3—前轮;4—离合器;5—变速器;6—驻车制动器;7—传动轴;8—驱动桥;
9—后悬架;10—后轮;11—车架;12—方向盘

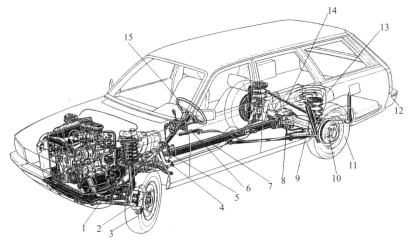

图 1-4　轿车底盘总体结构

1—前悬架；2—前轮制动器；3—前轮；4—离合器踏板；5—变速器操纵机构；6—驻车制动手柄；7—传动轴；
8—后桥；9—后悬架；10—后轮制动器；11—后轮；12—后保险杠；13—备胎；14—横向稳定器；15—方向盘

1.2.2　汽车底盘各类传动系统布置形式

汽车底盘传动系统的总体布置与发动机的位置及汽车的驱动方式有关，一般可分为机械式传动系统的布置方式、液力式传动系统的布置方式以及电力式传动系统的布置方式。

1. 机械式传动系统的布置方式

机械式传动系统的布置形式一般包括发动机前置后轮驱动、发动机前置前轮驱动、发动机后置后轮驱动、发动机中置后轮驱动以及发动机前置全轮驱动等。

(1)发动机前置后轮驱动(英文简称 FR)的传动系统

发动机前置后轮驱动的传动系统如图 1-5 所示。这是一种典型的传统布置形式，主要应用于大、中型载货汽车上。这种传动系统由于质量分布均匀，接近于理想分配，有利于汽车起步、加速和爬坡。但驱动轮距离发动机较远，需要一根很长的传动轴来连接，致使汽车质量增加，也影响了传动效率。

图 1-5　发动机前置后轮驱动的传动系统

1—发动机；2—离合器；3—变速器；4—手制动器；5—传动轴；6—车架；7—后驱动桥；8—后驱动轮

（2）发动机前置前轮驱动（英文简称FF）的传动系统

图1-6、图1-7所示为FF的传动系统。图中发动机、离合器、变速器、主减速器、差速器装配成十分紧凑的整体，固定于车身或车架上。传动系统中省略了纵贯汽车前后的传动轴。前轮驱动轿车有的发动机横置（如捷达、高尔夫、神龙、富康轿车等），如图1-6所示。这样可以有效地利用发动机室内的空间，而且无须在动力传动中扭转90°，主减速器结构简单，传动效率高。有的车辆发动机纵置（如上海桑塔纳、一汽奥迪轿车等），如图1-7所示。

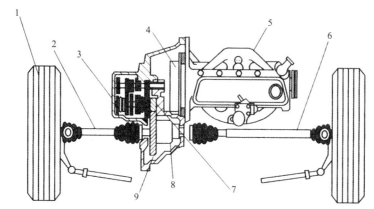

图1-6 发动机前横置前轮驱动的传动系统

1—前转向驱动轮；2—传动轴；3—变速器；4—离合器；5—发动机；
6—传动轴；7—减速器主动齿轮；8—差速器；9—减速器从动齿轮

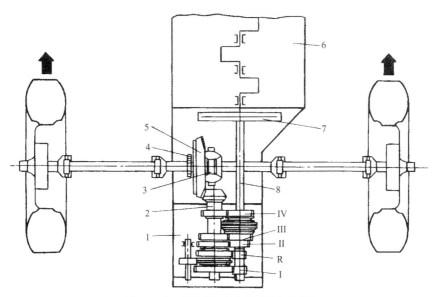

图1-7 发动机前纵置前轮驱动的传动系统

1—变速器；2—主动齿轮（输出轴）；3—差速器；4—车速表齿轮；5—从动齿轮；6—发动机；7—离合器；8—变速器输入轴

（3）发动机后置后轮驱动（英文简称RR）的传动系统

图1-8所示为RR的传动系统。这种布置方式多用于发动机后置后轮驱动的大型客车上。发动机通常横向卧式布置于驱动桥之后，其传动轴大为缩短。发动机动力经过离合器、变速器、角传动装置、万向传动装置和后驱动桥，再传给驱动轮。后置发动机，可使前轴不易

过载,车厢面积利用率高,重心低,行驶稳定;但操纵机构复杂,发动机散热条件差。

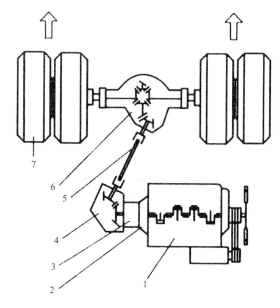

图 1-8   发动机后置后轮驱动的传动系统

1—发动机;2—离合器;3—变速器;4—角传动装置;5—万向传动装置;6—后驱动桥;7—后驱动轮

(4)发动机中置后轮驱动(英文简称 MR)的传动系统

MR 的传动系统是将发动机布置于驾驶室后面的汽车的中部,后轮驱动,如图 1-9 所示。该布置方式有利于实现前、后轴较为理想的轴荷分配,是赛车和部分大、中型客车采用的方式。客车采用这种方式布置时,能使车厢有效面积得到最高利用。不足之处主要在于维修不方便,因而应用不是很广。

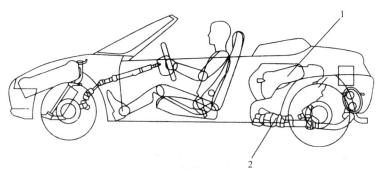

图 1-9   发动机中置后轮驱动的传动系统

1—发动机;2—传动系统

(5)发动机前置全轮驱动(简称全轮驱动,英文简称 XWD)的传动系统

XWD 的传动系统如图 1-10 所示,发动机布置在汽车前部,动力经过离合器、变速器、分动器、万向传动装置分别到达前后驱动桥,最后传到前后驱动轮,使汽车行驶。由于所有的车轮都是驱动轮,提高了汽车的越野通过性能,这是越野汽车采取的布置形式。

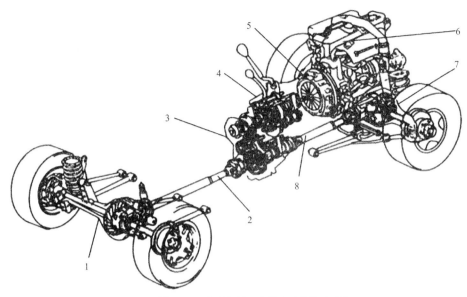

图 1-10 　发动机前置全轮驱动的传动系统

1—后驱动桥;2—后万向传动装置;3—分动器;4—变速器;5—离合器;6—发动机;7—前驱动桥;8—前万向传动装置

2. 液力式传动系统的布置方式

液力式传动系统可分为静液式和动液式两种,二者都是以液体为传动介质,前者利用液压能的变化来传递或变换能量;后者利用液体在主动元件和从动元件之间循环流动过程中动能的变化来传递或变换能量。

(1)静液式传动系统

静液式传动系统又称为容积式液压传动系统。图 1-11 所示为具有液压驱动桥的静液式传动系统,它主要由液压马达 2、液压自动控制装置 6 和由发动机驱动的液压泵 7 等组成。液压泵受发动机驱动使工作油升压,压力油经管路到各种控制元件及液压马达,液压马达再将工作油压转变为转矩,将动力传给驱动桥的主减速器,再经差速器和半轴传到驱动轮。在图 1-11 所示的方式中,只用一个液压马达驱动汽车的驱动桥,使汽车行驶。

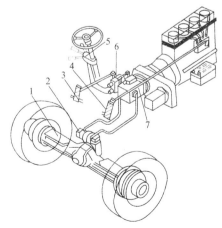

图 1-11 　具有液压驱动桥的静液式传动系统

1—驱动桥;2—液压马达;3—制动踏板;4—加速踏板;5—变速操纵杆;6—液压自动控制装置;7—液压泵

驾驶员通过变速操纵杆 5 操纵液压自动控制装置,以控制液压泵输出的压力油的流量。

汽车起步前启动发动机时,可以使液压泵处于空转,即流量为零的状态,这相当于机械变速器的空挡。由于汽车起步时所受阻力最大,故应将液压泵流量控制在最小值,从而在系统中建立最大的液压,以使液压马达的输出转矩和驱动轮上的驱动力最大。起步后,行驶阻力减小,故可逐渐加大液压泵流量,使系统中的液压和液压马达转矩逐渐减小,同时液压马达和驱动轮转速逐渐升高,从而实现汽车加速。液压变化是渐进的,因而这种传动系统可以在不中断传动的情况下实现无级变速。

液压泵和液压马达一般采用轴向柱塞式,液压泵可在输入轴旋转方向不变的情况下,改变压力油在系统中的流动方向,从而改变液压马达的旋转方向,借以实现汽车倒向行驶。

(2)动液式传动系统

动液式传动系统又称为液力机械式传动系统,其特点是组合运用液力传动和机械传动。液力耦合器和液力变矩器是动液式传动系统的基本装置。液力耦合器只能传递转矩,而不能改变转矩的大小,可以代替离合器的部分功能,即保证汽车平稳地起步和加速,但不能保证在换挡时变速器中的齿轮不受冲击。液力变矩器可以实现无级变速,并具有增大和变换转矩的能力;其良好的自动适应性使操纵大为方便,使车辆在不良路面上的通过性得到改善;与发动机合理匹配后能充分发挥发动机的性能,并有利于减少排气污染;使发动机与驱动轮之间实现柔性连接,可避免传动系统的扭转振动和冲击,提高零部件的使用寿命,改善乘坐舒适性。但是,液力变矩器的输出转矩与输入转矩的比值变化范围还不足以满足使用要求,故一般要在其后串联一个有级式机械变速器而组成液力机械变速器,以取代机械式传动系统中的离合器和变速器。动液式传动系统其他的组成部件及其布置方式均与机械式传动系统相同。

动液式传动系统能根据道路阻力的变化,自动地在若干个车速范围内分别实现无级变速,而且其中的有级式机械变速器还可以实现自动或半自动操纵,因而可使驾驶员的操纵大为简化。但是,该系统存在结构较复杂、造价较高、机械效率较低等缺点。随着人们对驾驶舒适性要求的提高,动液式传动系统的应用日益广泛。

3. 电力式传动系统的布置方式

近年来随着电动机技术、控制技术以及储能元件材料方面的改进和发展,以及人们对节能环保的日益重视,"发动机+电动机"的混合动力汽车技术已取得重大进展,并已出现批量生产的产品。其组成和布置与静液式传动系统有些类似,如图1-12所示。它是由发动机5带动发电机4发电,将发出的电能送到电动机2。这种系统可以只用一个电动机与传动轴或驱动桥连接,也可以在每个驱动轮上单独安装一个电动机。在后一种情况下,电动机输出的动力必须通过减速机构传输到驱动轮上,因为装在车轮内部的牵引电动机的转矩还不够大,转速则明显过高。这种直接与车轮相连的减速机构称为轮边减速器。内部装有牵引电动机和轮边减速器的驱动轮称为电动轮。

电力式传动系统的优点是:从发动机到驱动轮只有电气连接,可使汽车的总体布置简化、灵活;启动及变速平稳,冲击小,有利于延长车辆的使用寿命;具有无级变速特性,有助于提高汽车的平均车速;将电动机改为发电机用于制动可提高行驶安全性;简化操纵等。但是电力式传动系统也有质量大、效率低、消耗较多的有色金属等缺点。

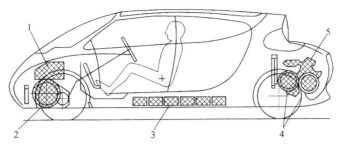

图1-12 混合动力汽车采用的电力式传动系统示意图

1—电动机控制器;2—电动机;3—电池;4—发电机;5—发动机

项目练习与测试

(一)填空题

1.汽车底盘包括_____、_____、_____以及_____四大系统。

2.汽车传动系统主要是由_____、_____、_____、_____和_____等装置组成的。

3.汽车上的"五油三水"分别是指_____、_____、_____、_____、_____、_____、_____、_____。

(二)选择题

1.汽车底盘是由( )组成的。

A.传动系统、行驶系统、转向系统和制动系统等

B.动力系统、操纵系统、行使系统等

C.动力系统、电气系统、承载系统等

D.动力系统、操纵系统、传动系统等

2.在谈论传动系统的作用时,技师甲说它的作用是将发动机的动力传到驱动轴。技师乙说传动系统的作用是控制驱动轮的动力使车辆安全转向。请问谁的说法正确?( )

A.只有甲说得对 　　　　　　　　B.只有乙说得对

C.甲和乙说得都对 　　　　　　　　D.甲和乙说得都不对

3.技师甲说齿轮用来传递转矩给传动系统的各个部分。技师乙说齿轮用来增大转矩。请问谁的说法正确?( )

A.只有甲说得对 　　　　　　　　B.只有乙说得对

C.甲和乙说得都对 　　　　　　　　D.甲和乙说得都不对

4.在谈论万向节时,技师甲说万向节消除了发动机功率的振动。技师乙说它使驱动轴能随着驱动桥和悬架的跳动而摆动。请问谁的说法正确?( )

A.只有甲说得对 　　　　　　　　B.只有乙说得对

C.甲和乙说得都对 　　　　　　　　D.甲和乙说得都不对

5.在谈到差速器的作用时,技师甲说它允许驱动轮在转向时以不同的转速旋转。技师乙说差速器上的主减速器齿轮能改变变速箱送来的转矩大小。请问谁的说法正确?( )

A.只有甲说得对 　　　　　　　　B.只有乙说得对

C.甲和乙说得都对 　　　　　　　　D.甲和乙说得都不对

6.在谈论前轮驱动汽车时,技师甲说差速器通常是变速驱动桥总成的一部分。技师乙说驱动轴通常由驱动桥的一侧延伸到车轮。请问谁的说法正确?(　　)

A.只有甲说得对　　　　　　　　　B.只有乙说得对

C.甲和乙说得都对　　　　　　　　D.甲和乙说得都不对

7.技师甲说四轮驱动汽车通常用分动器将发动机的转矩传递到前桥和后桥。技师乙说四轮驱动汽车通常有两个离合器、两个差速器、两个传动轴。请问谁的说法正确?(　　)

A.只有甲说得对　　　　　　　　　B.只有乙说得对

C.甲和乙说得都对　　　　　　　　D.甲和乙说得都不对

(三)简答题

1.说明图1-13所示传动系统的布置形式、英文缩写以及简单动力传递的路线,并分析此种布置形式的特点。

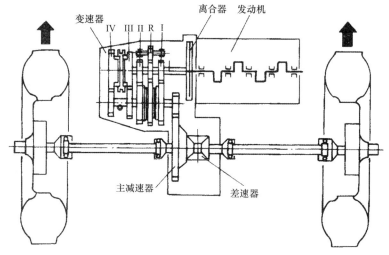

图1-13　简答题1图

2.说明图1-14所示传动系统的布置形式、英文缩写以及简单动力传递的路线,并分析此种布置形式的特点。

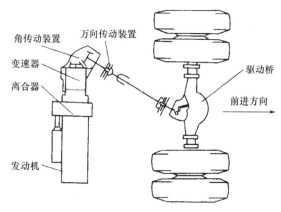

图1-14　简答题2图

3.说明图1-15所示传动系统的布置形式、英文缩写以及简单动力传递的路线,并分析此种布置形式的特点。

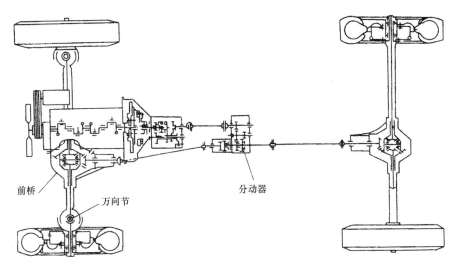

图 1-15　简答题 3 图

前桥　万向节　分动器

4.汽车匀速行驶的基本条件是什么?

5.汽车型号后的标记 4×2、4×4、6×6 分别表示什么含义?

6.评价汽车使用性能的基本指标包括哪些?

项目 2　车间工作安全及维修常用工量具的使用

教学准备			
序号	名称		内容
1	学习目标	知识目标	了解汽车通用车间必须遵守的车间安全规定,懂得汽车维修安全和事故防患的重要性。理解并掌握基本的个人安全防护措施,包括个人安全保护措施、污染物处理措施以及事故预防急救措施
		技能目标	掌握所有的通用车间安全措施和车间人身安全措施;掌握重物的正确搬运方法;掌握正确规范使用维修工具、设备的方法;掌握安全使用空气压缩设备的方法和规则;掌握正确使用车辆举升装置的方法
2	教学设计		访问安全的车间,了解、接触有关的车间危害和车间安全规定;在车间实践,初步练习使用各种特种设备、安全防火设备、常用底盘维修工量具
3	重点		理解和掌握基本的个人安全防护措施;掌握所有通用车间安全措施
4	难点		安全的车间现场访问及调查实施;规范使用各种工具设备
5	教学设备及工量具		安全车间的所有工具、设备、设施及维修常用工量具

2.1　车间工作安全调查实践指导 ∴

2.1.1　现场访问及调查

对安全的汽车4S店维修车间实施访问,了解车间危害和为避免人身伤害和财产损失所采取的必要措施;了解汽车车间必须遵守的通用车间安全规定;理解汽车维修安全和事故防患的重要性。在访问过程中,要注意文明礼貌。

整洁、安全车间的特征:地面清洁不湿滑;火警应急出口畅通;器具存取通道无障碍;工具存放安全方便;电气和压缩空气等动力输出源标记清楚明显并定期检查;加长电缆或软管在用完后收好或悬吊在天花板上;工作场所灯光明亮;空气新鲜,工作环境舒适;固定设备或装置得到定期维护并处于安全状态;工作场所的所有人员均受过使用常用设备的培训,并知道安全操作规程。

工作时是否安全往往是在你到达工作场所之前就已确定了。如工作前是否做了充分的准备,考虑一下哪种衣着适合要进行的工作。许多割伤和擦伤都是由使用损坏的手用工具或误用手用工具造成的。工作时应保持工具清洁完好,切勿使用已知损坏的工具。许多人因在工作时闲荡而遭受严重伤害。事故往往发生在你分心或精神不集中的时候。你有责任为自己和同事的安全,在工作场所时刻对自己的行为负责。

2.1.2　车间工具、设备使用的初步实践

在车间进行初步实践,练习安全使用特种设备和安全防范设备,学会正确、安全使用维修工具、压缩空气气动工具和液压工具及清洗设备、车辆举升装置等设备的方法。

警告:使用举升机、千斤顶举升重物时,重物的重量切勿超过设计的额定举升力。如果千斤顶的额定举升力为 2 t 质量物体的重力,就不能用它举升 5 t 重的物体,否则对人对车都是很危险的。

在将车辆开到举升机上面时,要预先留出位置,切勿推翻或碰撞举升机、连接器或支承器。否则有可能损坏举升机、车辆和车轮。

警告:在升起的车辆下面工作时,始终要把举升器锁定好。否则工作时举升机会下滑。切勿使用锁定机构损坏的举升机,锁定机构可以保证举升机损坏时不会下滑。举升之前,要确保车辆准确定位,按规定对准车辆的举升支承点,确保支承器与车辆完全接触。举升汽车前,请先晃动一下车辆,检查支承是否平稳牢靠,再将车辆举升到合适的位置。

2.2　汽车维修安全规程

2.2.1　个人安全

1. 眼睛的防护

在汽车维修企业中,眼睛经常会受到各种伤害,如飞来的物体、腐蚀性的化学飞溅物、有毒的气体或烟雾等。常见的保护眼睛的装备是护目镜和面罩。护目镜可以防护各种对眼睛的伤害,如飞来物体或飞溅的液体。

此外,各种焊接更是对眼睛伤害巨大

(1)电阻焊:该工艺可使熔融金属颗粒高速射出,操作中必须对眼睛和皮肤加以保护。

(2)电弧焊:该工艺会放射高能量紫外线,造成操作人员和附近人员眼睛和皮肤灼伤。气体保护焊在这方面伤害更大。必须穿戴个人防护装置,并且用屏蔽装置保护其他人。

(3)气焊:氧-乙炔焊炬可用来焊接和切割,应格外小心防止这些气体泄漏,以免引起火灾和爆炸。气焊过程中会产生金属飞溅,需要使用眼睛和皮肤防护装置。气焊火焰明亮,应使用眼睛防护装置,但其放射的紫外线要比电弧焊少得多,可使用较浅的滤光镜。

(4)锡焊:焊锡是几种金属的混合物,混合物的熔点低于各组分金属的熔点。如果使用空气焰,焊锡通常不会产生有毒气体。但应注意不得使用氧乙炔焰,因为它们温度太高,会产生铅烟。任何类型的火焰作用在涂有油脂的表面都会产生一些烟雾,焊接时应避免吸入这些烟雾。

2. 听觉的保护

汽车修理厂的噪声很大,各种设备如冲击扳手、空气压缩机、砂轮机、发动机等的噪声都很大。短时的高分贝噪声会造成暂时性听力丧失,但持续的较低分贝噪声则危害更大,应做好防护。常见的听力保护装备有耳罩和耳塞,噪声分贝极高时可同时佩戴。一般在钣金车间必须佩戴耳罩或耳塞。

3. 手的保护

手是身体经常受伤的部位之一,保护手要从两方面着手:一是不要把手伸到危险区域,如发动机前部转动的传动带区域、发动机排气管道附近等;二是必要时应戴上防护手套。不同的场合需用不同的防护手套,如金属加工用劳保安全手套,接触化学品用橡胶手套等。

4. 身体背部的保护

从地面或工作台上搬抬物体时使用正确的方法有助于减小背部受伤的危险。

注意不要试图抬过多的重量,20 kg 通常是一个人的安全极限;从地面抬起物体时,两脚应微微分开,屈膝,背部挺直,用腿部肌肉提供力量抬起重物。

在抬起超过 20 kg 的物体时,建议使用活动吊车或千斤顶等起重装置,搬运重物时,让重物贴近身体。

5. 衣服、头发及饰物的保护

宽松的衣服、长衣袖、领带都容易卷进旋转的机器中,所以在修理厂中,首先,一定要穿合体的工作服,最好是连体工作服,外套、工装裤也可以。如果戴领带则要把它塞到衬衫里。

工作时不要戴手表或其他饰物,特别是金属饰物,在进行电气维修时可能会导入电流而烧伤皮肤或导致电路短路而损坏电子元件或设备。在工厂内要穿劳保鞋,可以保护脚面不被落下的重物砸伤,且劳保鞋的鞋底是防油、防滑的,可防止摔伤。长发很容易被卷入运转的机器中,所以长发一定要扎起来,并戴上帽子。

2.2.2 污染物处理

《中华人民共和国大气污染防治法》第三十六条规定:向大气排放粉尘的排污单位,必须采取除尘措施。严格限制向大气排放含有毒物质的废气和粉尘;确需排放的,必须经过净化处理,使其不超过规定的排放标准。

汽车是造成大气污染的主要污染源之一。对于内燃机车辆,主要控制的污染物有一氧化碳(CO)、碳氢化合物(HC)、氮氧化物(NO_x)和可吸入颗粒物。维修车间如果不注意通风排烟,将对车间作业人员造成重大伤害。因此,在维修车间进行维修作业时,应特别注重各种化工材料、废气、空调制冷剂、燃油、溶剂、润滑油和润滑脂、氯氟化碳、氟橡胶、粉尘、石棉、纤维绝缘材料、防冻剂、酸和碱、制动液、防锈材料、蓄电池酸液、油漆、胶粘剂和密封剂、泡沫材料的安全使用与废物处理,以尽量减少车间内的污染物,减小对人员的伤害。

2.2.3 事故预防和急救

汽油、柴油、涂料、凡士林、润滑油、汽车内饰件、带油污的棉丝、木头、纸张等容易引起火灾。电起火及金属燃烧则是不太常见的起火原因,如镁是一种用于制造轮胎的易燃金属,它遇到高温时会燃烧并发出强光。

如果润滑油溅出或油泥落在地面上应擦干净,否则容易引起严重的事故或伤害。变速器油特别滑,若溅出则应立即清除,不仅要用清洗剂和水冲洗,而且要将油及其他脏物冲入地沟。

由于随时都有可能发生事故,所以维修工必须熟悉维修车间的布局,熟知灭火器、消火栓、急救工具、洗眼水及其他安全设施的位置和操作方法,清楚消防通道和路线。注意车间内所有的警示牌、车间工具或设备的特殊说明。如果没有灭火器,也可用毯子或防护罩来灭火。如果火势太大难以扑灭,所有人应转移并打 119 电话向消防队求救。应做到防患于未然,并在发生火灾时快速反应。

2.3　汽车维修常用工量具的使用 ∴

2.3.1　维修常用工具

1.扳手

扳手用以紧固或拆卸带有棱边的螺母和螺栓。常用的扳手有呆扳手、梅花扳手、套筒扳手、扭力扳手、活扳手、管子扳手等。

(1)呆扳手

如图 2-1 所示,呆扳手按形状有双头扳手和单头扳手之分。其作用是紧固、拆卸一般标准规格的螺母和螺栓。这种扳手可以直接插入或套入,使用较方便。扳手的开口方向与其中间柄部错开一个角度,通常有 15°、45°、90°等,以便在受限制的部位中扳动方便。

(2)梅花扳手

如图 2-2 所示,梅花扳手同呆扳手的用途相似,但两端是花环式的。其孔壁一般是十二边形,可将螺栓和螺母头部套住,扭转力矩大,工作可靠,不易滑脱,携带方便,适用于旋转空间狭小的场合。

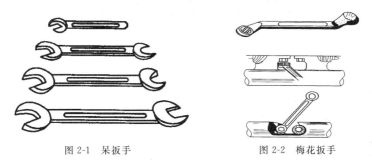

图 2-1　呆扳手　　　　　　　　　　图 2-2　梅花扳手

(3)套筒扳手

如图 2-3 所示,套筒扳手除了具有一般扳手的用途外,特别适用于旋转部位很狭小或隐蔽较深处的六角螺母和螺栓。由于套筒扳手各种规格是组装成套的,故使用方便,效率更高。

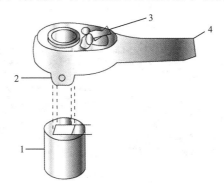

图 2-3　套筒扳手

1—套筒;2—套筒头;3—棘轮开关;4—手柄

（4）扭力扳手，如图 2-4 所示，扭力扳手是能够控制扭矩大小的扳手，由扭力杆和套筒头组成。凡是对螺母、螺栓有明确规定扭力的（如气缸盖、曲轴与连杆的螺栓、螺母等），都要使用扭力扳手。在扭紧时指针可以表示出扭矩数值，通常使用的规格为 0～300 N·m。

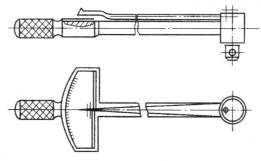

图 2-4　扭力扳手

（5）活扳手

如图 2-5 所示，活扳手的开口宽度可调节，能在一定范围内变动尺寸。其优点是遇到不规则的螺母或螺栓时更能发挥作用，故应用较广。使用活扳手时，扳手口要调节到与螺母对边贴紧。扳动时，应使扳手可动部分承受推力，固定部分承受拉力，且用力必须均匀。

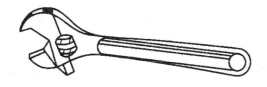

图 2-5　活扳手

（6）管子扳手

管子扳手主要用于扳转金属管子或其他圆柱工件。管子扳手口上有牙，工作时会将工件表面咬毛，应避免用来拆装螺栓、螺母。

2. 螺钉旋具

螺钉旋具（又称螺丝刀）如图 2-6 所示，是用来拧紧或旋松带槽螺钉的工具。螺丝刀分为标准型与十字型。螺丝刀的规格（杆部长度）分：50 mm、65 mm、75 mm、100 mm、125 mm、150 mm、200 mm、250 mm、300 mm 和 350 mm 等几种。使用起子时，要求螺丝刀刃口端应平齐，并与螺钉槽的宽度一致，起子上无油污。让起子口与螺钉槽完全吻合，起子中心线与螺钉中心线同心后，拧转起子，即可将螺钉拧紧或旋松。

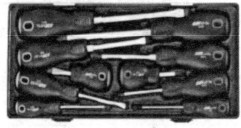

图 2-6　螺钉旋具

3. 钳子

钳子分为钢丝钳、鲤鱼钳和尖嘴钳。

（1）鲤鱼钳

鲤鱼钳如图2-7所示,用于弯曲小金属材料;夹持扁形或圆形小工件;切断金属丝。使用方法是用手握住钳柄后端,使钳口开闭、夹紧。注意钳口宽度有两挡调节位置。

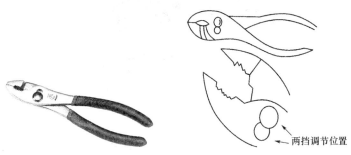

图2-7　鲤鱼钳

（2）钢丝钳

钢丝钳的刃口也可用来切剪电线、铁丝。剪8号镀锌铁丝时,应用刀刃绕表面来回割几下,然后只需轻轻一扳,铁丝即断。铡口也可以用来切断电线、钢丝等较硬的金属线。

钢丝钳的绝缘塑料管耐压500 V以上,有了它可以带电剪切电线。使用中切忌乱扔,以免损坏绝缘塑料管。使用时用手握住钳柄后端,使钳口开闭、夹紧。

（3）尖嘴钳

尖嘴钳如图2-8所示,用于夹持卡簧、锁销等圆形或圆柱形小件。使用时用手握住钳柄后端,使钳口开闭、夹紧。

图2-8　尖嘴钳

4.锤子

锤子用于敲击工件,使工件变形、位移、振动,并可用于工件的校正、整形。敲击时,右手握住锤柄后端约10 mm处,握力适度,眼睛注视工件。挥锤方法有三种:手挥、肘挥和臂挥。

锤子分为硬手锤和软手锤,如图2-9所示。

（a）硬手锤　　　　　　　　　　（b）软手锤

图2-9　锤子

2.3.2　维修常用量具

1.钢卷尺

钢卷尺是一种最简单的测量长度并可直接读数的量具,用薄钢板制成,常用来粗测工件的长度、宽度和厚度,如图2-10所示。常见钢卷尺的规格有150 mm、300 mm、500 mm、

1000 mm等。钢卷尺有两种测量方法,即直接测量法和间接测量法。

图 2-10　钢卷尺

2. 游标卡尺

　　游标卡尺是工业上常用的测量长度的仪器,它的读数部分由尺身(主尺)及能在尺身上滑动的游标(副尺)组成,尺身和游标上面都有刻度,如图 2-11 所示。游标卡尺主要用来测量零件的内外直径和孔(槽)的深度等,其精度分 0.10 mm、0.05 mm、0.02 mm 三种。测量时,应根据测量精度的要求选择合适精度的游标卡尺,并擦净卡脚和被测零件的表面。测量时将卡脚张开,再慢慢地推动游标,使两卡脚与工件接触,禁止硬卡硬拉。使用后要把游标卡尺卡脚擦净并涂油后放入盒中。

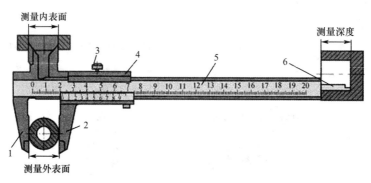

图 2-11　游标卡尺

1—固定卡脚;2—活动卡脚;3—螺钉;4—副尺;5—主尺;6—深度尺

　　使用游标卡尺前用软布将卡脚擦干净,使其并拢,查看游标和尺身的零刻度线是否对齐。如果对齐就可以进行测量;如果没有对齐则要记取零误差。游标的零刻度线在尺身零刻度线右侧的叫作正零误差,在尺身零刻度线左侧的叫作负零误差(这种规定方法与数轴的规定一致,原点以右为正,原点以左为负)。测量时,右手拿住尺身,大拇指移动游标,左手拿待测外径(或内径)的物体,使待测物体位于外卡脚之间,当其与卡脚紧紧相贴时,即可读数,如图 2-12 所示。

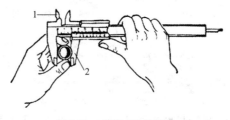

图 2-12　游标卡尺的使用

1—内卡脚;2—外卡脚

读数时首先以游标零刻度线为准在尺身上读取毫米整数,即以毫米为单位的整数部分。然后看游标上第几条刻度线与尺身的刻度线对齐,如果第 6 条刻度线与尺身刻度线对齐,则小数部分即为 0.6(若没有正好对齐的线,则取最接近对齐的线进行读数)。

判断游标上哪条刻度线与尺身刻度线对准,可用下述方法:选定相邻的三条线,如左侧的线在尺身对应线之右,右侧的线在尺身对应线之左,中间那条线便可以认为是对准了。

L= 尺身刻度+游标上与尺身刻度线对齐的刻度×(乘以)分度值-零误差,如果需测量几次取平均值,不需每次都减去零误差,只要从最后结果减去零误差即可。

3. 外径千分尺

外径千分尺是比游标卡尺更精密的量具,其结构如图 2-13 所示,精度为 0.01 mm。外径千分尺的规格按量程划分,常用的有 0~25 mm、25~50 mm、50~75 mm、75~100 mm、100~125 mm 等规格,使用时应按零件尺寸选择相应规格。使用外径千分尺前,应检查其精度,检查方法是旋动微调旋钮(棘轮),当两个量测面接触时,微调旋钮发出两三声"咔咔"的响声,此时,活动套管的前端应与固定套管的零刻度线对齐,同时活动套管的零刻度线还应与固定套管的基线对齐,否则需要进行调整。

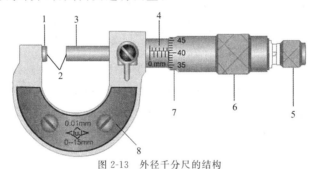

图 2-13　外径千分尺的结构

1—小砧;2—量测面;3—测微螺杆;4—固定刻度;5—微调旋钮;6—旋钮;7—可动刻度;8—尺架

外径千分尺固定套管上有两组刻度线,如图 2-14 所示,两组刻度线之间的横线为基线,基线以上为毫米刻度线,基线以下为半毫米刻度线;活动套管上沿圆周方向有 50 条刻度线,每一条刻度线表示 0.01 mm。读数时,固定套管上的读数与 0.01 倍的活动套管读数之和即为测量的尺寸。

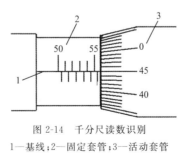

图 2-14　千分尺读数识别

1—基线;2—固定套管;3—活动套管

4. 百分表

百分表是一种精度较高的比较量具,它只能测出相对数值,不能测出绝对数值,主要用于检测工件的几何误差,如圆度、平面度、垂直度、跳动等,也可在机床上用于工件的安装找正。百分表表盘刻度分为 100 格,当测量头移动 0.01mm 时,大指针偏转 1 格;当测量头移动 1.0 mm 时,大指针偏转 1 周。小指针偏转 1 格相当于 1.0 mm。另外,百分表的表盘是可以转动的。百分表通常装在常用的普通表架或磁性表架上使用,测量时要注意百分表测量杆应与被测表面垂直。其结构及使用如图 2-15 所示。

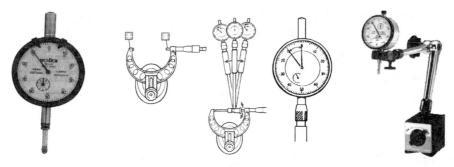

图 2-15　百分表结构及使用

(1)测量前应将测量杆、测量头及工件擦净,装夹表头时夹紧力不宜过大,以免套筒变形及测量杆移动不灵活。

(2)测量时应把百分表装夹在表架或其他可靠的支架上,否则会影响测量精度。

(3)使用百分表对批量工件进行比较测量时,要选用量块或其他标准量具调整百分表指针,使其对准零位,然后把被测工件置放在测量头下,观察指针偏摆并记取读数,确定被测工件误差。

(4)测量平面时,测量杆应与被测平面垂直;测量圆柱面时,测量杆轴线应通过被测表面的轴线,并与水平面垂直。同时,应根据被测工件的形状、表面粗糙度等来选用测量头。

(5)为了保证测量力恒定,使测量头在工件上至少要压缩 20～25 个分度,并使指针与刻度盘零位对准,然后轻提测量杆 1～2 mm,放手使其自行复原,试提 2～3 次,若指针停在其他位置上,应重新调整零位。

项目练习与测试 ᴿ

(一)判断题

1.上课按标准站、坐太累,同学们知道就行了,到工作岗位后,会自然保持良好形象的。
（　　）

2.汽车维修操作时,维修技师为了掌握时间,可佩戴手表作业。　　　　　　　（　　）

3.为方便行走,维修技师可穿着运动鞋进行汽车维护作业。　　　　　　　　　（　　）

4.长发女生在操作场地内必须将头发盘好,并用工作帽完全压住。　　　　　　（　　）

5.操作钻床时,一定不能佩戴手套作业。　　　　　　　　　　　　　　　　　（　　）

6.在车下检查排气装置时,若车辆停运时间超过 5 分钟,可不戴手套操作。　　（　　）

7.蓄电池充电设备可与砂轮机安装在相近的工位。　　　　　　　　　　　　　（　　）

8.必须在指定区域内报废汽油或机油。　　　　　　　　　　　　　　　　　　（　　）

9.公制扳手型号是指所拆卸螺母或螺栓头部六面体对边的距离。　　　　　　　（　　）

10.梅花扳手和套筒扳手在拆装过程中优先选用。　　　　　　　　　　　　　　（　　）

11.棘轮扳手一般不作为安装螺母时的最终紧固用工具,最终紧固要选用滑杆来完成。
（　　）

12.百分表长指针转动一圈,短指针移动 2 mm 的指示行程。　　　　　　　　　（　　）

13. 操作风炮时,一定不能佩戴手套。　　　　　　　　　　　　　　　　　　（　　　）

(二)选择题

1. 下列关于维修工具使用基本要求的说法正确的是(　　)。

A. 了解正确的用法和功能　　　　　　B. 力争保持安排有序

C. 严格坚持工具的维护和管理　　　　D. 以上都正确

2. (　　)用数字式扭力扳手可以拆卸螺栓或螺母。

A. 可以　　　　　　　　　　　　　　B. 完全可以

C. 不能　　　　　　　　　　　　　　D. 没有明确规定

3. 千分尺的精度等级为(　　)。

A. 0.01 mm　　　　　　　　　　　　B. 0.02 mm

C. 0.05 mm　　　　　　　　　　　　D. 0.1 mm

4. 百分表的精度等级为(　　)。

A. 0.01 mm　　　　　　　　　　　　B. 0.02 mm

C. 0.05 mm　　　　　　　　　　　　D. 0.1 mm

5. 在拆卸螺栓时,扳手的选用原则是(　　)。

A. 先梅花扳手、后套筒扳手、再开口扳手、最后活动扳手

B. 先套筒扳手、后开口扳手、再梅花扳手、最后活动扳手

C. 先套筒扳手、后梅花扳手、再开口扳手、最后活动扳手

D. 先开口扳手、后梅花扳手、再套筒扳手、最后活动扳手

6. 技师甲说,拿着喷头对着皮肤吹压缩空气时,高压空气有可能穿透皮肤。技师乙说,如果高压空气进入血管将是致命的。请问谁的说法正确?(　　)

A. 只有甲说得对　　　　　　　　　　B. 只有乙说得对

C. 甲和乙说得都对　　　　　　　　　D. 甲和乙说得都不对

7. 技师甲说,维修汽车时应该戴好眼睛保护用品。技师乙说,如果是在凳子上捶打零件,可以摘掉护目镜。请问谁的说法正确?(　　)

A. 只有甲说得对　　　　　　　　　　B. 只有乙说得对

C. 甲和乙说得都对　　　　　　　　　D. 甲和乙说得都不对

8. 技师甲说,发生火灾时打开门窗适当通风很重要。技师乙说,C级火灾灭火器可以用于大部分普通易燃物引起的火灾。请问谁的说法正确?(　　)

A. 只有甲说得对　　　　　　　　　　B. 只有乙说得对

C. 甲和乙说得都对　　　　　　　　　D. 甲和乙说得都不对

9. 技师甲说,举升汽车时应该支承在车架的前后端。技师乙说,车辆如果举升不当可能造成永久性的弯曲变形。请问谁的说法正确?(　　)

A. 只有甲说得对　　　　　　　　　　B. 只有乙说得对

C. 甲和乙说得都对　　　　　　　　　D. 甲和乙说得都不对

10. 技师甲说,应该将危险性废料存放在地下室里。技师乙说,根据有关法律,可以将某些危险性废料直接排入下水道。请问谁的说法正确?(　　)

A. 只有甲说得对　　　　　　　　　　B. 只有乙说得对

C. 甲和乙说得都对　　　　　　　　　D. 甲和乙说得都不对

11.技师甲说,在车间应该穿鞋底不滑的鞋子。技师乙说,穿脚尖处镶有钢片的鞋子可以更好地保护你的脚。请问谁的说法正确?(   )

A.只有甲说得对 　　　　　　　　 B.只有乙说得对

C.甲和乙说得都对 　　　　　　　 D.甲和乙说得都不对

12.技师甲说,有些设备在使用时如果超过它的额定值就会损坏。技师乙说,动力设备可以在无人看管下任其运转。请问谁的说法正确?(   )

A.只有甲说得对 　　　　　　　　 B.只有乙说得对

C.甲和乙说得都对 　　　　　　　 D.甲和乙说得都不对

13.技师甲说,工作时应将长发绑在后脑。技师乙说,可以戴一顶无缘帽子将头发压在里面。请问谁的说法正确?(   )

A.只有甲说得对 　　　　　　　　 B.只有乙说得对

C.甲和乙说得都对 　　　　　　　 D.甲和乙说得都不对

14.技师甲说,可以用压缩空气吹掉衣服和头发上的脏物。技师乙说,只有在室外才能这样做。请问谁的说法正确?(   )

A.只有甲说得对 　　　　　　　　 B.只有乙说得对

C.甲和乙说得都对 　　　　　　　 D.甲和乙说得都不对

15.在讨论如何正确举升和搬运重物时,技师甲说,搬运时应该弯腰。技师乙说,搬运时只能弯曲膝盖。请问谁的说法正确?(   )

A.只有甲说得对 　　　　　　　　 B.只有乙说得对

C.甲和乙说得都对 　　　　　　　 D.甲和乙说得都不对

16.关于压缩空气的使用,下列说法错误的是(   )。

A.清除制动装置上的粉尘 　　　　 B.不得吹入身体

C.清理因拆卸油路而溢出的汽油 　 D.驱动气动工具

17.工作鞋应具有(   )功能。

A.鞋底防滑 　　　　　　　　　　 B.脚趾部位应有防压铁头

C.保温 　　　　　　　　　　　　 D.防油防水

18.下列关于人工搬抬物体说法正确的是(   )。

A.不要搬抬超过 20 kg 的重物

B.从地面抬起物体时,两脚应微微分开,屈膝,背部挺直,用腿部肌肉提供力量抬起重物

C.不要猛颠物体

D.搬运重物时,不要让重物贴近身体

19.关于车用液体下列说法正确的是(   )。

A.制动液对车辆的油漆腐蚀性很强

B.切勿随意倾倒机油、防冻液等车用液体

C.在充电时蓄电池的电解液会释放易爆气体,因此应确保充电环境通风良好

D.不得将空调制冷剂罐暴露于日光或高温下

20.下列关于紧固件说法正确的是(　　)。

A.螺栓头上有号码或条杠,用来标记螺栓的抗拉强度,号码越大、条杠越多,则抗拉强度越大

B.螺纹有粗细之分,通常铸件中的螺纹采用细螺纹

C.在拆卸螺栓时,应使用扭力扳手并按规定操作

D.自锁螺母应与弹簧垫圈配合使用

项目 3 离合器的拆装与检修

教学准备			
序号	名称		内容
1	实训目标	知识目标	理解离合器的功用、组成、规范要求以及工作原理； 掌握离合器常见故障的种类、现象和原因
		技能目标	熟练拆装离合器各组成部分，检查、调整离合器操纵机构、离合器液压系统的油路排气
2	课堂设计		以小组为单位，在实训室用离合器模型或实物讲解其基本结构和工作原理，然后介绍多种形式离合器的指标，最后进行实车调整
3	重点		离合器总成的组成和类型、总成及各组成部分的作用；离合器操纵机构调整方法；离合器有关故障的诊断及分析
4	难点		离合器总成各部件的检查和测量
5	教学设备及工量具		汽车和离合器总成（或实验台）若干、底盘拆装工具和零件盆、离合器拆装专用工具

3.1 离合器的拆装与检修实践指导 ▟

3.1.1 离合器主体部分的拆装与检修

1. 离合器总成的拆卸

如图 3-1 所示是离合器的基本结构，离合器位于发动机和变速器之间，想要拆卸离合器必须使发动机和变速器分离；首先要参阅维修手册，确定是否不用拆下发动机就可拆下变速器。如果变速器和发动机必须作为一个整体拆下，则应当使其整体拆下后，再将发动机和变速器分离。变速器能单独拆下时，用举升器升起汽车，再单独将变速器拆下。

在拆下变速器之后，检查变速器前端轴承套筒情况，如图 3-2 所示。检查能够阻止分离轴承移动的沟槽是否磨损。如果轴承盖的一侧比其他零件磨损多，分离叉肯定没有对中。

如果轴承盖有缺陷或裂纹,就应更换。输入轴花键磨损或损坏,可使从动盘卡紧或不能正确分离,故应进行检查,如图 3-3 所示。生锈的花键同样使离合器不能分离,应当涂少量润滑油。拆下压盘时,因使压盘固定在飞轮上的螺栓强度很高,故要轻轻拧松将压盘固定到飞轮上的所有螺栓,这可防止压盘翘曲。

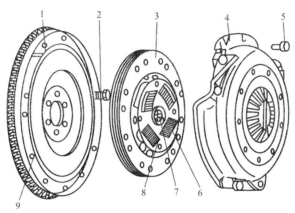

图 3-1　离合器的基本结构

1—飞轮;2—飞轮螺栓;3—从动盘;4—压盘;5—螺栓;6—减振弹簧;

7—从动盘花键毂;8—扭转减振器;9—定位销

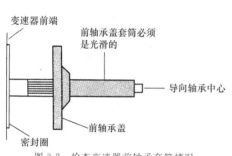

图 3-2　检查变速器前轴承套筒情况

图 3-3　检查输入轴花键

　　将发动机和变速器分离后,在离合器和飞轮上做装配标记,以防破坏其动平衡,用专用工具或自制工具将飞轮固定,用对角线交叉法分两次旋下离合器总成固定螺栓,依次取下离合器盖及压盘,最后取下离合器从动盘。

　　注意　拆下变速器或发动机之前,先拆下蓄电池负极电缆;在汽车下面工作时,要使举升器锁定。

　　在离合器拆装过程中,要确保清洁压盘和飞轮配合表面、变速器前轴承盖外表面,去除所有润滑油脂和金属沉积物。同时仔细检查飞轮,查找是否有污染和损坏,必要的情况下更换飞轮。

　　2. 离合器主要部件的检修

　　(1)飞轮的检修

　　飞轮的损伤有齿圈轮齿的磨损,飞轮后端面易出现磨损、沟槽、翘曲和裂纹等。当飞轮平面磨损沟槽深度超过 0.5 mm、平面度误差超过 0.12 mm 时应修平平面;当飞轮工作面摆差超过极限值(与维修手册进行比较)时需要更换飞轮,检查方法如图 3-4 所示。飞轮的机械加工量过大,可能导致离合器分离困难,这是由于离合器液压系统是一个迅速分离系统,就是说随动缸(离合器分泵)经过很短距离就可使离合器分离。同时飞轮的机械加工量过大也可使从动盘扭转弹簧与飞轮螺栓接触,在接合和分离时引起噪声和磨损。

如果飞轮的机械加工量已经过大,可使用以下几种方法解决:更换飞轮;用长的推杆更换随动缸推杆;减小离合器踏板限位块截面积,以增加调节距离;在飞轮和曲轴间装精密垫片。在已修复的飞轮表面上拧紧压盘连接螺栓时同样要十分小心。在拆下飞轮前,应标记飞轮与曲轴的对中记号,如图3-5所示。重新安装飞轮时,要保持发动机安装的原有平衡。装压盘前,不要让螺栓超出孔的底部。因为压盘组件松动可能撕裂飞轮,损坏离合器和相关零件。

检查飞轮齿圈的工作状况时,如果轮齿仅在一个方向的齿面上磨损,可以拆下齿圈将其反装。如果轮齿严重碎裂或断掉,就应当更换齿圈。这样可改善启动机的轮齿与齿圈的啮合。飞轮在齿圈的启动一侧是有角度的轮齿,另一端是平的轮齿。

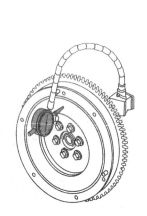

图3-4 检查飞轮工作面摆差

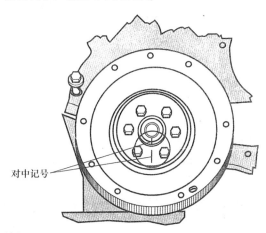

对中记号

图3-5 标记飞轮与曲轴的对中记号

(2)压盘的检修

如果正常使用汽车及其离合器,则能够延长压盘使用寿命。更换已磨损的离合器从动盘时,很少再次使用原来的压盘。这是由于离合器拆装过程烦琐,新压盘的价格较低,多数技师在安装从动盘时都要更换压盘。如果离合器自由行程过小,或离合器打滑引起过热,或从动盘磨损导致铆钉外露,都可能使压盘迅速损坏。如果离合器自由行程过小,在压盘或推力环上将磨出沟槽。离合器因打滑而发热,还可能在压盘表面上产生许多过热点。

离合器压盘平面度误差一般不应超过 0.12 mm,检查方法是用钢直尺或刀尺压在压盘上,然后用厚薄规(又称塞尺或间隙片)测量,如图3-6所示。大型车辆离合器压盘平面度误差一般不大于 0.3 mm,超过 0.5 mm 时应修平平面。在修平离合器压盘平面时,要求其厚度的减薄量一般不大于 1 mm。否则,由于压盘过薄,会使压紧弹簧过分伸长,从而导致压盘和从动盘之间的压力下降,离合器容易打滑。此外过薄的压盘也会使其热容量下降,在工作中容易出现过热,导致从动盘烧焦。压盘经过修理加工后,应进行静平衡试验,其平衡精度一般不低于 15～20 g·mm。压盘有严重翘曲、磨损、裂纹时应更换新件。

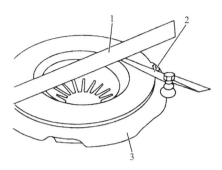

图 3-6 检查压盘平面度
1—刀尺;2—厚薄规;3—压盘

（3）离合器膜片弹簧的检修

膜片弹簧在使用中易出现弯曲、折断或弹力减弱,进而影响动力传递和分离;此外,其内端因长期与分离轴承接触,也会因磨损而出现凹槽,因此有必要进行检查与调整。检查膜片弹簧内端的磨损程度,可用游标卡尺进行测量,如图 3-7 所示。测量膜片弹簧与分离轴承接触部位磨损的长度和宽度,其值一般小于 0.6 mm 和 5 mm,否则应该更换。膜片弹簧内端高度差一般不应大于 0.5 mm,其测量方法如图 3-8 所示,弹簧内端分离指应在同一平面内,间隙一般不应超过 0.5 mm,否则,用维修工具将变形过大的弹簧分离指翘起以进行调整,无法调整时通常要更换新件。

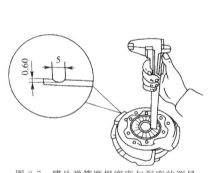

图 3-7 膜片弹簧磨损宽度与深度的测量

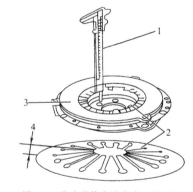

图 3-8 膜片弹簧内端高度差的测量
1—卡尺;2—膜片弹簧;3—压盘;4—弹簧高度差

（4）从动盘的检修

离合器从动盘的常见耗损有摩擦片的磨损、烧蚀、表面龟裂、硬化、油污、铆钉外露或松动,从动盘钢片翘曲、破裂及花键磨损。使用不当时,还会出现扭转减振器弹簧折断、钢片与花键毂铆钉松动等现象。

从动盘摩擦片表面有烧焦、开裂现象时,应更换新片。

从动盘摩擦片表面的油污严重,应更换新片并检查曲轴后油封与变速器输入轴的密封情况。

扭转减振器弹簧折断及花键磨损大时应更换,铆钉松动可重新铆接或更换。

从动盘摩擦片磨损的检测如图 3-9 所示,用游标卡尺测量铆钉头埋入深度,当铆钉头埋入深度小于 0.50 mm 时,应更换新片。新的或经修复的从动盘装配前应按图 3-10 所示方法检验其端面圆跳动,超过允许值应进行校正。

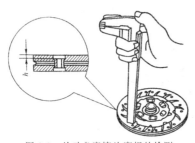

图 3-9　从动盘摩擦片磨损的检测

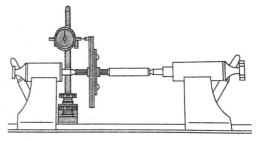

图 3-10　从动盘端面圆跳动的检验

（5）分离轴承的检修

分离轴承拆下时应该用手旋转，并应旋转自如，且没有轴向窜动，如图 3-11 所示。同时，并且正确安装分离轴承弹簧夹，如图 3-12 所示。

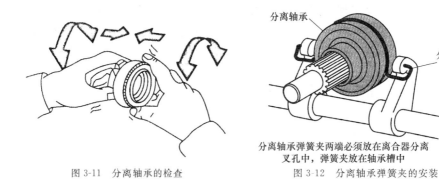

图 3-11　分离轴承的检查

分离轴承弹簧夹两端必须放在离合器分离叉孔中，弹簧夹放在轴承槽中

图 3-12　分离轴承弹簧夹的安装

3. 离合器的装配与调整

离合器的装配与调整是离合器装配后的重要工序，它直接影响离合器的正常工作和使用寿命；其装配顺序是先装配离合器盖和压盘总成，然后将总成及从动盘安装在飞轮上，最后将发动机和变速器合并在一起。

（1）离合器主体部分的安装与调整

①安装飞轮，把离合器压盘和从动盘放在飞轮上。注意从动盘的正反面，如果装反了离合器不能分离。

②使从动盘花键毂与飞轮中心线对齐。如图 3-13 所示，使用旧的变速器输入轴或专用工具插入从动盘花键即可。

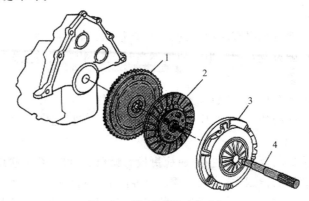

图 3-13　用工具将从动盘对中

1—飞轮；2—从动盘组件；3—压盘和离合器组件；4—离合器对中工具

③按交叉的方式均匀地拧紧连接飞轮和压盘的螺栓。如图 3-14 所示，配合使用专用工具 VW558 固定飞轮，防止飞轮旋转，并参阅维修手册拧到正确力矩，然后拆下旧的输入轴或专用工具。

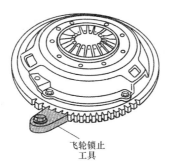

飞轮锁止
工具

图 3-14　用专用工具将飞轮锁止

（2）输入轴导向轴承的安装与调整

导向轴承是用来支承和固定变速器输入轴前端，其拆装方法如图 3-15 和图 3-16 所示。安装新轴承时，先清洁安装孔，除掉杂质，因为杂质会妨碍轴承正确放在孔中。安装前，要将新轴承浸泡在油中至少 15 min。要用正确尺寸的安装器将新轴承打入或压入孔中，安装器只能与轴承外圈接触。安装后，在轴承和变速器输入轴上涂抹油脂。

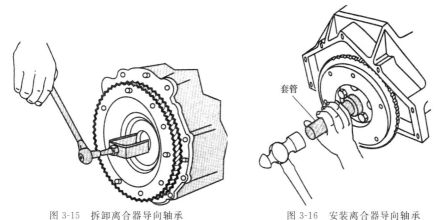

套管

图 3-15　拆卸离合器导向轴承　　　　　图 3-16　安装离合器导向轴承

注意　在安装过程中将特殊的油注入导向轴承当中。绝对不可以用油脂或者是重油对导向轴承进行润滑。这样将会增加输入轴和轴套之间的摩擦，导致离合器分离不彻底。应选用低黏性的机油对轴套进行润滑。但是，滚针轴承的导向轴承应该使用轴承油脂进行润滑。

3.1.2　离合器操纵机构的拆装与调整

离合器操纵机构是驾驶员借以使离合器分离，而后又使之柔和地接合的一套机构。它是由位于离合器壳内的分离杠杆（在膜片弹簧离合器中，膜片弹簧兼起分离杠杆的作用）、分离轴承、分离套筒、分离叉、回位弹簧等组成的分离机构和位于离合器壳外的离合器踏板及传动机构、助力机构等组成。其作用是将踏板上的人力经过处理变为推动分离套筒的推力。

目前，根据离合器不同可将操纵机构分为机械式、液压式和动力式等几种类型。其中，机械式离合器操纵机构又分为杆系传动（东风 EQ1090）和绳系传动（雪佛兰新赛欧）两种，如图 3-17 所示。

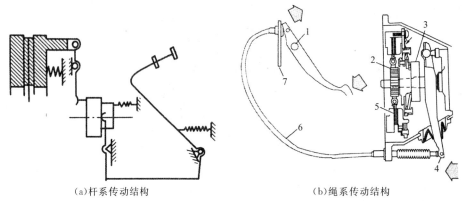

(a)杆系传动结构   (b)绳系传动结构

图 3-17   机械式离合器操纵机构

1—踏板销；2—从动盘毂；3—分离轴承；4—分离拨叉；5—从动盘；6—绳索；7—踏板支座

离合器从动盘和压盘磨损变薄后，接合时将使压盘前移，导致分离杠杆与分离轴承之间的间隙减小或消失，进而阻止压盘的前移，使从动盘打滑，加剧从动盘、压盘和飞轮工作面的磨损。因此，一般在分离杠杆与分离轴承之间都预留一定的间隙，一般为 3～4 mm。在使用中，上述间隙会随着压盘、从动盘和飞轮端面的磨损而减小，因而需要定期进行调整。

1. 机械式离合器操纵机构

（1）拉杆式操纵机构。解放 CA1091 和东风 EQ1090 型汽车的离合器均采用拉杆式操纵机构，而且均用踏板拉杆上的球形螺母来调整离合器踏板的自由行程。当自由行程小于标准值时，可将球形螺母退出以增加拉杆的有效长度。上述两种车型的离合器踏板自由行程的标准值为 30～40 mm。

（2）钢索式操纵机构。上海桑塔纳轿车离合器踏板自由行程为 15～25 mm。离合器踏板自由行程的调整可通过旋转如图 3-18 所示的螺母进行。将螺母逆时针旋转，踏板自由行程加大。

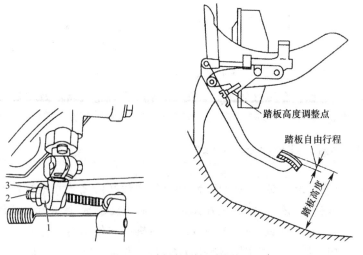

图 3-18   踏板自由行程的调整

1—球形螺母；2—分离杠杆；3—锁紧螺母

注意　离合器只要分离或接合不正确,就需要调节其踏板的自由行程,每次拆装离合器必须先调节离合器踏板自由间隙。

2. 液压式离合器操纵机构

液压式离合器操纵机构如图 3-19 所示,其工作原理与液压制动系统主要传动原理相同。

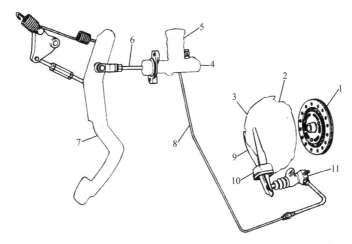

图 3-19　液压式离合器操纵机构

1—离合器片;2—压盘组件;3—分离轴承;4—离合器主缸;5—离合器主缸储液罐;6—推杆;
7—离合器踏板;8—液压管路;9—离合器拨叉;10—防尘套;11—离合器分缸

(1)踏板自由行程的调整

液压式离合器操纵机构踏板的自由行程是主缸推杆和活塞以及分离杠杆和分离轴承之间距离的总反映,因此调节自由行程时应分两步进行:

①检查离合器踏板高度是否正确。踏板距离底板之间的高度应为 134.3～114.3 mm。如果不符合标准应松开推杆上的调整螺母,旋转推杆至合适高度为止,然后重新锁紧调整螺母。

②踩下离合器踏板直至感到有阻力为止,测量离合器踏板和推杆的自由行程,其值应为 5～15 mm。如果不符合应松开推杆螺母,旋转推杆至自由行程合适为止,之后紧固调整螺母至正确力矩。

(2)调整踏板自由行程后检查分离点高度

具体步骤如下:

①拉紧驻车制动器,并且用车轮止动器固定车轮,启动发动机至怠速运转。

②踩下离合器踏板,将挡位挂入一挡,慢慢松抬离合器踏板,直至发动机怠速转速发生变化,车辆有运动趋势并伴随抖动,找出离合器分离点,保持住离合器此刻的位置,将发动机熄火。

③测量分离点至离合器踏板最大行程点之间的距离,标准值应大于或等于 25 mm。距离过小可能导致离合器分离不彻底。

④如果距离不符合标准,则检查离合器盖或离合器片。

目前,有些进口汽车上安装了如图 3-20 所示的离合器分缸,其结构就是在活塞和壳体之间加装了一个弹簧,当分缸工作时弹簧和液压油一起推动活塞前移,弹簧弹力的方向和液压力的方向一致,离合器接合后活塞在弹簧弹力的作用下始终和分离杠杆接触,无间隙,离合器踏板的自由行程就是主缸活塞和推杆之间距离的反映。

(3)排出离合器液压系统里的空气

只要液压传动系统进行维修,就必须对离合器液压系统进行排气,如图3-21所示,排气的过程是使液体流经管路使气体排出的过程,具体步骤如下:

①在补液壶中加足够的制动液(即离合器油)。

②把塑料软管的一端连接到放油螺栓的末端,另一端放在接油器里。

③一个人全力踩下离合器踏板,连续三次快慢结合,最后踩住。

④另一个人将放气螺栓拧松,使油液流出,随后旋紧放气螺栓。

⑤重复上述最后两个步骤,直至将管路中的空气排净。

注意 油液会腐蚀汽车漆面,如果流到漆面上应该用大量的水冲洗。

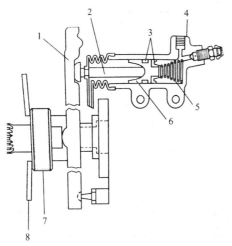

图3-20 带自动调节的工作缸(离合器分缸)
1—分离叉;2—工作缸推杆;3—皮碗;4—工作缸;
5—弹簧;6—活塞;7—分离轴承;8—膜片弹簧

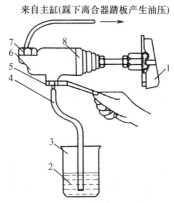

来自主缸(踩下离合器踏板产生油压)

图3-21 离合器液压系统排气
1—分离叉;2—制动液;3—接油器;4—塑料软管;
5—扳手;6—工作缸;7—钢垫圈;8—防尘罩

3.2 离合器相关理论知识

3.2.1 离合器的功用和要求

离合器安装在发动机与变速器之间,用来分离或接合前、后两者之间的动力。其功用如下:

(1)接合动力,使汽车能从静止状态平稳起步。

(2)汽车在各种工况中,离合器都能有效地将发动机的动力传至变速器。

(3)断开发动机传至变速器的动力,以配合换挡及实现停车。

(4)当驱动轮阻力过大时,离合器通过打滑,实现传动系统的过载保护。

3.2.2 离合器的结构与工作原理

1. 离合器的结构

离合器由主动部分、从动部分、压紧装置和操纵机构四部分组成。

（1）主动部分

主动部分由离合器壳、带有膜片弹簧的压盘以及飞轮组成，离合器壳与压盘固定在飞轮上，只要发动机运转，主动部分就跟随运转。

（2）从动部分

从动部分由从动盘和变速器输入轴组成，从动盘和变速器输入轴通过花键连接，从动盘接收到主动部分传递过来的动力后直接传入变速器输入轴，对于从动部分的主要要求是质量尽量轻。

（3）压紧装置

装在离合器压盘上的压紧弹簧构成了压紧装置，离合器接合时，离合器主动部分的压盘和飞轮在压紧装置的作用下压紧从动盘，通过摩擦力带动从动部分运转。按压紧弹簧的形式压紧装置又可分为膜片弹簧式和周布弹簧式两种。

（4）操纵机构

操纵机构是根据驾驶员意图，操作离合器踏板来控制离合器分离与接合的装置。操纵机构按照传动介质可分为机械式和液压式两种；按照操作能源又可分为人力式和助力式两种。

2. 离合器的工作原理

离合器的主动部分和从动部分借助接触面间的摩擦作用，或是用液体作为传动介质（液力耦合器），或是用磁力传动（电磁离合器）来传递转矩，使两者之间可以暂时分离，又可逐渐接合，在传动过程中又允许两部分相互转动。

目前在汽车上广泛采用的是用弹簧压紧的摩擦离合器。发动机输出的转矩，通过飞轮及压盘与从动盘接触面间的摩擦作用，传给从动盘。当驾驶员踩下离合器踏板时，通过机件的传递，使膜片弹簧大端带动压盘后移，此时从动部分与主动部分分离。

3.2.3 离合器的故障诊断与维修指南

离合器的主要常见故障有离合器打滑、分离不彻底、接合不平顺和异响等。

1. 离合器打滑

（1）故障现象

汽车起步时，离合器踏板松开后，汽车不能起步或起步不灵敏；汽车加速行驶时，行驶速度不能随发动机转速的提高而提高，且伴随有离合器发热、产生焦煳味或冒烟等现象；拉紧驻车制动器手柄后低挡起步时，发动机不熄火。

（2）故障原因

①离合器踏板没有自由行程，导致离合器分离轴承一直压在分离杠杆上。

②飞轮、压盘因磨损而过薄。

③压紧装置弹簧过软，压盘压紧力不够。

④飞轮和离合器盖之间连接螺栓松动。

⑤离合器从动盘摩擦片表面油污、烧焦、磨损过多、硬化或铆钉外露。

⑥操纵机构卡滞不能回位,导致离合器一直处于分离状态。

注意　离合器打滑影响车辆动力传递,使离合器过热,严重影响行车安全,应该及时予以排除。

(3)故障诊断与维修方法

故障诊断应该遵循由简到难,凭借经验并借助仪器进行诊断,步骤如下:

①检查离合器踏板有无自由行程,若无自由行程应该检查是否是因调整不当引起的。

②若有自由行程则拆下变速器,检查分离轴承是否卡滞,如果卡滞进行润滑或更换。

③若分离轴承无卡滞,拆下离合器盖,检查是否是由于离合器主、从动部分磨损或压紧弹簧变软引起的,并更换相应部件。

注释:"用脚一直踩着离合器踏板"指的是驾驶人员的脚始终部分地踩在踏板上的一种不正确的驾驶技术。

如果离合器打滑故障似乎是由驾驶人员造成的,则要婉转地告诉顾客,驾驶习惯不正确可能损坏离合器,这些习惯包括用脚一直踩着离合器踏板,把离合器当作制动器将汽车固定在斜坡上等。

必须使离合器从动盘保持干燥,其上没有发动机油和变速器油。变速器前油封或发动机后主油封泄漏可能使油浸湿离合器从动盘,导致整个摩擦片变光滑而产生打滑。

注意　离合器从动盘上油的常见来源是技师的手。不要用有油污的手接触离合器总成的摩擦表面,在装配离合器之前应洗净双手,避免接触摩擦表面。

2. 离合器分离不彻底

(1)故障现象

发动机怠速运转挂挡困难,并伴随齿轮撞击声;勉强挂入挡位,离合器踏板不抬汽车就起步或熄火,行驶中伴随换挡困难。

(2)故障原因

①离合器自由行程过大。

②分离杠杆变形或某一分离杠杆折断。

③分离杠杆内端不在同一平面上或内端太低。

④从动盘正反面装错。

⑤从动盘铆钉松脱、摩擦片破裂或钢片变形。

⑥双片离合器中间压盘支承弹簧弹力不均或个别弹簧折断、中间压盘调整不当。

⑦从动盘在花键轴上轴向运动卡滞。

⑧压紧弹簧弹力不均或个别弹簧折断。

⑨液压式离合器的液压系统油量不足(漏油)或有空气。

(3)故障诊断与维修方法

①检查离合器踏板自由行程。若自由行程太大,则故障由此引起,需进行调整;否则,应继续检查液压传动系统(针对液压式离合器),若油量不足(漏油)或管路中有空气,则故障由

此引起,添加离合器油或排出空气;否则,拆下离合器下盖继续检查。

②检查分离杠杆内端高度。高度若是太低则故障由此引起;否则检查分离杠杆是否在同一平面内,若不在同一平面内,则故障由此引起,应更换相应零件;若在同一平面内,则检查从动盘是否正反面装错,若装错,重新安装;否则,踩下离合器踏板继续检查。

③检查从动盘钢片。检查从动盘钢片是否有变形、铆钉是否松脱。若有其中一种情况,则故障由此引起并更换;否则,故障由从动盘轴向运动卡滞引起,其原因是:从动盘在花键轴上移动卡滞,应对卡滞部位进行润滑;否则双片离合器中间压盘支承弹簧弹力不均或个别弹簧折断,更换弹簧即可。

3. 离合器接合不平顺

(1)故障现象

汽车起步时,在驾驶员操作正确的前提下,离合器接合时产生振动,严重时整车都跟随抖动。

(2)故障原因

①分离杠杆内端高度不在同一平面内。

②压盘或从动盘钢片翘曲变形。

③摩擦片表面不平,表面硬化、有油污或烧焦,铆钉露头、松脱、折断。

④从动盘上的减振弹簧疲劳或折断,缓冲片破裂。

⑤离合器压紧弹簧折断或弹力不均,膜片弹簧疲劳或破裂。

⑥飞轮工作端面圆跳动严重(翘曲变形)。

⑦飞轮、离合器壳或变速器固定螺钉松动。

(3)故障诊断与维修方法

①检查飞轮、离合器壳或变速器固定螺钉是否松动。若松动,则故障由此引起,将螺钉拧紧;否则继续检查。

②检查分离杠杆内端是否在同一平面内。若不在同一平面内,则故障由此引起,对其进行修复或更换;否则继续检查。

③检查压紧弹簧是否断裂。若断裂,则故障由此引起;否则继续检查。

④检查从动盘摩擦片是否有油污、烧焦或铝质粉末物。若有,则故障由油污、烧焦或铆钉露头引起;否则继续检查。

⑤检查从动盘钢片、压盘或飞轮是否有翘曲变形。若有翘曲变形,则故障由此引起;否则故障在缓冲片(从动盘上),或由缓冲弹簧疲劳或断裂,摩擦片表面不平、软化,铆钉松脱或折断引起。

4. 离合器异响

(1)故障现象

离合器接合或分离时发出不正常响声。

(2)故障原因

①分离轴承损坏或润滑不良导致干摩擦。

②分离杠杆与离合器盖的连接松旷或分离杠杆支承弹簧疲劳、折断或脱落。

③从动盘花键孔与轴配合松旷。

④从动盘摩擦片铆钉松动或露头。

⑤从动盘减振弹簧疲劳或折断。

⑥分离轴承与分离杠杆内端之间没有间隙。

⑦飞轮上的传动销与压盘上的传力孔或离合器盖上的驱动孔与压盘上的凸块配合间隙过大。

（3）故障诊断与维修方法

①轻轻踩下离合器踏板，在分离轴承与分离杠杆内端刚刚接触时听：发出"沙沙"的响声，则故障由分离轴承缺油（润滑不良）引起；无"沙沙"的响声，则拆下离合器下盖，将离合器踏板踩到底继续察听。

②离合器踏板踩到底，发出"哗哗"的金属滑磨声，甚至看到离合器下部有火星冒出，则故障由分离轴承损坏引起；发出连续的"喀啦"声，分离不彻底时尤为严重，放松离合器踏板后响声消失，则故障由飞轮上的传动销与压盘上的传力孔配合松旷或离合器盖上的驱动孔与压盘凸块配合松旷引起；否则，继续检查。

③在离合器处于刚接合或刚分离时察听，发出"咔哒"的碰声，则故障由从动盘摩擦片松动引起；发出金属剐蹭声，则故障由从动盘摩擦片铆钉露头引起；发出连续噪声或间断的碰击声，则故障由分离轴承与分离杠杆内端间隙太小或无间隙引起。否则继续检查。

④在汽车起步或行驶中加、减速时，发出"吭"或"喀"的响声，则故障原因为：减振弹簧疲劳折断；从动花键孔与变速器输入轴配合松旷。

项目练习与测试

（一）填空题

1.汽车上应用的离合器主要有以下三种形式：_____、_____、_____。

2.离合器主动部分包括_____、_____和_____，离合器从动部分包括_____和_____。

3.离合器操纵机构包括_____、_____、_____、_____、_____、_____、_____、_____等。

4.离合器在接合状态下，压紧弹簧将_____、_____和_____三者压紧在一起，发动机的转矩经过飞轮及压盘通过_____的摩擦作用传给从动盘，再由从动轴输入变速器。

5.为了消除离合器的自由间隙和操纵机构零件的弹性变形所需要的离合器踏板行程称为_____。可以通过拧动_____来改变分离拉杆的长度进行调整。

6.采用_____可以有效地防止传动系统的扭转振动。

7.从动盘摩擦片的磨损程度可用游标卡尺进行测量，铆钉头埋入深度应不小于_____。

8.离合器压盘平面度误差不应超过 0.2 mm，检查方法是用钢直尺压在压盘上，然后用_____测量。

9.膜片弹簧离合器的压盘与离合器盖之间通过周向均布的三组或四组_____来传递

转矩。

(二)判断题

1.如果离合器自由间隙过大,从动盘摩擦片磨损变薄后压盘将不能向前移动压紧从动盘,这将导致离合器打滑。　　　　　　　　　　　　　　　　　　　　　　　(　)

2.轿车、客车和部分中、小型货车多采用单片离合器。　　　　　　　　(　)

3.绳索离合器传动机构可消除杆系传动机构的一些缺点,适用于重型汽车和客车。(　)

4.离合器踏板自由行程过大,使分离轴承压在分离杠杆上,造成离合器打滑。(　)

5.从动盘摩擦片、压盘或飞轮工作面磨损严重,离合器盖与飞轮的连接松动,使压紧力减弱,造成离合器打滑。　　　　　　　　　　　　　　　　　　　　　　　(　)

6.离合器液压操纵机构漏油、有空气或油量不足,会造成离合器分离不彻底。(　)

7.离合器踏板自由行程过大,会造成离合器分离不彻底。　　　　　　　(　)

8.从动盘或压盘翘曲变形,飞轮工作端面的圆跳动严重会造成起步发抖现象。(　)

9.连踩踏板,如果离合器刚接合或刚分开时有响声,说明从动盘减振弹簧退火、疲劳或折断。　　　　　　　　　　　　　　　　　　　　　　　　　　　　　　(　)

(三)选择题

1.关于离合器功用下列说法错误的是(　)。

A.使发动机与传动系统逐渐接合,保证汽车平稳起步

B.暂时切断发动机的动力传动,保证变速器换挡平顺

C.限制所传递的转矩,防止传动系统过载

D.降速增扭

2.关于离合器打滑的原因错误的说法是(　)。

A.离合器踏板没有自由行程,使分离轴承压在分离杠杆上

B.离合器踏板自由行程过大

C.从动盘摩擦片、压盘或飞轮工作面磨损严重,离合器盖与飞轮的连接松动

D.从动盘摩擦片油污、烧蚀、表面硬化、铆钉外露或表面不平,使摩擦系数下降

3.关于离合器分离不彻底的原因错误的说法是(　)。

A.离合器踏板自由行程过大

B.分离杠杆调整不当,其内端不在同一平面内或内端高度太低

C.新换的摩擦片太厚或从动盘正反面装错

D.压力弹簧疲劳或折断,膜片弹簧疲劳或开裂,使压紧力下降

4.汽车起步发抖的原因是(　)。

A.分离轴承套筒与导管间油污、尘腻严重,使分离轴承不能回位

B.从动盘或压盘翘曲变形,飞轮工作端面的圆跳动严重

C.分离轴承缺少润滑剂,造成干摩擦或轴承损坏

D.新换的摩擦片太厚或从动盘正反面装错

5.离合器分离或接合时发出不正常的响声的原因是(　)。

A.分离轴承缺少润滑剂,造成干摩擦或轴承损坏

B.从动盘或压盘翘曲变形,飞轮工作端面的圆跳动严重

C.膜片弹簧弹力减弱

D.分离杠杆弯曲变形,出现运动干涉,不能回位

(四)简答题

1.汽车传动系统中为什么要装离合器?

2.根据离合器的功用,它应满足哪些主要要求?

3.离合器从动盘上的扭转减振器的作用是什么?

4.离合器液压系统中空气的排出方法和步骤是什么?

项目 4　手动变速器的拆装与检修

教学准备			
序号	名称		内容
1	实训目标	知识目标	正确理解并能描述手动变速器及各种换挡装置的结构和工作原理;正确分析手动变速器常见故障,并能进行诊断与排除
		技能目标	熟练掌握手动变速器的拆装、检修和调整
2	课堂设计		以小组为单位,每组准备一个变速器,首先讲好拆装步骤,之后对变速器进行分解,随后集中讲解各零部件的结构特点、功用和工作原理,然后再分组对零部件进行检修
3	重点		手动变速器的工作原理;各挡位传递路线;手动变速器操纵机构的要求;手动变速器的维护和检修方法
4	难点		各挡位动力传递路线及工作原理;同步器的工作原理;各零部件的检测与维修
5	教学设备及工量具		常用拆装工具、变速器拆装台架、千分尺、百分表、塞尺、直尺、V形铁、润滑油等

4.1　手动变速器的拆装与检修实践指导 ∴

4.1.1　三轴式手动变速器的拆装与检修

三轴式手动变速器主要用于发动机前置后轮驱动的汽车上,东风 EQ1090 型货车的变速器就是一种典型的三轴式手动变速器,它主要有三根传动轴:输入轴(第一轴)、输出轴(第二轴)和中间轴,另外还有一根倒挡轴。如图 4-1 所示为三轴式手动变速器的结构简图。

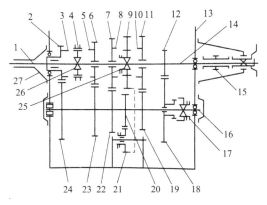

图 4-1　三轴式手动变速器的结构简图

1—输入轴;2—输入轴常啮合齿轮;3—输入轴常啮合齿轮四挡接合齿圈;4、9—同步器接合套;5—三挡齿轮接合齿圈;
6—输出轴三挡齿轮;7—输出轴二挡齿轮;8—二挡齿轮接合齿圈;10—一挡齿轮接合齿圈;11—输出轴一挡齿轮;
12—输出轴五挡齿轮;13—变速器壳体;14—输出轴;15—回油螺纹;16—中间轴;17—五挡同步器;18、20—倒挡中间齿轮;
19—中间轴一挡齿轮;20—中间轴倒挡齿轮;21—倒挡轴及倒挡中间移动齿轮;22—中间轴二挡齿轮;
23—中间轴三挡齿轮;24—中间轴常啮合齿轮;25、26—花键毂;27—输入轴轴承盖

1.三轴式手动变速器的拆卸

(1)拆下变速器盖

①拧下放油螺塞,放出变速器中的润滑油。

②将变速杆置于空挡位置,将变速器盖固定螺栓按对角顺序拧松,拆下变速器盖总成。

(2)拆下变速器输入轴(图 4-2)

①将输入轴轴承盖上的螺栓拧下,取下轴承盖。

②将输入轴连同轴承从壳体上取下。

③取出轴承内定位卡环,用轴承拉具取下输入轴后轴承,并取下轴承外卡环。

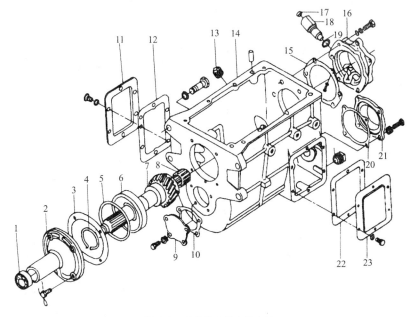

图 4-2 变速器壳体和输入轴

1—输入轴前轴承;2—输入轴轴承盖;3—输入轴轴承盖衬垫;4—弹性挡圈;5—钢丝挡圈;6—输入轴后轴承;
7—变速器输入轴;8—中间轴前轴承;9—中间轴前轴承盖;10—中间轴前轴承衬垫;11—取力孔盖;12—取力孔盖衬垫;
13—方头锥形螺塞;14—变速器外壳;15—输出轴后轴承盖衬垫;16—输出轴后轴承;17—里程表从动齿轮油封;
18—里程表软轴接头;19—软轴接头 O 形橡胶密封圈;20—中间轴后轴承衬垫;21—中间轴后轴承盖;
22—倒挡检查孔盖衬垫;23—倒挡检查孔盖

(3)拆下变速器输出轴(图 4-3)

①旋出输出轴后轴承盖固定螺栓,拆下后轴承盖。

②用手抬起输出轴前端,取出四、五挡同步器的接合套及锥盘。

③向后推动输出轴,使后轴承从壳体中退出。

④拧下输出轴后端凸缘盘的紧固螺母,用轴承拉具拉下里程表传动齿轮和后轴承,并取下轴承卡环。

⑤抬起输出轴前端,然后将输出轴从变速器壳体中抽出。

注意 输出轴比较笨重,拆卸时应戴好防护手套,注意安全,防止夹手。

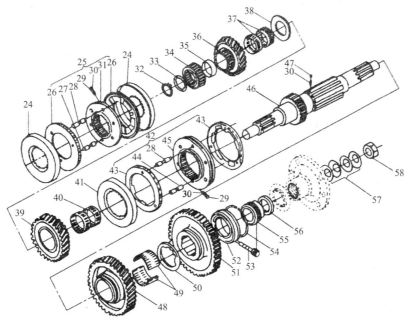

图 4-3　变速器输出轴①

24—四、五挡同步器锥盘；25—四、五挡同步器锥环总成；26、43—锥环；27、44—锁销；28—同步器定位销；29—定位钢球；
30—锁销定位弹簧；31—四、五挡滑动齿套；32—固定齿座锁环；33—固定齿座止推环；34—四、五挡固定齿座；
35—四挡齿轮滚针轴承挡圈；36—四挡齿轮；37—四挡齿轮滚针轴承；38—四挡齿轮止推环；39—三挡齿轮；
40—三挡齿轮滚针轴承；41—三挡同步器锥盘；42—二、三挡同步器锥环总成；45—二、三挡滑动齿套；
46—输出轴；47—二挡齿轮止推环锁销；48—二挡齿轮；49—二挡齿轮滚针轴承；50—二挡齿轮止推环；
51—一挡及倒挡齿轮；52—输出轴后轴承；53—里程表从动齿轮；54—输出轴后轴承外缘挡圈；55—里程表主动齿轮；
56—隔套；57—碟形弹簧；58—凸缘锁紧螺母

（4）拆下变速器倒挡轴（图 4-4）

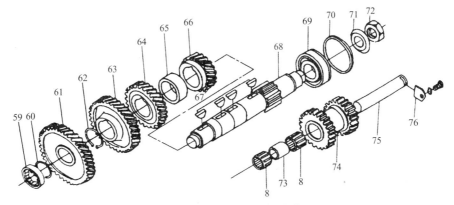

图 4-4　变速器中间轴和倒挡轴②

59—中间轴前轴承；60—齿轮挡圈；61—中间轴常啮合齿轮；62—挡圈；63—四挡齿轮；64—三挡齿轮；65—隔套；
66—二挡齿轮；67—半圆键；68—中间轴；69—中间轴后轴承；70—中间轴后轴承外缘挡圈；71—锁片；72—锁紧螺母；
73—轴承隔套；74—倒挡齿轮；75—倒挡齿轮轴；76—倒挡齿轮轴锁片

①拧下变速器后端面倒挡轴锁片紧固螺栓，取下锁片。

①②为使变速器具有整体性，图 4-2、图 4-3 和图 4-4 中指引线序号接排。

②用拉拔冲锤拧入倒挡轴后端的螺丝孔内,利用冲锤的惯性将倒挡轴从壳体后端抽出。

③从倒挡轴上取下倒挡齿轮以及轴承。

注意 在取下倒挡轴之前务必将中间轴锁紧螺母拧松,因为螺母比较紧,松开时轴会随螺母一起转动,需要在倒挡齿轮和中间轴齿轮之间放入铜棒才能使中间轴固定;取下倒挡齿轮时应注意倒挡齿轮两轴承之间有塑料隔套。

(5)从变速器内取出中间轴(图 4-4)

①拧下中间轴前、后轴承盖的固定螺栓,拆下前、后轴承盖。

②拧下中间轴后端紧固螺母(之前已经拧松)。

③将中间轴后移,使后轴承从座孔中退出。

④用轴承拉具拉下后轴承,取下轴承卡环。

⑤向上抬起中间轴前端,将中间轴从变速器壳中取出。

⑥用轴承拉具从壳体上拉出中间轴前轴承。

(6)分解输出轴(图 4-3)

①从输出轴后端取下一挡及倒挡滑动齿轮。

②用螺钉旋具将二挡齿轮花键挡圈的锁销压下,转动花键挡圈,使其键槽与输出轴上键槽相对,从输出轴后端取下挡圈。

注意 取下挡圈时要防止锁销弹出丢失。从锁销孔中取出弹簧。

③取下二挡齿轮,从轴颈上拿下两个半圆形的二挡齿轮滚针轴承,取下二、三挡同步器接合套和三挡齿轮锥盘。

④从输出轴前端拆下有圆周定位作用的弹性挡圈。

⑤取下花键毂的挡圈和花键毂。

⑥取下四挡齿轮及滚针轴承。

⑦取下三挡齿轮挡圈和三挡齿轮。

(7)分解中间轴(图 4-4)

①拆下中间轴前端弹性挡圈。

②用专用拉具拉下中间轴常啮合齿轮,取下半圆键。

③拆下四挡齿轮弹性挡圈。

④用专用拉具拆下四挡齿轮,取下半圆键。

⑤用专用拉具拆下三挡齿轮,取下半圆键。

⑥取下二、三挡齿轮隔套。

⑦用专用拉具取下二挡齿轮。

2. 三轴式手动变速器主要零部件的检修

(1)变速器齿轮的检修

变速器齿轮的主要损伤有齿面磨损、齿端磨损、疲劳剥落、腐蚀斑点、轮齿破碎或折断、花键孔磨损等。这些损伤除可通过外部检视外,轮齿的磨损可用样板或与新齿轮对比进行检验。在齿高 2/3 处测量,滑动齿轮或常啮合齿轮的齿长磨损不得大于原齿长的 15%;齿轮工作面不得有疲劳性金属剥落;工作面上的伤痕和缺口不得大于 20%;齿轮不得有裂纹;齿侧间隙不得超过 0.40 mm;齿轮啮合间隙不得超过 0.50 mm。如不符合,应更换齿轮。

对于齿轮表面的轻微斑点、剥落及磨损痕纹,可用磨石修平整后继续使用。

注意　更换齿轮时必须更换一对齿轮副。

(2)变速器轴的检修

变速器输入轴、输出轴与中间轴均以两端轴颈支承,常见损伤有轴颈磨损、键齿磨损、轴弯曲变形、螺纹损伤等。当轴颈磨损严重时,应镀铬修复或焊修,并且轴承必须更换。用与键齿相配合的新齿轮套入,检查其配合间隙,不得有松旷。用百分表检查轴中部的径向圆跳动误差,不得超过 0.06 mm。

(3)同步器的检修

锥环端面已与锥盘接触、有擦痕,同步过程失效,允许将锥环端面车削修复,最大车削量为 1.0 mm。锥环斜面上的螺纹油槽的深度应不小于 0.10 mm,锥环前端面与锥盘的间隙不得小于 0.30 mm,超过限度应予修理。更换新同步器总成后原锥盘可用,但要检查锥环端面不得与锥盘端面接触,新锥盘与新锥环端面间隙应为 3 mm。

(4)变速器壳体的检修

变速器壳和盖的常见损伤为壳体裂纹和变形、轴承座孔磨损等。

①变速器壳体裂纹的检修。变速器壳体和盖应该无裂纹,否则应修复或更换。壳体裂纹超过两处或长度超过 100 mm 应该予以报废。裂纹较小且未延伸到轴承座孔,可用环氧树脂胶黏接或螺纹修复。

②变速器壳体变形的检修。用直角尺检查变速器壳体前端面相对上接合面或轴承座孔中心线的垂直度。垂直度误差在 100 mm 长度上超过 0.10 mm 时,应修复校正。将变速器壳体接合面扣合在平板上,用塞尺测量壳体接合面与平板之间的间隙。一般平面度误差在 100 mm 长度上应不大于 0.15 mm。把专用检验棒和定位套安装在轴承座孔内,用千分尺测量两根检验棒两端的距离差,即为两轴线的平行度误差,其值应不大于 0.10 mm;上平面与上轴承座孔中心线的平行度误差应不大 0.15 mm。

③轴承座孔磨损的检修。用外径千分尺测量轴承外径,用量缸表测量轴承座孔内径,两尺寸之差即为轴承与座孔的配合间隙,一般为 0~0.05 mm,使用极限为 0.12 mm,如果配合间隙超过使用限度,应修复。

④变速器拨叉轴直线度偏差为 0.015 mm。变速器拨叉轴与座孔配合间隙为 0.040~0.094 mm,极限值为 0.30 mm。

3. 三轴式手动变速器的装配

变速器在装配前应清洗壳体及盖内的铁屑、油污和脏物等,并将变速器各轴、齿轮、轴承清洗干净。疏通齿轮上的油孔。装配时,应使用铜棒敲击轴承或齿轮。

(1)组装输入轴

将输入轴后轴承压靠在轴肩端面,并用卡环锁止,装入轴承外卡环。

(2)组装中间轴

①在键槽中装好半圆键,从中间轴前端将二挡齿轮压至轴肩(二挡齿轮长毂必须朝前)。

②装入二、三挡齿轮隔套。

③用装二挡齿轮相同的方法,依次装入三挡和四挡齿轮(三挡齿轮长毂朝后,四挡齿轮长毂朝前)

④装入四挡齿轮弹性卡环。用装二挡齿轮相同的方法,压入常啮合齿轮(齿轮长毂朝后),再装上常啮合齿轮弹性卡环。

（3）组装输出轴

①将两个半圆形的滚针轴承扣合在输出轴二挡齿轮轴颈上，从输出轴后端装入二挡齿轮（齿轮长毂朝前）

②在二挡齿轮挡圈的锁销孔内装入弹簧和锁销。从轴后端装入二挡齿轮花键挡圈，用螺丝刀压下锁销，转动花键挡圈，用锁销将花键挡圈锁住。此时二挡齿轮在轴上能转动自如，二挡齿轮的端隙为 0.05～0.34 mm，使用极限为 0.40 mm。

③从后端装入一挡及倒挡滑动齿轮，注意拨叉槽向前。齿轮在花键上应能滑动自如，花键槽与花键的侧隙为 0.05～0.14 mm，使用极限为 0.40 mm。

④从第二轴前端装入二、三挡同步器接合套（长毂朝前）。装入后，花键毂在花键座上应能滑动自如，不得有卡住或过紧的现象。

⑤将两个整圆的滚针轴承装入三挡齿轮内，将三挡齿轮的同步器锥盘装在三挡齿轮的接合齿圈上，从轴的前端装入三挡齿轮。

⑥装入三、四挡齿轮止推环。

⑦在四挡齿轮内装入滚针轴承，注意两轴承中间由尼龙衬套隔开。然后将四挡齿轮装在输出轴上。

⑧装入四、五挡同步器的花键齿座。

⑨装入同步器花键齿座的花键挡圈，前端用卡环锁住。此时，三、四挡齿轮在第二轴上应能转动自如，不得有卡住和过紧现象，四挡齿轮的端隙为 0.1～0.3 mm，使用极限为0.40 mm。

（4）变速器的总装

装配顺序一般为先装中间轴、倒挡轴，然后装配输出轴、输入轴，最后装入变速器盖和外围附件。

①将中间轴轴承外圈涂抹上润滑油，用铜棒垫在锤下将轴承打入壳体内，轴承外圈不得高于壳体。

②中间轴前轴颈外表面涂润滑油，将中间轴组合体从壳体上方放入壳体内，前轴颈装入轴承内。

③中间轴后轴承装入外缘弹性卡环，轴承涂润滑油，用锤子垫空心轴套将轴承打入，直至轴承内圈抵住中间轴相应的轴颈端面、弹性卡环抵住壳体后端面为止。装上螺母锁片与锁紧螺母，拧紧螺母的拧紧力矩不得小于 200 N·m，然后将锁片的一个外齿嵌入螺母外缘的方槽内。

④检查中间轴的轴向间隙，不得大于 0.30 mm。

⑤在倒挡中间齿轮内装好两个滚针轴承和轴承隔套，将其从变速器上方装入壳体内，并使倒挡齿轮朝前。从壳体后端插入倒挡轴，注意轴端锁片槽朝向锁片螺丝孔。倒挡轴穿入倒挡中间齿轮后，用锤子垫铜棒将轴打入前座孔，直至锁片前端面与壳体平齐为止。将锁片嵌入锁片槽，之后用弹簧垫圈及螺栓将其固定。

⑥在中间轴前后轴承盖下垫入密封垫，用外齿弹性垫圈及螺栓紧固。

⑦将输出轴组合体放入壳体内。

⑧将输出轴后轴承装上弹性挡圈后套在输出轴后轴颈上，用垫套和锤子将其打入壳体内，直到轴承内圈抵住第二轴后轴颈端面、弹性挡圈抵住壳体后端面为止。

⑨用铜棒将车速表传动齿轮轻轻打入第二轴后端，直至齿轮端面与轴承内圈相接触为止。

⑩装入输出轴后轴承密封垫,紧固后轴承盖。

⑪在输出轴前端依次装入四挡同步器锥盘,四、五挡同步器及五挡同步器锥盘。

⑫将输入轴后轴承压入输入轴后轴颈,在轴颈及轴承外圈上分别装入弹性挡圈,将输入轴前滚针轴承装入第一轴后端孔内。

⑬从壳体前端装入第一轴,并使五挡同步器锥盘套在第一轴常啮合齿轮的接合齿圈上。

⑭加密封垫后装入第一轴轴承盖,注意轴承盖内侧回油槽向下,螺栓紧固后,必须用钢丝线绕成"8"字形将螺栓成对锁止。

⑮在同步器各锥面之间注入少量润滑油,防止各锥面楔紧。

⑯挂入一挡,用手转动输出时,输入轴、中间轴及倒挡轴齿轮应能均匀自如转动,不得有卡住现象。

⑰检查各齿轮啮合间隙,要求不大于 0.15～0.26 mm,极限间隙为 0.50 mm。

⑱检查变速器内部不得有异物。

⑲将各齿轮处于空挡位置,变速器盖拨叉也置于空挡位置,在壳体上放好密封纸垫,装上变速器盖并紧固。拧紧时先拧紧定位螺钉,然后再交叉拧紧 6 个紧固螺栓。

⑳交替挂入各挡,检查有无乱挡现象。

注意 ①必须佩戴防护劳保用具。

②不得用锤子直接敲击零件表面。

③装变速器盖时,应使拨叉各挡齿轮均处于空挡位置。

④所有螺丝按规定力矩拧紧。

4.1.2　两轴式手动变速器的拆装与检修

两轴式手动变速器现已在汽车上广泛使用(奥迪 100、捷达、卡罗拉等),其结构简单,体积小,适用于发动机前置前轮驱动的轿车上。下面以捷达轿车 020 五挡手动变速器为例进行拆装与检修。

1.两轴式手动变速器的拆卸

(1)拆卸准备

将变速器固定在翻转架上,如图 4-5 所示。用专用工具固定输入轴,如图 4-6 所示。

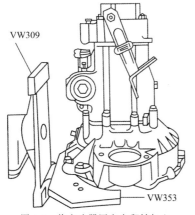
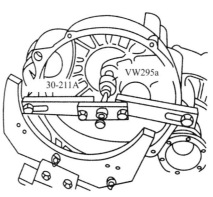

图 4-5　将变速器固定在翻转架上　　　图 4-6　用专用工具固定输入轴

（2）拆下变速器壳体

①拆下变速器后端盖上的 6 颗固定螺栓，注意螺丝长度（4 颗长，2 颗短），用铜棒敲击壳体使之与密封胶分离，之后取下后端盖。变速器后端盖的内部结构如图 4-7 所示。

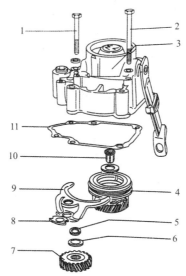

图 4-7　变速器后端盖的内部结构

1—后端盖固定螺栓（短）；2—后端盖固定螺栓（长）；3—后端盖；4—五挡同步器；5—五挡从动齿轮卡环；
6—垫片；7—五挡从动齿轮；8—五挡锁片；9—五挡拨叉；10—五挡齿轮固定螺丝；11—密封胶

②取出离合器分离轴承，如图 4-8 所示。

③用 M12 内花套头拆下固定螺栓，用螺丝刀冲下五挡锁片，取出五挡拨叉以及主动齿轮。

④取下五挡从动齿轮卡环及垫片，取下五挡从动齿轮。

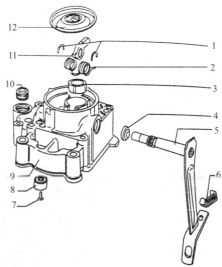

图 4-8　后端盖结构

1—离合器拨叉轴卡环；2—拨叉回位弹簧；3—分离轴承；4、12—堵盖；5—分离杠杆；
6—减振胶块；7—螺钉；8—导管；9—后端盖；10—加油螺栓；11—分离拨叉

⑤拆下变速器自锁钢球，用专用内六方工具拆下选挡轴堵盖，注意弹簧可能会弹出，抽出选挡轴。

⑥如图 4-9 所示,拧下倒挡灯开关 17、车速传感器和倒挡轴六角螺栓 2。

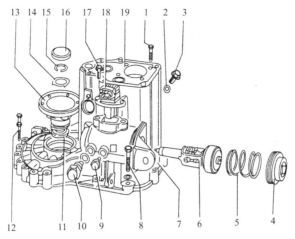

图 4-9　变速器中间壳体结构

1—沉头螺栓;2—油封;3—六角螺栓;4—堵盖(50 N·m);5—压力弹簧;6—选挡轴;7、19—变速器壳体;

8—六角螺栓(M8×35,2 个,拧在止动螺栓下边);9—选挡轴自锁螺栓;10—五挡调整螺栓;

11—压力弹簧;12—六角螺栓(M8×15);13—驱动法兰;14—碟形弹簧;15—弹性卡环(必须完全装入槽内);

16—端盖(更换);17—倒挡灯开关;18—六角螺栓(12 个)

⑦如图 4-10 所示,用专用工具 VW391 取下驱动法兰,注意弹性卡环必须每次更换。

⑧如图 4-11 所示,拆下变速器中间壳体的 14 颗 M8 螺栓,用专用工具 3042 拉出中间壳体。

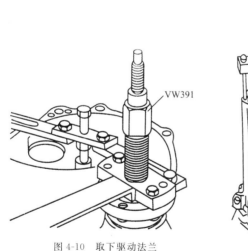

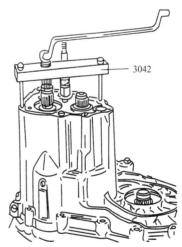

图 4-10　取下驱动法兰　　　　　　　　图 4-11　拉出中间壳体

⑨将倒挡轴固定螺栓拧入倒挡轴,用力将倒挡轴从离合器壳上拔出,取下倒挡齿轮。

⑩拔出换挡拨叉轴,注意两端弹簧别弄丢,取下换挡拨叉。

⑪取下输入轴。

⑫分别取出卡环 1 和 2,取出三挡和四挡齿轮。

⑬如图 4-12 所示,用专用工具 VW447h 拉出一挡及倒挡同步器和一挡从动齿轮。

⑭拆下输出轴轴承盖螺栓,取下轴承盖,拔出输出轴。

⑮拆下差速器。

2. 两轴式手动变速器的安装

安装顺序和拆卸过程正好相反,不再重复,但是要注意以下要点:

(1)装配前清洗各零部件,保证装配卫生。

(2)驱动法兰的弹性卡环、堵盖、五挡锁片都为一次性零件,必须更换。

(3)更换输出轴的滚柱轴承以后需要调整轴承间隙,需要通过增减轴承盖垫片厚度调整。

(4)注意各端盖的密封,用大众原厂密封胶进行密封,没有密封垫。

(5)安装输入轴时注意输入轴油封的好坏。

(6)注意五挡拨叉的调整(图 4-13)与锁片的安装。

(7)安装完毕挂入空挡,检查输入轴是否旋转自如,各挡位能轻松挂入后再装车。如图 4-14 所示。

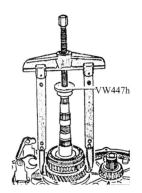

图 4-12   取出一挡齿轮

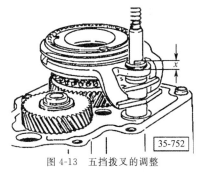

图 4-13   五挡拨叉的调整

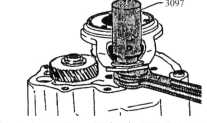

将专用工具 3097 和开口扳手配合,用锤子砸 3097,用专用工具 3095 向右旋转拨叉轴套管直至 $x=5$ mm

图 4-14   安装后的检查

3. 两轴式手动变速器的检修

(1)检查所有齿轮和轴承的损坏情况。齿面有轻微斑点,在不影响使用的情况下可以用油石修磨。当齿厚磨损超过 0.2 mm,齿长磨损超过原齿长的 15%,或斑点面积超过齿面 15% 以上,则应更换齿轮。装好滚针轴承和内座圈后,用百分表检查齿轮与内座圈之间的间隙,如图 4-15 所示,标准间隙为 0.009~0.060 mm,极限间隙为 0.15 mm,超过极限间隙应更换轴承。

(2)检查输入轴和输出轴。输入轴和输出轴不应有裂纹,轴颈及花键不应有严重磨损,轴上的齿轮不应有断齿和严重磨损,否则应更换。检查轴的径向圆跳动,其值不应超过 0.05 mm,否则应更换或校正。

(3)检查同步器。将同步环压在各自齿轮的锥面上,按压转动同步环时要有阻力,用塞尺测量环齿与轮齿之间的间隙 a,磨损后,环齿与轮齿越靠越近,如果不符合规定,应更换同步环,如图 4-16 所示。

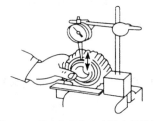

图 4-15   检查齿轮与内座圈之间的间隙

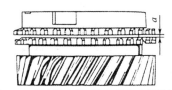

图 4-16   检查同步器环齿与轮齿之间的间隙

4.2　手动变速器相关理论知识

4.2.1　变速器常识

1.变速器的功用

(1)实现变速变扭。改变传动比,扩大驱动轮转矩和转速的变化范围,以适应汽车在各种行驶条件下所需的牵引力和合适的行驶速度,并使发动机能够经常在功率较高而油耗率较低的有利工况下工作,因此,变速器中应具有合理的挡数和合适的传动比。

(2)实现倒车。现在的内燃活塞式发动机,其旋转方向都是不变的(从曲轴前端向后看是顺时针旋转),为了使汽车能倒向行驶,变速器中设有倒挡。

(3)实现中断动力传递。在发动机启动、怠速转动、变速器换挡和动力输出时,都要中断发动机至传动系统的动力传递,故变速器中设有空挡。

2.变速器的分类

(1)按传动比变化情况分

汽车变速器按传动比变化情况,可分为有级式、无级式和综合式三种。传动比是指输入轴转速与输出轴转速的比值。

①有级式变速器。此类变速器应用最广泛。其采用齿轮传动,具有若干个定值传动比。按所用轮系形式不同,有轴线固定式变速器(普通变速器)和轴线旋转式变速器(行星齿轮变速器)两种。目前轿车和轻、中型货车变速器的传动比,通常有 3~5 个前进挡和一个倒挡,每个挡位对应一个传动比。变速器的挡数是指其前进挡位数。有级式变速器具有结构简单、易于制造、工作可靠、传动效率高的优点。

②无级式变速器。它的传动比在一定范围内是无限多级地连续变化的。如液力式传动系统采用的液力变矩器、电力传动系统中的直流串激电动机等均为无级变速传动元件。

③综合式变速器。一般是指由液力变矩器和齿轮式有级变速器组成的液力机械式变速器,其传动比可在几个区段内无级变化,为部分无级式。这种结构既可得到较大的传动比,又可实现无级变速,目前应用较多。

(2)按操纵方式不同分

按操纵方式不同,变速器又分为手动换挡式变速器、自动操纵式变速器和半自动式变速器三种。

①手动换挡式变速器。靠驾驶员直接操纵变速杆进行换挡。这种变速器换挡机构简单,工作可靠,目前应用最广。

②自动操纵式变速器。传动比的选择和换挡是自动进行的。它是借助反映发动机负荷和车速的信号系统来控制换挡系统的执行元件,进行实现机械变速器的换挡,驾驶员只需操纵加速踏板,以控制车速。

③半自动式变速器。此种变速器有两种形式:一种是几个常用挡位可自动换挡,其余几个挡位要由驾驶员手动操作;另一种是预选式的,即驾驶员先用按钮选定挡位,在踩下离合器踏板或松开加速踏板时,接通自动控制和执行机构进行自动换挡。

(3)按变速器前进挡齿轮机构所用轴的数目不同分

按变速器前进挡齿轮机构所用轴的数目不同,变速器可分为两轴式和三轴式两类。两轴式变速器通常与发动机前置前轮驱动布置类型的传动系统相配,三轴式变速器一般与发动机前置后轮驱动布置类型的传动系统相配。

（4）按前进挡位数不同分

按前进时变速器的挡位数不同,变速器可分为三挡手动变速器、四挡手动变速器、五挡手动变速器、六挡手动变速器等。

3. 变速器的工作原理

手动变速器也叫作定轴式变速器,它由外壳、轴线固定的几根轴和若干个齿轮组成,可实现变速、变矩和改变旋转方向。

（1）变速原理

如图 4-17 所示,一对齿数不同的齿轮啮合传动时,若小齿轮为主动齿轮,带动大齿轮转动,转速降低;若大齿轮带动小齿轮转动时,转速升高。这就是齿轮传动的变速原理。汽车变速器就是根据这一原理,利用若干大小不同的齿轮副传动而实现变速的。设主动齿轮转速为 n_1,齿数为 Z_1;从动齿轮转速为 n_2,齿数为 Z_2。主动齿轮（输入轴）转速与从动齿轮（输出轴）转速的比值称为传动比,传动比用字母 i 表示,即

$$i_{1,2} = \frac{n_1}{n_2} = \frac{z_2}{z_1}$$

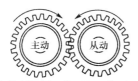 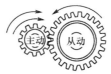 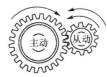

(a)同齿数齿轮啮合,输入转速=输出转速　(b)小齿轮带动大齿轮,输出转速下降　(c)大齿轮带动小齿轮,输出转速提高

图 4-17　齿轮变速原理

（2）换挡原理

若将图 4-18 中齿轮 3 和 4 脱开,再将齿轮 5 和 6 啮合,传动比变化,输出轴的转速、转矩也发生变化,即挡位改变。当齿轮 4 和 6 都不与中间轴上的齿轮 3、5 啮合时,动力不能传到输出轴,变速器空挡。

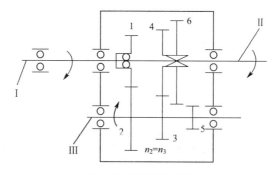

图 4-18　齿轮传动简图

1、2、3、4、5、6—齿轮;Ⅰ—输入轴;Ⅱ—输出轴;Ⅲ—中间轴

4.2.2　变速器传动机构

变速器的传动机构是变速器的主体,主要由一系列的常啮合齿轮副及相应的轴和壳体组成,其主要功用是改变传动比和旋转方向之后将发动机的动力传递出去。按照工作轴的数量可分为两轴式和三轴式,如图 4-19 所示。

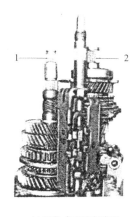
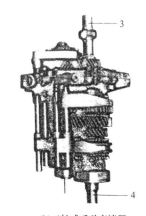

(a) 两轴式手动变速器　　　　(b) 三轴式手动变速器

图 4-19　两轴式和三轴式变速器

1、3—输出轴；2、4—输入轴

下面以发动机横置式的两轴式变速器为例,分析其传动机构的工作过程。如图 4-20 所示为发动机横置前轮驱动汽车的四挡手动变速器结构,所有前进挡位均采用常啮合斜齿轮。

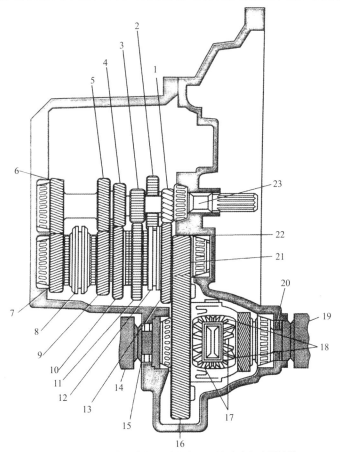

图 4-20　发动机横置前轮驱动汽车的四挡手动变速器结构

1—一挡主动齿轮；2—倒挡惰轮；3—四挡主动齿轮；4—二挡主动齿轮；5—三挡主动齿轮；6—四挡主动齿轮；
7—四挡从动齿轮；8—三、四挡同步器；9—三挡从动齿轮；10—二挡从动齿轮；11—倒挡从动齿轮；12—一、二挡同步器；
13—一挡从动齿轮；14、19—等速万向节轴；15—油封；16—主减速器从动齿轮；17—半轴齿轮；18—差速器行星齿轮；
20—差速器油封；21—输出齿轮轴；22—主减速器主动齿轮；23—输入齿轮轴

1.动力传递路线分析

(1)一挡

如图 4-21 所示,一、二挡同步器使一挡从动齿轮与输出齿轮轴接合后,将一挡从动齿轮锁定到输出齿轮轴上。输入齿轮轴上的一挡主动齿轮顺时针转动,逆时针地驱动一挡从动齿轮和输出齿轮轴。输出齿轮轴端的主减速器主动齿轮逆时针转动,顺时针地驱动主减速器从动齿轮,实现一挡动力传递。

(2)二挡

从一挡向二挡换挡时,如图 4-22 所示,一、二挡同步器分离输出齿轮轴上的一挡从动齿轮,并接合二挡从动齿轮,形成二挡动力传递。

(3)三挡

当一、二挡同步器接合套返回空挡后,将三、四挡同步器锁定到输出齿轮轴上的三挡从动齿轮上。动力传递路线如图 4-23 所示。

(4)四挡

将三、四挡同步器接合套从输出齿轮轴上的三挡从动齿轮移到四挡从动齿轮,并将其锁定到输出齿轮轴上。动力传递路线如图 4-24 所示。

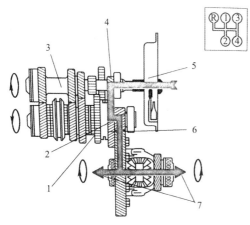

图 4-21　一挡动力传递路线
1—一、二挡同步器;2—小齿轮;3—输入轴齿轮组件;
4—一挡主动齿轮;5—离合器总成;
6—一挡从动齿轮;7—至驱动轮

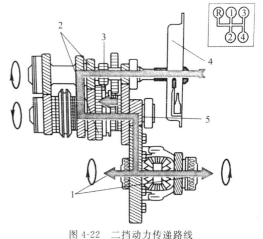

图 4-22　二挡动力传递路线
1—至驱动轮;2—二挡齿轮;3—一、二挡同步器的运动;
4—离合器总成;5—小齿轮

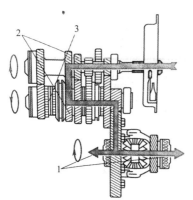

图 4-23　三挡动力传递路线
1—至驱动轮;2—三挡齿轮;3—三、四挡同步器的运动

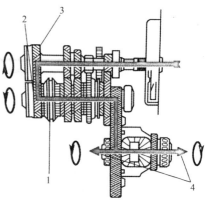

图 4-24　四挡动力传递路线
1—三、四挡同步器;2—四挡从动齿轮;
3—四挡主动齿轮;4—至驱动轮

（5）倒挡

当换挡杆位于倒挡位置时，倒挡惰轮平移与输入齿轮轴上的倒挡主动齿轮和倒挡从动齿轮相啮合。倒挡从动齿轮是一、二挡同步器接合套，同步器接合套带有沿其外缘加工的直齿。倒挡惰轮改变了倒挡从动齿轮的运转方向，实现了倒挡动力传递，其路线如图 4-25 所示。

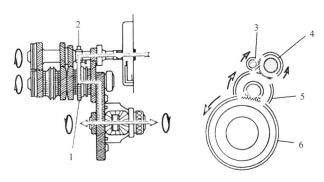

图 4-25　倒挡动力传递路线

1、5—倒挡从动齿轮（一、二挡同步器接合套）；2、3—倒挡主动齿轮；4—倒挡惰轮；6—主减速器从动齿轮

4.2.3　同步器

同步器的作用是在换挡时使接合套与待啮合的齿圈先迅速达到同步之后再进入啮合，实现无冲击、无噪声换挡。目前所采用的摩擦式惯性同步器，主要由同步装置（包括推动件、摩擦件）、锁止装置和接合装置三部分组成。由于锁止装置的不同，同步器有锁环式和锁销式两种。

1. 锁环式惯性同步器

锁环式惯性同步器结构如图 4-26（a）所示，花键毂 6 用内花键套装在输出轴外花键上，用垫圈、卡环轴向定位。花键毂两端与输入轴齿轮 1 和输出轴齿轮 3 之间各有一个青铜制成的锁环（同步环）5 和 10。锁环上有短花键齿圈，其花键的尺寸和齿数，与花键毂、齿轮 1 和 3 的外花键齿相同。两个齿轮和锁环上的花键齿在靠近接合套 9 的一端都有倒角，其与接合套齿端的倒角相同。锁环有内锥面，与齿轮 1、3 的外锥面锥角相同。在锁环内锥面上制有细密的螺纹（或直槽），当锥面接触后，它能及时破坏油膜，增加锥面间的摩擦力。锁环内锥面摩擦副称为摩擦件，外沿带倒角的齿圈是锁止件，锁环上还有三个均布的缺口 11。三个滑块 4 分别装在花键毂上的三个均布的轴向槽 8 内，沿槽可以轴向移动。滑块被两个弹簧圈 7 的径向力压向接合套，滑块中部的凸起部位压嵌在接合套中部的环槽 12 内。滑块和弹簧是推动件。滑块两端伸入锁环 5 的缺口 11 中，滑块窄，缺口宽，两者之差等于锁环的花键齿宽。锁环相对滑块顺时针转和逆时针转都只能转动半个齿宽，且只有当滑块位于锁环缺口的中央时，接合套与锁环才能接合。

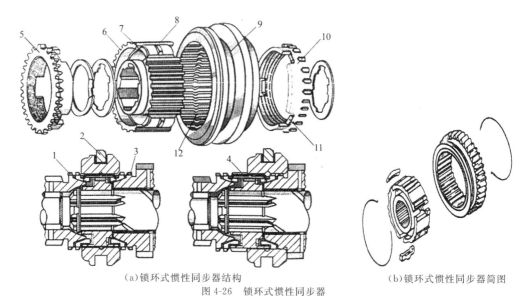

(a)锁环式惯性同步器结构　　　　　　　　(b)锁环式惯性同步器简图

图 4-26　锁环式惯性同步器

1—输入轴齿轮；2—拨叉；3—输出轴齿轮；4—滑块；5、10—锁环；6—花键毂；7—弹簧圈；8—三个轴向槽；
9—接合套；11—缺口；12—环槽

2. 锁销式惯性同步器

中、大型货车多采用锁销式惯性同步器，下面以东风 EQ1092 型汽车五挡变速器中的四、五挡同步器为例说明其结构和工作原理，如图 4-27 所示。

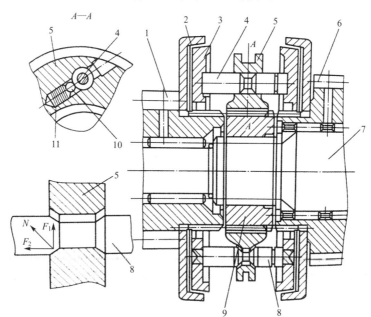

图 4-27　锁销式惯性同步器

1—输入轴齿轮；2—摩擦锥盘；3—摩擦锥环；4—定位销；5—接合套；6—输出轴四挡齿轮；7—输出轴；
8—锁销；9—花键毂；10—钢球；11—弹簧

两个带有内锥面的摩擦锥盘 2 以其内花键分别固装在带有接合齿圈的斜齿轮 1 和 6 上，并随齿轮一起转动。两个有外锥面的摩擦锥环 3 上有沿圆周均匀分布的三个锁销 8、三个定位销 4 与接合套 5，它们固装在一起。定位销与接合套的相应孔是滑动配合，定位销中部切有一小段环槽，接合套钻有斜孔，其中的弹簧 11 把钢球 10 顶向定位销中部的环槽，使接合套处于空挡位置。定位销随接合套能轴向移动。定位销两端伸入两摩擦锥环内侧面的弧线形浅坑中,定位销与浅坑有周向间隙,锥环相对于接合套在一定范围内做周向摆动。锁销中部环槽的两端和接合套相应孔两端切有相同的倒角;锁销与孔对中时,接合套才能沿锁销轴向移动;锁销两端铆接在锥环相应的孔中。两个锥环、三个锁销、三个定位销和接合套构成一个部件,套在花键毂 9 的齿圈上。

换挡时,接合套受到拨叉的轴向推力作用,通过钢球、定位销推动摩擦锥环向前移动。因摩擦锥环与锥盘有转速差,故接触后的摩擦作用使锥环和锁销相对于接合套转过一定角度,锁销与接合套上相应孔的中心线不再同心,锁销中部倒角与接合套孔端的锥面相抵触。在同步前,作用在摩擦面的摩擦力矩总大于拨销力矩,因而接合套被锁止不能前移,以防止在同步之前接合套与齿圈进入啮合。同步后摩擦力矩消失,拨销力矩使锁销、摩擦锥盘和相应的齿轮相对于接合套转过一定角度,接合套的相应孔对中,接合套克服弹簧的张力压下钢球并沿锁销向前移动,从而完成换挡。

4.2.4　变速器操纵机构

变速器操纵机构用于将驾驶员的驾驶意图传递给变速器,使变速器挂上或摘下某一挡,并可随时退至空挡,从而改变变速器的工作状态。

1.要求

为了保证变速器的工作可靠,变速器操纵机构应能满足以下要求:

(1)挂挡后,应保证接合套与接合齿圈的全部套合(或滑动齿轮换挡时,全齿长都进入啮合)。在振动等条件影响下,操纵机构应保证变速器不自行挂挡或自行脱挡。为此在操纵机构应设有自锁装置。

(2)变速器操纵机构应能防止驾驶员同时挂上两个挡位,而使变速器产生运动干涉,造成卡死或损坏,因此在操纵机构中应设有互锁装置。

(3)变速器操纵机构还应当能为驾驶员防止在汽车前进时误挂入倒挡,导致零件损坏。在操纵机构中还应设有倒挡锁装置。

2.结构

根据变速器与驾驶室的位置关系,又可将变速器操纵机构分为直接操纵式和远距离操纵式两种类型,如图 4-28 所示。

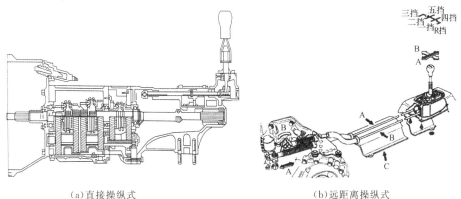

(a)直接操纵式　　　　　(b)远距离操纵式

图 4-28　变速器操纵机构

（1）直接操纵式

直接操纵式变速器的变速杆及其换挡操纵装置都设置在变速器盖上,变速器布置在驾驶员座位的附近,变速杆由驾驶室底板伸出,驾驶员可直接操纵变速杆来拨动变速器盖内的换挡操纵装置进行换挡。它具有换挡位置容易确定、换挡快、换挡平稳等优点。大多数小轿车和长头货车的变速器都采用这种操纵形式。

（2）远距离操纵式

远距离操纵机构可分为外操纵机构和内操纵机构两部分。

①外操纵机构

如图 4-29 所示为桑塔纳轿车变速器外操纵机构。外操纵机构主要由操纵杆（变速杆）、外换挡杆、换挡杆接合器、内换挡杆、支承杆等组成。变速器通过一系列中间连接杆件操纵变速器内操纵机构,以进行左右选位和挂挡,变速杆可以直接左右、前后摆动。连接杆要有足够的刚度,连接点间隙要小,否则影响驾驶手感,现在有些汽车将连接杆用换挡拉锁代替,使外操纵机构结构更简单,换挡手感更好。

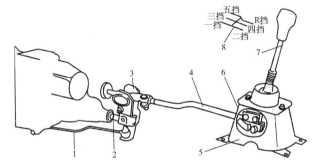

图 4-29　桑塔纳轿车变速器外操纵机构

1—支承杆;2—内换挡杆;3—换挡杆接合器;4—外换挡杆;5—倒挡保险挡块
6—换挡手柄座;7—变速杆;8—换挡示意图

②内操纵机构

内操纵机构主要由内换挡杆,定位弹簧,换挡横轴,定位销,一、二挡拨叉轴,三、四挡拨叉轴,五挡及倒挡拨叉轴,倒挡保险挡块等组成,如图 4-30 所示。在外操纵机构作用下,可使内换挡杆转动或轴向移动。当内换挡杆转动时,可使换挡横轴做轴向移动,选择不同挡位的拨叉轴,实现选挡动作;当内换挡杆轴向移动时,给换挡横轴以回转力矩,从而推动所选挡位的拨叉轴做轴向移动,拨叉轴上的拨叉推动同步器接合套进行换挡。换挡横轴上有换挡拨爪,用于推动换挡拨叉轴做轴向移动,进行选挡、换挡。

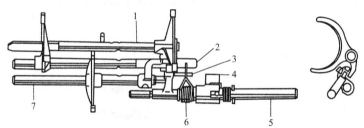

图 4-30　变速器内操纵机构

1—五挡及倒挡拨叉轴;2—三、四挡拨叉轴;3—定位销;4—倒挡保险挡块;
5—内换挡杆;6—定位弹簧;7—一、二挡拨叉轴

3. 换挡锁装置

为了保证在任何情况下变速器都能准确、可靠地工作,变速器操纵机构一般都具有换挡锁装置,包括自锁装置、互锁装置以及倒挡锁装置。

（1）自锁装置

自锁装置可以对各挡拨叉轴进行轴向定位锁止,以防止其自动产生轴向移动而造成自动挂挡或脱挡,并保证各挡齿轮全齿长啮合。

自锁装置一般由自锁钢球和自锁弹簧组成,如图 4-31 所示。这类自锁装置是在变速器盖的前端凸起部钻有三个深孔,孔中装有自锁钢球及自锁弹簧,其位置正处于拨叉轴的上方。每根拨叉轴对着钢球的表面沿轴向设有三个凹槽,凹槽的深度小于钢球的半径。中间的凹槽是空位置,相邻凹槽之间的距离正好等于滑动齿轮（或接合套）由空挡移至应工作挡位并保证齿轮处于全齿长或是完全退出啮合的距离。凹槽对正钢球时,钢球在自锁弹簧的压力作用下嵌入该凹槽内,拨叉轴的轴向位置便被固定,其拨叉及相应的接合套或滑动齿轮便被固定在空挡位置或某一工作挡位置,而不能自行挂挡或脱挡。当要换挡时,驾驶员通过变速杆对拨叉轴施加一定的轴向力,克服弹簧的压力而将自锁钢球从拨叉轴凹槽中挤出。

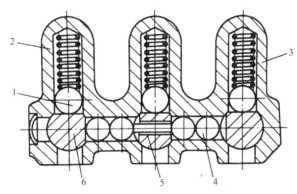

图 4-31　自锁和互锁装置

1—自锁钢球；2—自锁弹簧；3—变速器盖；4—互锁钢球；5—互锁顶销；6—拨叉轴

（2）互锁装置

互锁装置的作用是阻止两根拨叉轴同时移动,即当拨动一根拨叉轴轴向移动时,其他拨叉轴都被锁止.从而可以防止同时挂入两个挡位。互锁装置的结构形式很多,最常用的有锁球式和锁销式。如图 4-32 所示为锁球式互锁装置工作示意图,它由互锁钢球 4 和互锁顶销 6 组成。在变速器盖前三根拨叉轴孔的中心平面内,沿垂直于轴线的方向钻出与拨叉轴孔相通的横向孔道,在每两根拨叉轴之间的孔道中各装有两个互锁钢球,每根拨叉轴朝向互锁钢球的侧面上都制有一个深度相等的凹槽,中间拨叉轴的两侧都有凹槽,凹槽之间钻有通孔,互锁顶销就装在此孔中。两个互锁钢球的直径之和正好等于相邻拨叉轴圆柱表面之间的距离加上一个凹槽的深度,互锁顶销的长度则等于拨叉轴的直径减去一个凹槽的深度。当变速器处于空挡位置时,所有拨叉轴侧面的凹槽同钢球都在一条直线上,此时拨叉轴和互锁钢球及互锁顶销都处于自由状态,相互之间不卡紧,每一根拨叉轴都可以沿轴向拨动。当要挂挡移动某一根拨叉轴时,如图 4-32（a）所示,为移动中间拨叉轴 3,中间拨叉轴两侧的钢球便从其侧面凹槽中被挤出,而两外侧互锁钢球 2 和 4 则分别嵌入拨叉轴 1 和 5 侧面的凹槽中,因而将拨叉轴 1 和 5 刚性地锁止在空挡位置,不能轴向移动。如果要移动拨叉轴 5,

则必须先将拨叉轴 3 退回到空挡位置,如图 4-32(b)所示,使拨叉轴及互锁钢球都回到自由状态,然后再拨动拨叉轴 5,这时互锁钢球 4 便从拨叉轴 5 的凹槽中被挤出,于是四个互锁钢球及互锁顶销将将拨叉轴 3 和 1 都锁止在空挡位置。同理,当移动拨叉轴 1 时,拨叉轴 3 和 5 都锁止在空挡位置,如图 4-32(c)所示,可以防止同时挂入两个挡位。

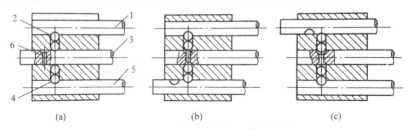

图 4-32　锁球式互锁装置工作示意图

1、3、5—拨叉轴;2、4—钢球;6—互锁顶销

（3）倒挡锁装置

倒挡锁装置的作用是使驾驶员必须对变速杆施加较大的力,才能挂入倒挡,起到提醒作用,防止误挂倒挡。多数汽车变速器采用结构简单的弹簧锁销式倒挡锁装置,如图 4-33 所示为五挡变速器中常用的倒挡锁装置。

弹簧锁销式倒挡锁装置由倒挡拨块 2 中的倒挡锁销 1 和弹簧组成。锁销杆部装有弹簧,杆部右端的螺母可调整弹簧的预压力和锁销的长度。驾驶员在换倒挡时,需用较大的力向一侧摆变速杆,推动倒挡锁销压缩弹簧后变速杆下端才能进入倒挡拨块实现换挡。同时只要换入倒挡,其拨叉轴就接通装在变速器壳上的倒挡开关,倒车灯亮,报警器响 有效地防止汽车误挂倒挡。

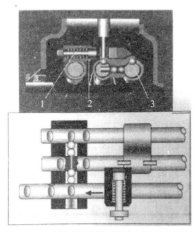

图 4-33　五挡变速器中常用的倒挡锁装置

1—倒挡锁销;2—倒挡拨块;3—拨叉轴

4.2.5　手动变速器的故障诊断指南

汽车变速器在工作负荷的作用下,随着汽车行驶里程的增加,内部零件的磨损、变形也随之加大,引起各零件的配合关系变坏,即出现故障。

手动变速器常见故障有以下四种:变速器异响、变速器自动跳挡或脱挡、变速器乱挡、变速器漏油。

1. 变速器异响

(1)现象

变速器异响是指变速器内发生不正常的响声,主要是轴承磨损松旷和齿轮间不正常啮合而引起的噪声。变速器的异响,大致发生在下述两种情况:空挡时发响;挂挡后发响。

(2)原因

①齿轮异响。齿轮磨损过甚变薄,间隙过大,运转中有冲击;齿面啮合不良,如修理时没有成对更换齿轮。新、旧齿轮搭配,齿轮不能正确啮合;齿面有金属疲劳剥落或个别齿损坏折断;齿轮与轴上的花键配合松旷,或齿轮的轴向间隙过大;轴弯曲或轴承松旷引起齿轮啮合间隙改变。

②轴承响。轴承磨损严重;轴承内座圈与轴颈配合松动;轴承滚珠碎裂或有烧蚀麻点。

③其他原因发响。如变速器内缺油,润滑油过稀、过稠或质量变坏;变速器内掉入异物;某些紧固螺栓松动;里程表软轴或里程表齿轮发响等。

(3)故障诊断与排除方法

①变速器发出金属干摩擦声,即为缺油或油的质量不好,必要时应加油并检查油的质量,必要时更换。

②行驶时换入某挡若响声明显,即为该挡齿轮轮齿磨损;若发生周期性的响声,则为齿轮损坏。

③空挡时响,当踏下离合器踏板后响声消失,一般为输入轴前、后轴承或常啮合齿轮响;如换入任何挡都响,多为输出轴后轴承响。

④变速器工作时发生突然撞击声,多为轮齿断裂,应及时拆下变速器盖检查,以防机件损坏。

⑤行驶时,变速器只有在换入某挡时齿轮发响,在上述完好的前提下,应检查啮合齿轮是否搭配不当,必要时应重新装配一对新齿轮。此外,也可能是同步器齿轮磨损或损坏,应视情况修复或更换。

⑥换挡时齿轮相撞击而发响,则可能是离合器不能分离或离合器踏板行程不正确、同步器损坏、怠速过大、变速杆调整不当或导向衬套紧等。遇到这种情况,先检查离合器能否分离,再调整变速杆位置,检查导向衬套与分离轴承配合的松紧度。

如经上述检查排除后,变速器仍发响,应检查各轴轴承与轴孔配合情况、轴承本身的技术状态等;如完好,再查看里程表软轴及齿轮是否发响,必要时予以修理或更换。

2. 变速器自动跳挡

(1)现象

汽车在加速、减速、爬坡或汽车剧烈振动时,变速杆自动跳回到空挡位置。

(2)原因

①自锁装置的钢球未进入凹槽内或挂挡后齿轮未达到全齿长啮合。

②自锁装置的钢球或凹槽磨损严重,自锁弹簧疲劳致使弹力过软或折断。

③齿轮沿齿长方向磨损成锥形。

④输入轴、输出轴轴承过于松旷,输入轴、输出轴和曲轴三者轴线不同心或变速器壳与离合器壳接合平面相对曲轴轴线的垂直度发生变动。

⑤输出轴上的常啮合齿轮轴向或径向间隙过大。

⑥各轴轴向或径向间隙过大。

（3）故障诊断与排除方法

先确知跳挡挡位：热车后，采用连续加、减速的方法逐挡进行路试便可确定。将变速杆挂入跳挡挡位，发动机熄火，小心拆下变速器盖，观察跳挡齿轮的啮合情况。

①未达到全齿长啮合，则故障由此引起。达到全齿长啮合，应继续检查。

②检查啮合部位磨损情况：磨损成锥形，则故障可能由此引起。

③检查输出轴上该挡齿轮和各轴的轴向和径向间隙，间隙过大，则故障可能由此引起。

④检查自锁装置，若自锁装置的制动阻力很小，甚至手感钢球未插入凹槽（把变速器盖夹在台虎钳上，用手摇动换挡杆），则故障由自锁失效引起；否则，故障由离合器壳与变速器壳接合平面与曲轴轴线垂直度变动而引起。

3. 变速器乱挡

（1）现象

在离合器技术状况正常的情况下，变速器同时挂上两个挡或要挂入需要挡位时，结果挂入别的挡位。

（2）原因

①互锁装置失效：如拨叉轴、互锁顶销或互锁钢球磨损过度。

②变速杆下端弧形工作面磨损过大或拨叉轴上拨块的凹槽磨损过大。

③变速杆球头定位销折断或球孔、球头磨损过于松旷。总之，乱挡的主要原因是变速器操纵机构失效。

（3）故障诊断与排除方法

①挂需要挡位时，结果挂入了别的挡位：摇动变速杆，检查其摆转角度，若超出正常范围，则故障由变速杆下端球头定位销与定位槽配合松旷或球头、球孔磨损过大引起。变速杆能摆转 360°，则为定位销折断。

②如摆转角度正常，仍挂不上或摘不下挡，则故障由变速杆下端从凹槽中脱出引起（脱出的原因是下端弧形工作面磨损或凹槽磨损）。

③同时挂入两个挡：则故障由互锁装置失效引起。

4. 变速器漏油

（1）现象

变速器周围出现齿轮润滑油，变速器齿轮箱的油量减少，则可判断为变速器漏油。

（2）原因及排除方法

①润滑油选用不当，产生过多泡沫，或润滑油量太多，此时需更换润滑油或调整润滑油量。

②侧盖太松，密封垫损坏，油封损坏。密封和油封损坏应更换新件。

③放油塞和变速器箱体及盖的固定螺栓松动，应按规定力矩拧紧。

④变速器壳体破裂或延伸壳油封磨损而引起的漏油，必须更换。

⑤里程表齿轮限位器松脱破损，必须锁紧或更换；变速杆油封漏油应更换油封。

项目练习与测试

（一）填空题

1.变速器按传动比的级数可分为_____、_____和_____三种。

2.变速器按操纵方式可分为_____、_____和_____三种。

3.普通齿轮变速器是利用不同齿数的齿轮啮合传动来实现_____和_____的改变。

4.手动变速器包括_____和_____两大部分。

5.两轴式变速器用于_____的汽车，一般与驱动桥（前桥）合称为_____。

6.桑塔纳2000轿车两轴式手动变速器传动机构有输入轴和输出轴，输入轴也是离合器的_____，输出轴也是主减速器的_____。

7.三轴式变速器用于发动机_____的汽车，它有三根主要的传动轴，即_____、_____和_____，所以称为三轴式变速器。

8.同步器的功用是使_____与待啮合的齿圈迅速同步，缩短换挡时间，且防止在_____啮合而产生换挡冲击。

9.锁环式同步器尺寸小、结构紧凑、摩擦力矩也_____，多用于_____和_____车辆。

10.变速器操纵机构按照变速操纵杆位置的不同，可分为_____和_____两种类型。

11.为了保证变速器在任何情况下都能准确、安全、可靠地工作，变速器操纵机构一般都具有换挡锁装置，包括_____装置、_____装置和_____装置。

12.大多数变速器的自锁装置都是采用_____对_____进行轴向定位锁止的。

13.互锁装置用于防止_____。

14.互锁装置工作的机理是当驾驶员用变速杆推动某一拨叉轴时，自动锁止_____。

15.倒挡锁装置用于防止_____。

（二）判断题

1.变速器的挡数都是指前进挡的个数外加倒挡的个数。　　　　　　　　（　　）

2.发动机纵置时，主减速器为一对圆柱齿轮，如奥迪100、桑塔纳2000轿车。（　　）

3.发动机横置时，主减速器采用一对圆柱齿轮，如捷达轿车。　　　　　（　　）

4.桑塔纳2000轿车两轴式变速器三、四挡同步器和五挡同步器装在输出轴上。（　　）

5.桑塔纳2000轿车两轴式变速器全部采用锁环式惯性同步器换挡。　　（　　）

6.变速器齿轮应成对更换。　　　　　　　　　　　　　　　　　　　（　　）

7.在装配同步器时，花键毂的细槽应朝向接合套拨叉槽一侧。　　　　　（　　）

8.直接操纵式变速器多用于发动机前置后轮驱动的车辆。　　　　　　（　　）

9.远距离操纵式变速器多用于发动机前置后轮驱动的车辆。　　　　　（　　）

10.自锁装置用于防止变速器自动脱挡或挂挡，并保证轮齿以全齿长啮合。（　　）

11.当变速器处于空挡时，所有拨叉轴侧面凹槽同互锁钢球、互锁顶销都不在一条直线上。　　　　　　　　　　　　　　　　　　　　　　　　　　　　　（　　）

(三)选择题

1.当离合器处于完全接合状态时,变速器的第一轴( )。

A.不转动 B.与发动机曲轴转速不相同

C.与发动机曲轴转速相同 D.比发动机曲轴转速慢

2.变速器自锁装置的作用是( )。

A.防止跳挡 B.防止同时挂上两个挡

C.防止误挂倒挡 D.防止互锁

3.齿轮沿齿长方向磨损成锥形会造成( )

A.跳挡 B.乱挡

C.挂挡困难 D.换挡时齿轮相撞击而发响

4.关于乱挡原因,下列说法错误的是( )。

A.互锁装置失效,如拨叉轴、互锁顶销或互锁钢球磨损过甚

B.变速杆下端弧形工作面磨损过大或拨叉轴上拨块的凹槽磨损过大

C.变速杆球头定位销折断或球孔、球头磨损过于松旷

D.自锁装置的钢球或凹槽磨损严重,自锁弹簧疲劳致使弹力过软或折断

5.关于换挡时齿轮相撞击而发出异响的原因,下列说法错误的是( )。

A.离合器踏板行程不正确 B.同步器损坏

C.缺油和油的质量不好 D.变速杆调整不当

(四)简答题

1.在汽车中变速器有哪些作用?

2.变速器主要有几种分类方式,都是如何划分的?

3.齿轮传动的转速、扭矩、传动比的关系如何?

4.找出变速器上的透气孔在何部位,并说明为何加装透气孔?

5.如何加装倒挡蜂鸣器?

6.变速器的润滑方式怎样?手动变速油大约多长时间需要更换?

7.你认为手动变速器造成自动脱挡的原因是什么?

项目 5　自动变速器的拆装与检修

教学准备			
序号	名称		内容
1	实训目标	知识目标	明确辛普森式、拉维纳式自动变速器的结构和工作原理
		技能目标	掌握各式自动变速器的拆装和检测方法
2	课堂设计		分别对各类自动变速器进行拆装与检测,随后对各部分进行分析,并对各个挡位的动力传递路线进行分析,理解其相关理论
3	重点		拆装注意要点;各类变速器的挡位传递路线
4	难点		挡位传递路线分析
5	教学设备及工量具		两类自动变速器拆装台架、拆装专用工具、常规拆装工具、零件盆、抹布等

5.1　丰田 A340E 型自动变速器拆装与检修 ▰▱

5.1.1　丰田 A340E 型自动变速器拆装与检修实践指导

丰田 A340E 型自动变速器由液力变矩器、换挡执行机构、齿轮变速机构、液压控制系统、电控单元等组成,图 5-1 为 A430E 型自动变速器分解图。

1. 拆卸过程

(1)放出变速器内部的变速油,从自动变速器前方取下液力变矩器。

(2)拆除安装在液力变矩器上的所有部件。

①拆卸挡位控制轴杠杆。

②拆下调整螺钉,打开锁紧垫圈。取下螺母,拆下空挡启动开关。

③拆下速度传感器螺钉,取出速度传感器及其上的 O 形密封圈。

④拆下 O/D 位直接离合器速度传感器。

(3)拆卸自动变速器前壳体:拆下前壳体固定螺栓,取下变速器前壳体。

(4)用专用工具拆下输出轴大螺母,取下传动法兰,如图 5-2 所示。

(5)拆卸后壳体:拆下固定后壳体的 6 颗螺钉,用铜棒振动,取下后壳体。

(6)拆卸速度表主动齿轮和传感器转子:如图 5-3 所示,取下卡环、速度表主动齿轮、钢球、传感器转子、半圆键及卡环。

(7)拆卸油底壳:拆下油底壳的 19 颗固定螺栓,用专用工具分离油底壳与壳体,取下油底壳。

(8)用 10 mm 公制套筒拆下变速器油滤清器。

(9)拆卸电磁阀排线:拆下固定螺栓,松开排线卡子,断开 4 个插头,从壳体上拆下连接端子固定板,拉出导线,取下 O 形密封圈。

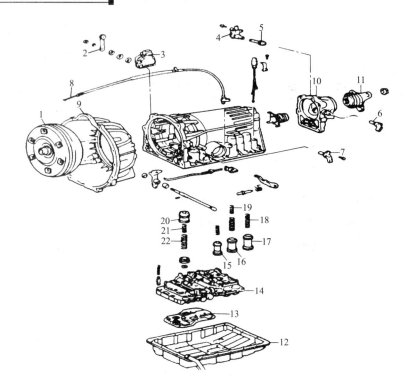

图 5-1　A340E 型自动变速器分解图

1—液力变矩器；2—手动阀摇杆；3—挡位开关；4—车速表传感器；5—车速表传感器驱动齿轮；6—车速传感器；
7—输入轴转速传感器；8—节气门拉索；9—变矩器壳；10—输出轴凸缘；11—后端壳；12—油底壳；13—进油滤网；
14—阀板；15、16、17、20—减振器活塞；18、19、21、22—减振弹簧

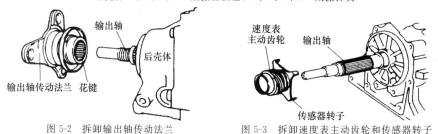

图 5-2　拆卸输出轴传动法兰　　　　　图 5-3　拆卸速度表主动齿轮和传感器转子

（10）从凸轮上拆下节气门拉索，从壳体上拆下拉索及密封圈。

（11）拆下阀体，从阀体上拆下固定螺丝，取下阀体（注意表面清洁度）。

（12）取出油道中的单向阀及弹簧。

（13）取出蓄压器中的活塞：把压缩空气从活塞旁边的油道吹入，将活塞顶出。

（14）拆卸停车锁杆和棘爪。

（15）拆卸变速器控制轴：敲开锁套，使用冲子取出弹簧销，拉出手动阀摇杆轴，取出手动阀摇杆，拆下壳体油封。

（16）拆卸油泵：拆下油泵的固定螺钉。

（17）用专用螺丝拧入油泵的 2 个专用螺丝孔，用专用工具拉出油泵。

（18）拆卸超速行星架和直接离合器 C_0 组件 4，取下超速齿圈 10、推力轴承 8 及止推垫片 9[①]。

① 见图 5-4 中零件序号。

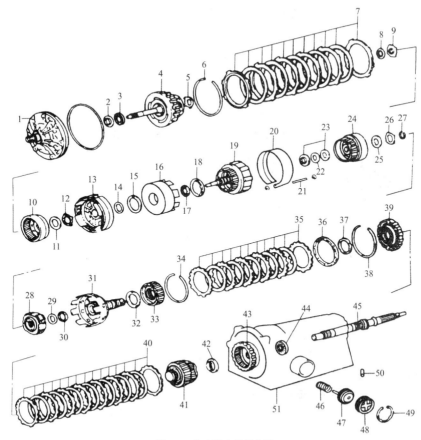

图 5-4　变速器内部结构图

1—油泵;2、5、9、11、14、23、26、29—止推垫片;3、8、12、17、22、25、30、42、44—推力轴承;

4—超速行星架和直接离合器 C_0 组件;6、27、34、38、49—卡环;7—超速制动器 B_0 摩擦片和钢片;10—超速齿圈;

13—超速制动鼓;15、18、32、37—尼龙止推垫圈;16—倒挡及高挡离合器 C_1 组件;19—前进离合器 C_2 组件;

20—二挡强制制动带;21—制动带销轴;24—前齿圈;28—前行星架;31—前后太阳轮组件;

33—二挡单向超越离合器;35—二挡制动器 B_1 摩擦片和钢片;36—活塞衬套 39—二挡制动鼓;

40—低挡及倒挡制动器 B_2 摩擦片和钢片;41—后行星架和行星轮组件;43—后齿圈;45—输出轴;46—弹簧;

47—二挡强制制动带活塞;48—二挡强制制动带液压缸盖;50—超速制动鼓进油孔油封;51—变速器壳体

(19)取下卡环 6,拆卸超速制动器 B_0 摩擦片和钢片 7。

(20)拆下超速制动鼓 13 上的 2 个固定螺钉,如图 5-5 所示,取下止推垫片 11 和 14,推力轴承 12、尼龙止推垫圈 15,用专用工具取下超速制动鼓。

(21)拆下二挡强制制动带活塞 47;取下卡环 49,从进油孔处加压缩空气,吹出盖、活塞、弹簧及 O 形密封圈,如图 5-6 所示。

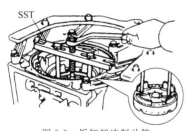

图 5-5　拆卸超速制动鼓

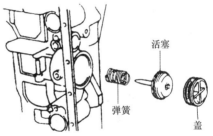

图 5-6　拆下二挡强制制动带活塞

（22）拆卸倒挡及高挡离合器 C_1 组件 16 和前进离合器 C_2 组件 19，如图 5-7 所示，取下推力轴承 17 与尼龙止推垫圈 18。

（23）拆卸二挡强制制动带 20：如图 5-8 所示，拆下销子，从壳体内抽出二挡强制制动带。

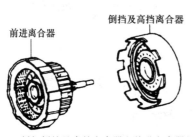
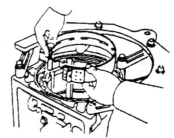

图 5-7　拆卸倒挡及高挡离合器和前进离合器组件　　图 5-8　拆卸二挡强制制动带

（24）拆卸前齿圈 24，取下止推垫片 23、26，取出推力轴承 22、25。

（25）拆卸前行星架 28：如图 5-9 所示，用卡环钳在前行星架上取出卡环 27，取出前行星架推力轴承 30 及止推垫片 29。

（26）拆卸前后太阳轮组件 31 及二挡单向超越离合器 33，如图 5-10 所示，取出尼龙止推垫圈 37。

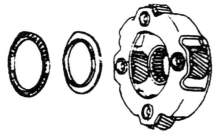
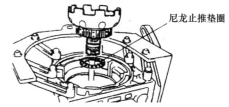

图 5-9　拆卸前行星架　　　　图 5-10　取出前后太阳轮组件及二挡单向超越离合器

（27）取下卡环 34，拆卸二挡制动器 B_1 摩擦片和钢片 35，拆下活塞衬套 36。

（28）取出输出轴，拆下卡环 38，拆下二挡制动鼓 39、低挡及倒挡制动器 B_2 摩擦片和钢片 40。

（29）拆下后行星架和行星轮组件 41，取出后齿圈 43 和推力轴承 42。

注意　在分解自动变速器时，应将所有组件和零件按分解顺序依次排放，以便于检修。组装时要注意各个止推垫片、推力轴承的位置，不可错乱。

2.组装

机械部分的组装按照与分解相反的顺序进行。

注意　①自动变速器在组装前，所有零件用煤油或柴油洗干净，并用压缩空气吹干。

②各离合器、制动器、阀板、油泵总成均已装配、调整好。

③安装时特别注意推力轴承、止推垫片和滚珠的位置、方向不能乱。

④新摩擦片、制动带需要浸泡在变速器油中 45 min 以上，更换所有 O 形密封圈，所有零件要涂上 ATF 油再安装。

⑤安装时，对于一些容易滑落的轴承、垫片、密封环，可在其上涂少量润滑脂或凡士林，以防脱落。

3. 检修

（1）检查太阳轮、行星轮和齿圈的齿面，若有磨损或疲劳脱落，应更换整个行星排。

（2）检查行星轮与行星架之间的轴向间隙，其标准间隙为 0.2～0.6 mm，最大不得超过 1.0 mm；否则，应更换止推垫片或行星架和行星轮组件。

（3）检查太阳轮、行星架、齿圈等零件的轴颈或滑动轴承处有无磨损。若有，则应更换新件。

（4）检查单向离合器。若滚珠破裂、滚珠保持架断裂或内外圈滚道磨损起槽，则应更换新件。如果在锁止方向上打滑或在自由转动方向上卡滞，也应更换新件。

5.1.2　辛普森式组合行星排自动变速器理论知识

1. 行星齿轮系统的组成

因为自动变矩和传动效率之间存在着矛盾及变矩器尺寸的限制，变矩比 K 不能太大，只能为 2～4，此值远远满足不了汽车使用工况的需要。为此，变矩器后面再串联行星齿轮系统，可使转矩再增大 2～4 倍。自动变速器一般采用行星齿轮传动机构（也称行星齿轮变速机构，简称行星齿轮机构），它装在变矩器后面，把发动机的动力传递给传动轴。它主要由太阳轮、齿圈以及带有行星齿轮（简称行星轮）的行星齿轮架（简称行星架）组成，如图 5-11 所示为简单的行星齿轮系统的结构。

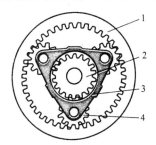

图 5-11　简单的行星齿轮系统的结构
1—齿圈；2—太阳轮；3—行星架；4—行星轮

当行星齿轮机构工作时，将太阳轮、齿圈和行星架这三者中的任意件作为主动件，使它与主动轴连接；将另一元件作为被动件，与输出轴相连；再将第三个元件加以约束制动，使第三个元件固定转速为零，这样整个行星齿轮机构即以一定的传动比传递动力。表 5-1 列出了各元件之间的动力传递方式。

表 5-1　　　　　　　　　　　行星齿轮系统的动力传递方式

主动元件	从动元件	固定元件	转速/扭矩	运转方向
太阳轮	齿圈	行星架	降速增扭	相反
齿圈	太阳轮	行星架	降扭增速	相反
齿圈	行星架	太阳轮	降速增扭	相同
行星架	齿圈	太阳轮	降扭增速	相同
行星架	太阳轮	齿圈	降扭增速	相同
太阳轮	行星架	齿圈	降速增扭	相同
任意两个一体		无	直接传递	相同
任意一个	任意一个	无	空挡	自由

如图 5-12 所示为辛普森式四速自动变速器的结构。

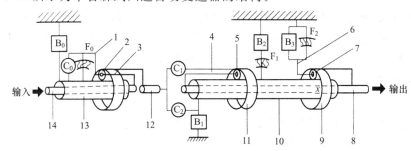

图 5-12　辛普森式四速自动变速器的结构

1—超速行星排行星架；2—超速行星排行星轮；3—超速行星排齿圈；4—前行星排行星架；5—前行星排行星轮；
6—后行星排行星架；7—后行星排行星轮；8—输出轴；9—后行星排齿圈；10—前后行星排太阳轮；11—前行星排齿圈；
12—中间轴；13—超速行星排太阳轮；14—输入轴；C_0—超速挡离合器；C_1—前进挡离合器；C_2—直接挡、倒挡离合器；
B_0—超速挡制动器；B_1——一、二挡滑动制动器；B_2——一、二挡制动器；B_3—低、倒挡离合器；F_0—超速挡单向离合器；
F_1——一、二挡单向离合器；F_2—低挡单向离合器

2. 四速辛普森式自动变速器工作过程

(1) D 位一挡

如图 5-13 所示，D 位一挡时，C_0、C_1、F_0、F_2 工作。C_0 和 F_0 工作将超速行星排的太阳轮和行星架相连，此时超速行星排成为一个刚性整体，输入轴的动力顺时针传递到中间轴。C_1 工作将中间轴与前行星排齿圈相连，前行星排齿圈顺时针转动驱动前行星排行星轮，前行星排行星轮既顺时针自转又顺时针公转，前行星排行星轮顺时针公转，则输出轴也顺时针转动，这是一条动力传递路线。由于输出轴与车轮相连接有一定的阻力作用，前行星排行星轮顺时针自转，则前后行星排太阳轮逆时针转动，再驱动后行星排行星轮顺时针自转，此时后行星排行星架有逆时针公转的趋势，但由于单向离合器 F_2 的作用使得后行星排行星架不动。这样顺时针转动的后行星排行星轮驱动齿圈顺时针转动，齿圈连接输出轴也输出动力，这是第二条动力传递路线。

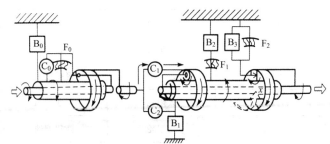

图 5-13　D 位一挡的动力传递路线

(2) D 位二挡

如图 5-14 所示，D 位二挡时，C_0、C_1、B_2、F_0、F_1 工作。C_0 和 F_0 工作如前所述直接将动力传给中间轴。C_1 工作将动力顺时针传到前行星排齿圈，驱动前行星排行星轮顺时针转动，并使前后太阳轮有逆时针转动的趋势，由于 B_2 的作用，F_1 将防止前后太阳轮逆时针转动，即前后太阳轮不动。此时前行星排行星轮将带动行星架也顺时针转动，行星架带动输出轴输出动力。后行星排不参与动力的传递。

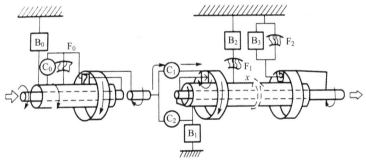

图 5-14　D 位二挡的动力传递路线

（3）D 位三挡

如图 5-15 所示，D 位三挡时，C_0、C_1、C_2、B_2、F_0 工作。C_0 和 F_0 工作将动力直接传给中间轴。C_1、C_2 工作将中间轴与前行星排齿圈和太阳轮连接成一个整体，动力直接传给前行星排行星架，从输出轴输出动力。因为其传动比为 1∶1，所以此挡为直接挡。

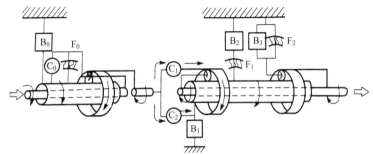

图 5-15　D 位三挡的动力传递路线

（4）D 位四挡

如图 5-16 所示，D 位四挡时，C_1、C_2、B_0、B_2 工作。B_0 工作将超速行星排太阳轮固定，动力从输入轴输入，带动超速行星排行星架顺时针转动，并驱动行星轮围绕太阳轮转动进而带动齿圈超速转动，齿圈将动力传递给中间轴。C_1、C_2 工作使得前后行星排成为一个刚性整体，所以整个机构以超速挡传递动力。

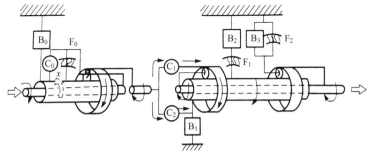

图 5-16　D 位四挡的动力传递路线

（5）R 挡

如图 5-17 所示，R 挡时 C_0、C_2、B_3、F_0 工作。C_0 和 F_0 工作如前所述，直接将动力传给中间轴。C_2 工作将动力传给前后行星排太阳轮。B_3 工作将后行星排行星架固定，使得行星轮仅相当于一个惰轮。前后行星排太阳轮顺时针转动驱动后行星排行星架逆时针转动，进而驱动后行星排齿圈也逆时针转动，从输出轴逆时针输出动力。

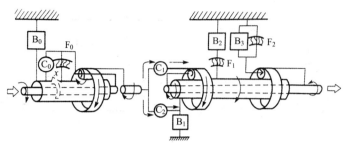

图 5-17　R 挡的动力传递线

（6）其他挡

除了以上五个挡位以外，变速器还有 L 位一挡、2 位一挡和 2 位二挡，这三个挡位区别于 D 位各挡的主要特点是都具有发动机制动，它们的发动机制动依靠一些离合器将单向离合器的单向作用屏蔽掉，使之双向固定，因此当发动机转速较低时，车轮可以通过传动轴以及变速器带动发动机快速运转，此时的发动机对于运动的汽车施加了很大的阻力，因此称之为发动机制动。在 L 位和 2 位时主要增加的工作元件 B_3 和 B_1 分别制约前后太阳轮组件和后行星排行星架的双向运动，使得 L 位一挡、2 位一挡和 2 位二挡都具有了发动机制动作用，这里挡位的动力传递路线不再赘述。

5.2　大众 01N 型自动变速器拆装与检修

5.2.1　大众 01N 型自动变速器拆装与检修实践指导

01 系列自动变速器多用于德系汽车上，例如桑塔纳 2000、帕萨特 B5 等车型用的是 01N 型自动变速器，而宝来、宝来经典则用的是 01M 型自动变速器，它们的行星齿轮机构都是拉维纳式行星齿轮机构，区别只是 01N 型自动变速器用于发动机纵置前轮驱动的车型，01M 型自动变速器用于发动机横置前轮驱动的汽车。下面就以 01N 型自动变速器为例，对其进行拆装检测。如图 5-18 所示为 01N 型自动变速器的主体结构。

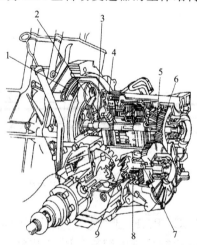

图 5-18　01N 型自动变速器的主体结构

1—飞轮；2—液力变矩器；3—齿圈；4—行星齿轮机构；5—油泵；
6—定子支承；7—驻车齿轮；8—主动锥齿轮；9—主减速器

1. 变速器的拆卸

图 5-19 为 01N 型自动变速器的分解图。

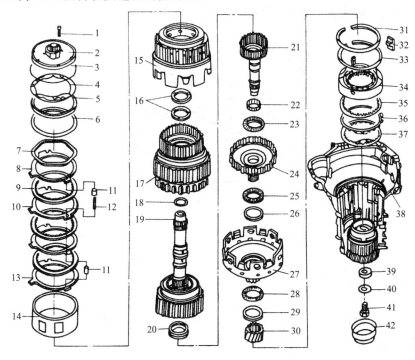

图 5-19 01N 型自动变速器的分解图

1、41—螺栓;2—油泵及制动器活塞;3、18—O 形密封圈;4—密封垫;5—卡簧;6、16、39—调整垫片;7—波形弹簧;
8、10、13—钢片;9、37—摩擦片;11—弹簧座;12—弹簧;14—B_2 支承套;15—倒挡离合器 C_2;17—一、二、三挡离合器 C_1;
19—三、四挡离合器 C_3 及输入轴;20、23、25、28—滚针推力轴承;21—小传动轴;22—滚针轴承;24—大传动轴;
26、29、40—垫圈;27—大太阳轮;30—小太阳轮;31—卡簧;32—导流块;33—单向离合器卡簧;34—单向离合器;
35—碟形弹簧;36—压盘;38—壳体;42—盖板

(1)外围部件的拆卸

①拆下自动变速器机油溢流管和密封螺塞,排空 ATF 油。

②拆下液力变矩器:用两个固定螺栓将自动变速器固定在安装架上,如图 5-20 所示。

③拆下变速器壳体上带密封垫的端盖,如图 5-21 所示。

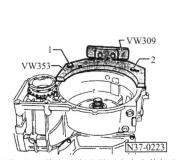

图 5-20 将自动变速器固定在安装架上
1、2—固定螺栓

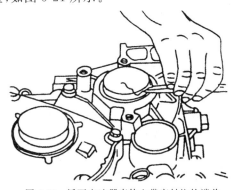

图 5-21 拆下变速器壳体上带密封垫的端盖

④拆下油底壳和变速器油过滤网;拆下带扁平线束的阀体。

⑤用 TX30 内六角扳手,由内向外依次交叉拧松阀体固定螺栓,用手扣住阀体下隔板,连同阀体一起取下。

⑥拆下自动变速器油泵螺栓,如图 5-22 所示。

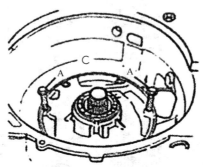

图 5-22　拆下自动变速器油泵螺栓

(2)行星齿轮机构的分解

①将螺栓 A(M8,图 5-22)拧入油泵的螺孔内,用手晃动两颗螺栓,将油泵从变速器壳体中取出。

②用手抓住变速器输入轴,将二、四挡制动器 B_2、倒挡离合器 C_2 和离合器总成 C_1、C_3 一起取出。

③取下二、四挡制动器 B_2 的钢片、摩擦片、弹簧、弹簧座及支承套。

④从输入轴上取下倒挡离合器 C_2。

⑤分解倒挡离合器 C_2。

⑥从离合器毂中取下离合器活塞。

⑦从输入轴上取出调整垫片。

⑧从输入轴上取出一～三挡离合器 C_1。

⑨啮合驻车锁,将旋具插入大太阳轮的孔内,松开小输入轴螺栓。

⑩拆下小输入轴的螺栓以及垫片和调整垫片,行星架的推力滚针轴承留在变速器输入齿轮内。

⑪取出带涡轮轴的三、四挡离合器 C_3。

⑫抽出大、小传动轴。

⑬取出大太阳轮。

⑭拆下变速器速度传感器。

⑮拆下二、四挡制动器支承套卡环。

⑯拔出导流块,如图 5-23 所示。

⑰拆单向离合器的卡簧,用钳子夹住单向离合器的定位键,从变速器壳体中取出带倒挡制动器 B_1 活塞的单向离合器,如图 5-24 所示。

⑱拆下倒挡制动器 B_1 的摩擦片。

⑲从行星架中取出小太阳轮及垫圈、推力滚针轴承,如图 5-25 所示。

⑳取出行星架和碟形弹簧,如图 5-26 所示;拆下倒挡制动器 B_1 的摩擦片;取出推力轴承和垫圈。

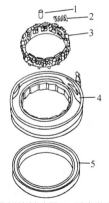

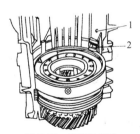

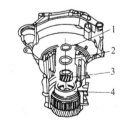

图 5-23　拔出导流块　　　　图 5-24　带倒挡制动器 B_1 活塞的单向离合器　　　图 5-25　从行星架中取出小太阳轮
1—通气孔；2—导流块　　　　　1—楔块；2—弹簧；3—支架；　　　　　及垫圈、推力滚针轴承
　　　　　　　　　　　　　　　4—离合器毂；5—离合器活塞　　　　　1—推力滚针轴承；2—垫圈；
　　　　　　　　　　　　　　　　　　　　　　　　　　　　　　　　3—小太阳轮；4—行星架

2. 变速器的安装

变速器的安装顺序和拆卸顺序相反。

注意　①单向离合器的定位键必须正确安放在变速器壳
体上的槽内；

②各制动器内离合器片和钢片的顺序；

③装密封圈时涂上 ATF 油进行润滑；

④螺丝按照规定力矩拧紧。

3. 行星齿轮机构的检修

检修自动变速器时，应用煤油仔细清洗所有零件（摩擦
片、橡胶密封垫除外），并用压缩空气吹干，然后按照拆卸的顺

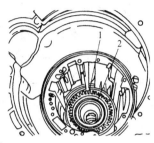

图 5-26　取出行星架和碟形弹簧
1—行星架；2—碟形弹簧

序排放整齐。检修时应正确、合理地使用专用工具和检测仪器，严格遵守安全操作规程，防
止零件的损坏及人员的伤害。

（1）摩擦片和制动带的检修

分别目视检查摩擦片。如出现表面烧焦、耐磨层脱落、内花键拉毛、沟槽磨平、翘曲变形
或与钢片烧结在一起等现象，应更换。摩擦片的表面通常印有符号。若这些符号被磨平，说
明摩擦片已经磨损到极限，应更换。也可以通过测量摩擦片的厚度来判断是否应该更换。
对于制动带也可检查内表面，如有烧焦、表面粉末冶金层脱落或表面符号已被磨去，应更换。
在更换时，摩擦片应该成组更换，新更换的摩擦片应该在 ATF 油中浸泡 1 小时以上。

（2）钢片的检修

分别检查钢片，如有严重磨损、拉痕、划痕、外花键或凸台磨平、拉毛或翘曲变形或与摩
擦片烧结在一起，应更换。

（3）卡环的检修

检查每个固定部位的卡环，如有弯曲变形、弹性变弱或过热变色的痕迹等，应及时更换。

注意　每个部位卡环都有尺寸或厚度的差异，要注意区分，分别保存及安装。

（4）滚针轴承的检修

检查自动变速器所有滚针轴承及座圈，如有滚针松旷、失圆，过热变色或保持架变形，座圈磨损过量，出现砂眼或凹槽以及轴承运转时有异响，均应更换。

注意 轴承要按规定的方向安装。

（5）单向离合器的检修

将单向离合器分解，检查单向离合器的滚柱有无圆度磨损，压缩弹簧有无变形，弹力是否下降，塑料保持架有无变形或断裂，外环是否磨损等。如损伤严重，则更换单向离合器总成。

单向离合器组合后，将行星架插入单向离合器总成，用专用工具转动行星架，要求是只能单向转动并且运转顺滑，否则证明单向离合器失效，应更换单向离合器总成。

注意 离合器不能装反，否则升挡时出现制动现象。

（6）行星齿轮机构的检修

行星齿轮机构是变速器产生运转噪声的主要来源。拆卸后，应仔细检查行星齿轮机构所有轮齿是否有磨损、裂纹、变色或剥落，所安装的花键轴的花键是否有变形或破损，齿轮与花键轴之间的配合间隙是否过大。如出现以上损伤，均应更换整个行星轮。检查行星轮与行星架之间的轴向间隙，如图5-27所示，其标准间隙为 0.178～0.635 mm，若不符，则应更换止推垫片或行星架组件。

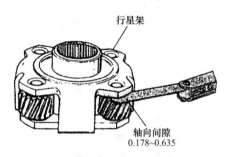

图 5-27　检查行星轮与行星架之间的轴向间隙

5.2.2　拉维纳式组合行星排自动变速器理论知识

1. 结构

拉维纳式行星齿轮机构的特点：大、小两个太阳轮分开；两组行星轮共用一个行星架，共用一个齿圈，大太阳轮与长行星轮啮合，小太阳轮与短行星轮啮合，短行星轮与长行星轮啮合，长行星轮再与齿圈啮合，如图 5-28 所示。

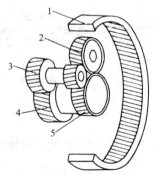

图 5-28　拉维纳式行星齿轮机构
1—齿圈；2—短行星轮；3—长行星轮；4—大太阳轮；5—小太阳轮

2.各挡动力传递路线

首先,我们了解 01N 型自动变速器行星齿轮机构和换挡执行元件的布置,如图 5-29 所示,行星齿轮变速器的换挡执行机构主要由离合器、制动器和单向离合器三种执行元件组成。离合器和制动器以液压方式控制行星齿轮机构元件的旋转,而单向离合器则以机械方式对行星齿轮机构的元件进行锁止。片式离合器和盘式制动器由阀体(滑阀箱)进行液压控制。离合器 K_1 用于驱动小太阳轮,离合器 K_2 用于驱动大太阳轮,离合器 K_3 用于驱动行星架,制动器 B_1 用于制动行星架,制动器 B_2 用于制动大太阳轮。

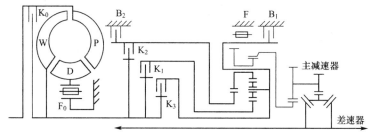

图 5-29　行星齿轮变速器的换挡执行机构

K_0—变矩器锁止离合器;P—泵轮;W—涡轮;D—导轮;F_0—导轮单向离合器;B_2—二、四挡制动器;

K_2—倒挡离合器;K_1——、三挡离合器;K_3—三、四挡离合器;B_1—倒挡制动器;F—超速挡单向离合器

(1)一挡

液力一挡时,离合器 K_1 接合,超速挡单向离合器 F 工作。其动力传递路线为:泵轮→涡轮→涡轮轴→离合器 K_1 →小太阳轮→短行星轮→长行星轮围绕大太阳轮转动→驱动齿圈,如图 5-30 所示。

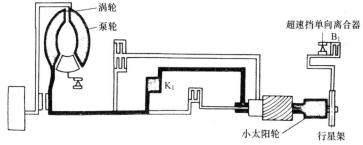

图 5-30　液力一挡的动力传递路线

(2)二挡

液力二挡时,离合器 K_1 接合,制动器 B_2 制动大太阳轮。其动力传递路线为:泵轮→涡轮→涡轮轴→离合器 K_1 →小太阳轮→短行星轮→长行星轮围绕大太阳轮转动→驱动齿圈,如图 5-31 所示。

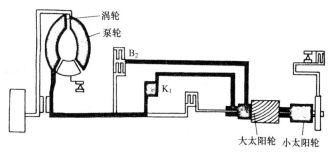

图 5-31　液力二挡的动力传递路线

（3）三挡

液力三挡时，离合器 K_1 与 K_3 接合，驱动小太阳轮和行星架。因而使行星齿轮副锁止并一同转动。其动力传递路线为：泵轮→涡轮→涡轮轴→离合器 K_1 和 K_3→整个行星齿轮副转动，如图 5-32 所示。

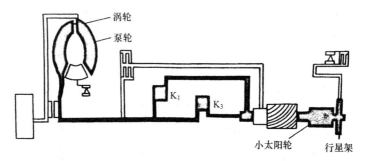

图 5-32　液力三挡的动力传递路线

（4）四挡

液力四挡时，离合器 K_3 接合，制动器 B_2 工作，使行星架工作，并制动大太阳轮。其动力传递路线为：泵轮→涡轮→涡轮轴→离合器 K_3→行星架→长行星轮围绕大太阳轮转动→驱动齿圈，如图 5-33 所示。

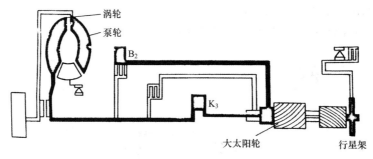

图 5-33　液力四挡的动力传递路线

（5）R 挡

变速杆在"R"位置时，离合器 K_2 接合，驱动大太阳轮；制动器 B_1 工作，使行星架制动。动力传递路线为：泵轮→涡轮→涡轮轴→离合器 K_2→大太阳轮→长行星轮反向驱动齿圈，如图 5-34 所示。

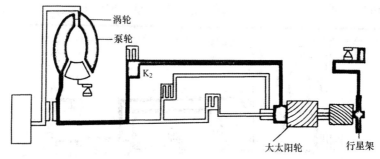

图 5-34　倒挡的动力传递路线

项目练习与测试 ⠶

(一)填空题

1.自动变速器使用过程中临时停车可以选用 _____ 挡,长时间停车应选用 _____挡。

2.在丰田公司自动变速器的型号如 A340E 中,A 代表 _____;E 代表 _____;3 表示 _____;4 表示 _____。

3.别克 GS3.0 安装的 4T65-E 型自动变速器,其中 4 表示 _____;T 表示 _____数字 65 表示 _____;E 表示 _____。

4.大部分电子控制自动变速器都有一个模式开关,可以在 _____ 模式、_____ 模式以及标准模式三种模式之间切换。

5.无级变速器的英文缩写是 _____;双离合变速器的英文缩写是 _____。

6.最简单的行星齿轮机构是由 1 个 _____、1 个 _____、1 个 _____ 和支承在行星架上的几个 _____ 构成。

7.两排行星轮共用一个太阳轮的是 _____ 结构,一长一短两组行星轮、一大一小两个太阳轮共用一个齿圈的是 _____ 结构。

8.4T65-E 复合行星齿轮组的特点是 _____ 和 _____ 相连接;_____ 和 _____ 相连接;前后两只 _____ 各自独立。

9.01N 型自动变速器用于帕萨特等车,发动机的布置形式为 _____,01M 型自动变速器用于宝来等车,发动机的布置形式为 _____。

(二)判断题

1.装有自动变速器的汽车,只有当换挡手柄位于"N"位时才能启动。　　　　　　(　　)

2.挡位开关为变速器的信号输入部件。　　　　　　(　　)

3.液力控制自动变速器比电控自动变速器控制更加精确。　　　　　　(　　)

4.汽车未完全停稳时,不允许由 D 挡位换入 R 挡位,也不允许由 R 挡位换入 D 挡位。

(　　)

5.急速过高会产生换挡冲击,还会产生车辆蠕动现象。　　　　　　(　　)

6.自动变速器是无级变速,可以自动实现升降挡,方便操作。　　　　　　(　　)

7.4T65-E 型主减速器采用的是行星齿轮机构。　　　　　　(　　)

8.自动变速器中行星齿轮变速装置中的行星齿轮不改变传动比。　　　　　　(　　)

9.空挡滑行是提高自动变速器车辆经济性的有效可行方法。　　　　　　(　　)

10.自动变速器车辆,当操纵手柄置于前进低挡(L 位或 1 位)位置,发动机有制动作用。

(　　)

(三)选择题

1.甲说:自动变速器禁止在空挡滑行。乙说:汽车下长坡时,换挡杆选用 D 挡位比较好。(　　)

A.甲正确　　　　　　　　　　　　B.乙正确

C.两人都正确　　　　　　　　　　D.两人都不正确

2.甲说:雪地驾驶模式是为了加大汽车起步时的驱动力。乙说:雪地驾驶模式是为了减少起步时的驱动力。(　　)

A.甲正确　　　　　　　　　　B.乙正确

C.两人都正确　　　　　　　　D.两人都不正确。

3.甲说:油泵被变矩器驱动毂驱动。乙说:油泵被变矩器导轮间接驱动。(　　)

A.甲正确　　　　　　　　　　B.乙正确

C.两人都正确　　　　　　　　D.两人都不正确

4.甲说:在电控系统中节气门开度是一个重要信息。乙说:车速传感器也是一个重要信息。(　　)

A.甲正确　　　　　　　　　　B.乙正确

C.两人都正确　　　　　　　　D.两人都不正确

5.甲说:所有的自动变速器油都不能互换。乙说:部分汽车使用的助力油可用自动变速器油代替。(　　)

A.甲正确　　　　　　　　　　B.乙正确

C.两人都正确　　　　　　　　D.两人都不正确

6.丰田 A340E 型四速自动变速器中的超速离合器在(　　)起作用。

A.超速挡　　　　　　　　　　B.所有前进挡

C.除超速挡外所有挡位　　　　D.以上答案均不正确

7.自动变速箱的行星齿轮组中,如果太阳轮和内齿圈同时为主动输入,变速箱处于(　　)位。

A.超速挡　　　　　　　　　　B.减速挡

C.直接挡　　　　　　　　　　D.倒挡

8.自动变速箱的超速挡用于(　　)。

A.提供更好的加速性　　　　　B.提高燃油经济性

C.增加发动机的扭矩　　　　　D.减少变速箱的磨损

9.对于单排行星齿轮机构而言,甲认为只要太阳轮主动就是低速挡,乙认为只要将行星架固定就可形成倒转。(　　)

A.甲正确　　　　　　　　　　B.乙正确

C.甲乙都正确　　　　　　　　D.甲乙都不正确

(四)简答题

1.简述自动变速器的使用注意事项。

2.简述自动变速器的优缺点。

3.电控自动变速器中电子控制系统包含哪些信号装置？最主要的信号装置有哪几个？

4.简述自动变速器油的检查过程。

5.自动挡车辆可以空挡滑行吗？如果不可以设空挡位置有何作用？

6.简述行星齿轮传动的优点。

7.写出单排行星齿轮机构的运动特性方程,并说明各符号和字母的表示含义。

8.简述行星齿轮组实现减速、倒挡和超速挡的传动方法。

9.简述辛普森式和拉维纳式两种行星齿轮系统的组成及其特点。

10.请填写表 5-2 中行星齿轮组运动状态的空白部分。

表 5-2 行星齿轮组运动状态

状态	挡位	固定部件	输入部件	输出部件	旋转方向
1		齿圈	太阳轮		
2		齿圈	行星架		
3		太阳轮	齿圈		
4		太阳轮	行星架		
5		行星架	太阳轮		
6		行星架	齿圈		
7		无	任意两个	第三个元件	
8		无	不定	不定	

项目6　万向传动装置的拆装与检修

教学准备			
序号	名称		内容
1	实训目标	知识目标	了解万向传动装置的结构、分类及工作原理
		技能目标	熟练拆装万向传动装置并知晓拆装要点
2	课堂设计		首先在老师的带领下认知万向传动装置的结构、分类，然后在实训室对典型的万向传动装置进行拆装与检测，最后分析其工作原理
3	重点		各种万向传动装置的区分及原理；万向传动装置拆装注意事项
4	难点		万向传动装置的工作原理
5	教学设备及工量具		各种万向传动装置、汽车、拆装工具、台虎钳、抹布等

6.1　万向传动装置的拆装与检修实践指导 ❖

6.1.1　万向传动装置的拆卸

汽车的发动机、离合器和变速器是连成一体固装在车架上的，而驱动桥则通过弹簧悬架与车架连接，所以，变速器的输出轴与驱动桥的输入轴不在同一平面上。当汽车行驶时，车轮的跳动会造成驱动桥与变速器的相对位置不断变化，这就需要一个"以变应变"的装置来解决这一问题，因此，就有了万向传动装置。如图6-1所示，万向传动装置主要包括万向节、传动轴，有的还有中间支承。如图6-2所示为万向传动装置在汽车转向系统中的应用。

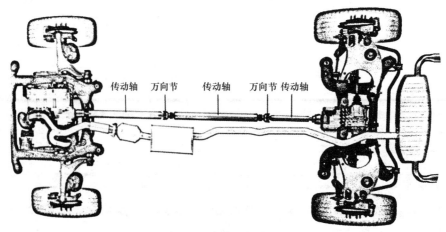

传动轴　万向节　传动轴　万向节 传动轴

图6-1　万向传动装置构造图

在从汽车上拆下万向传动装置之前，要用中心冲子或粉笔在后万向节的主动叉和从动叉上做好参考标记，如图6-3所示。如果汽车装有两段式传动轴，则要在中间支承架上的每个零件上都做标记,包括与中间支承架外壳接触的轴的端部。在修理传动轴时要小心,不要抹去这些标记。这些标记能帮助你在重新安装传动轴时,使各零件放在正确的位置上,并且避免破坏传动轴原有的平衡而产生的振动。

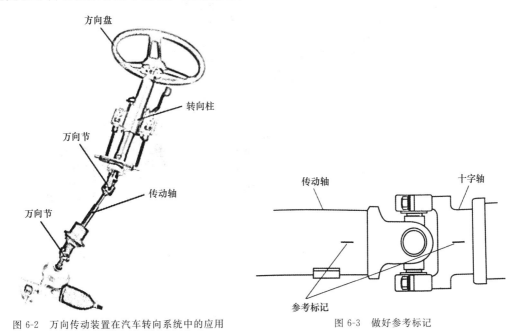

图 6-2　万向传动装置在汽车转向系统中的应用　　　　　　图 6-3　做好参考标记

下面分别以货车(如东风 EQ1092 前置后驱)和轿车(桑塔纳前置前驱)两个车型的万向传动装置的拆卸过程为例进行讲解。

1. 东风 EQ1092 型货车传动轴总成的拆卸

拆下传动轴时,用吊车将汽车安全地升起并悬吊着,用套筒扳手卸下传动轴与主减速器凸缘的四个螺栓和螺母,通常这些螺母用金属锁片锁紧。在使用扳手前,先撬开每个螺母上的防松锁片。螺栓很难一次用扳手全部拧松。可把变速器放在空挡,将一侧驱动轮悬空,适当转动传动轴即可拧松所有螺栓或螺母。从凸缘上拆下螺栓后,可使用一字螺丝刀或撬棍适当向前撬动传动轴,使两凸缘连接处分离后并放低传动轴,往汽车后面拖,直到滑动花键套接头脱离变速器,便可将传动轴总成取下来。

对于中间有中间支承的万向传动轴,将中间支承固定螺栓拧下即可。

注意 ①由于传动轴较重,拆下中间支承的螺栓前用千斤顶顶住传动轴,防止掉落伤人。

②中间支承的每个零件都要做标记。

③在把传动轴从变速器输入轴上抽出之前,在密封处放接油盆,防止油滴落到地板上。

④由于一些货车使用中央式驻车制动器,当拆下传动轴后汽车将无驻车制动,因此拆装要在平地上进行,并将车轮用木块掩好。

2. 桑塔纳轿车两侧半轴的拆卸

如图 6-4 所示为一般发动机前置前轮驱动轿车半轴的分解图,桑塔纳轿车也如图中所示,前轮为麦弗逊式独立悬挂。

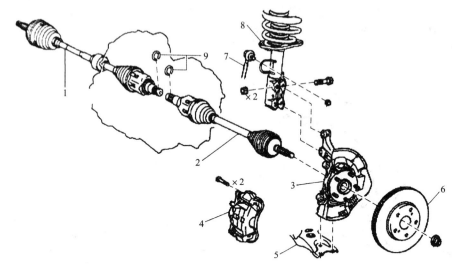

图 6-4　发动机前置前轮驱动轿车半轴的分解图

1—右侧半轴总成；2—左侧半轴总成；3—轴承及法兰；4—制动钳总成；5—下悬臂；

6—制动盘；7—平衡杆连接；8—减振器；9—半轴轴承卡环

拆卸过程如下：

①拆卸前轮。

②拆卸发动机后部右侧、左侧底罩。

③排净驱动桥油。

④拆卸前桥轮毂大螺母,如果半轴外球笼无法从法兰中抽出,请用如图 6-5 所示方法拉出。

⑤分离前稳定杆连杆总成。

⑥拔下前轮转速传感器插接器。

⑦分离前挠性软管。

⑧分离左前盘式制动器制动钳总成,用吊钩将制动钳挂起。

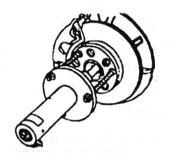

图 6-5　拉出传动轴总成

⑨拆卸前制动盘。

⑩分离横拉杆球头总成。

⑪分离前悬架下臂。

⑫拆卸前桥总成。

⑬用 M8 内花套头拆卸半轴连接螺栓,如果有些螺栓拆卸位置不够,可以转动车轮调整角度。

对于没有半轴连接螺栓的车型,就需要使用专用工具拆下前桥左半轴总成,如图 6-6 所示。

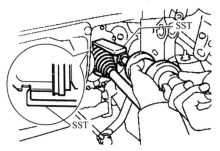

图 6-6　用专用工具拆下前桥左半轴总成

⑭找好角度,小心取下半轴。

注意　小心不要损坏变速器半轴油封、内侧万向节防尘套及驱动轴防尘罩,不要掉落驱动轴,以免伤人。

3.传动轴的组装

传动轴的组装遵循拆卸的反向顺序,螺栓按规定力矩拧紧即可。

6.1.2　万向传动装置的分解与安装

1.半轴万向节的拆装与检查

(1)万向节的分解

如图 6-7 所示为球笼万向节的内部结构。

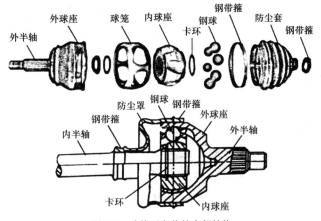

图 6-7　球笼万向节的内部结构

①用一字螺丝刀将等速万向节金属卡子别开,拆卸防尘罩。

②用一把轻金属锤用力从传动轴上敲下万向节外圈。

③拆卸弹簧锁环,压出万向节内圈。

④用电蚀笔或油石在钢球球笼和外星轮上标出内星轮的位置,分解外等速万向节。如图 6-8 所示,旋转内星轮与球笼,依次取出钢球。如图 6-9 箭头所示,用力转动钢球球笼直至两个方孔与外星轮对齐,连同外星轮一起拆下球笼。把内星轮上扇形齿旋入球笼的方孔,然后从球笼中取下内星轮。

⑤分解内等速万向节。转动内星轮与球笼,按图 6-10 箭头所示方向压出球笼里的钢球。内星轮与外星轮一起选配,不能互换。

注意　①用金属锤敲击万向节外圈需垫铜棒。

②球笼防尘套的卡子每次拆装必须更换,因此在拆卸之前一定比对清楚新卡子是否合适,否则可能影响客户提车时间。

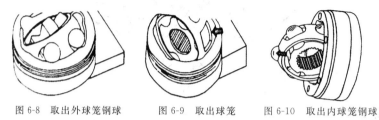

图 6-8　取出外球笼钢球　　　图 6-9　取出球笼　　　图 6-10　取出内球笼钢球

(2)万向节的检查

①检查万向节橡胶护套是否碎裂、漏油。

②检查万向节外星轮、内星轮有无凹陷与磨损。

③检查万向节球笼是否破裂,钢球是否磨损、碎裂,卡簧是否脱落,卡箍是否松脱。

④各球节处的 6 个钢球要求有一定的配合公差,并与内星轮一起成为一组配合件,更换时必须整体更换。

⑤如果万向节间隙已经明显过大,则必须更换。如果万向节光滑无损,或者能看到钢球在运转,则不必更换万向节,万向节各组件有维修包,所以不必全部更换。如果磨损间隙过大或球笼破损,则需整体更换。

(3)万向节的组装

先组装内万向节,然后装外万向节,组装顺序和拆卸的顺序正好相反,但要注意:

①安装前将各部位油脂清洗干净,可用抹布擦洗。

②如果更换球笼防尘套,要注意新旧零件是否相同,因为防尘套型号参差不齐。

③必须更换新防尘套卡子,用专业球笼钳夹紧卡子。

④重新加注原厂球笼润滑脂。

2.十字轴式传动轴的拆装与检测

(1)十字轴式万向节的分解

如图 6-11 所示为十字轴式万向节结构。

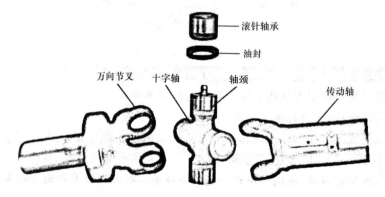

图 6-11　十字轴式万向节结构

①把花键套万向节叉夹紧在台虎钳上,支承住传动轴的另一端,并对传动轴叉做好标记,以便装复;

②用卡簧钳将十字轴头每个耳孔里的弹簧挡圈取出;

③用锤子轻轻敲击耳孔根部,将滚针轴承座振出,反向 180°并用同样的方法取出另一端滚针轴承座,取下十字轴,如图 6-12 所示。

④把十字轴用冲子和锤子从另外的叉中打出来。

注意　①无法把轴承盖从叉中压出时,可用夹具拉出轴承盖。

②用夹具还不能拆下轴承盖时,则可以用台虎钳夹住传动轴部分,用锤子和铜冲子把轴承盖从叉中打出来。如图 6-13 所示,先用锤子和铜冲子把每个轴承盖从叉中打出来,朝一个方向把十字轴敲打到最远处,卸下轴承盖和轴承;然后朝相反方向敲打十字轴,卸下另一个轴承盖。拆卸完万向节后,检查传动轴叉有无毛刺和粗糙点。用细锉刀去除所有毛刺,检查传动轴叉是否破裂,若有裂纹则更换传动轴。

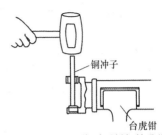

图 6-12　取出十字轴　　　　图 6-13　用锤子和铜冲子拆卸轴承盖

(2)万向节式传动轴的检修

①万向节的检修。万向节分解完成后,需要用汽油清洗各零件,以便暴露出零件的损伤、磨损情况,而且应按以下要求检查和修复。

②检查滚针轴承。如果滚针断裂、油封失效,应更换新件。

③检查十字轴轴颈。十字轴轴颈有轻微磨损、轻微压痕或剥落,仍可继续使用。如果轴颈磨损过多、有严重压痕(深度超过 0.10 mm)或严重剥落时,应予以更换。

④检查万向节叉,万向节叉不得有裂纹或其他严重损伤,否则更换新件。

⑤传动轴的检修。检查传动轴轴管是否有弯曲、凹陷、裂纹,凹陷深度不得大于 2 mm,面积不能大于 4 mm^2;如果传动轴有平衡块,检查平衡块是否脱落;检查两端凸缘固定螺栓是否松动;检查传动轴花键齿与滑动叉键槽配合间隙,应不大于 0.30 mm,使用极限为 0.60 mm,检查方法如图 6-14 所示。

(3)万向节的组装

①使十字轴上的润滑脂嘴朝向套管一方,并和滑动叉上的润滑脂嘴同向,插入万向节叉耳孔内,把滚针轴承放入耳孔并套在十字轴轴颈上。

②用铜棒、锤子轻敲滚针轴承外端面,使轴承进入耳孔到位,装上卡簧。

③对准装配标记,把凸缘叉套在十字轴的另一对轴颈上。

④把滚针轴承放入凸缘叉耳孔并套在十字轴轴颈上,用铜棒、锤子轻敲轴承进入耳孔到位,用卡簧钳把挡圈装入耳孔槽(注意:挡圈要整个厚度进入桩底,否则会在转动轴转动过程中弹出,发生事故)。

⑤万向节装配完毕后,可用手扳动十字轴进行检验,以转动自如没有松旷感为合适。若

装配过紧或过松,应查明原因,必要时应拆检及重新装配。

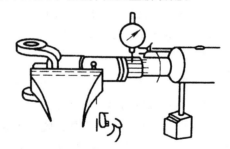

图 6-14　检查传动轴花键齿与滑动叉键槽的配合间隙

6.2　万向传动装置的相关知识

6.2.1　万向传动装置的功用、组成和应用

1.万向传动装置的功用和组成

万向传动装置主要由万向节和传动轴组成,对于传动距离较远的分段式传动轴,还要加装中间支承;万向传动装置的功用是在轴线相交且相互位置经常变化的两转轴之间传递动力。

普通万向传动装置一般应用于发动机前置后轮驱动的传动系统中,它由万向节、中间支承、中间传动轴及后传动轴等组成,如图 6-15 所示。

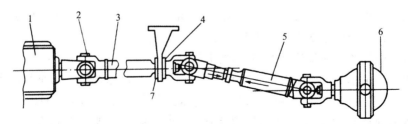

图 6-15　万向传动装置的组成

1—变速器;2—万向节;3、5—传动轴;4—中间支承;6—驱动桥;7—中间支承轴承

2.万向传动装置的应用

万向传动装置在汽车上的应用主要有以下几个方面:

(1)变速器(或分动器)与驱动桥之间,如图 6-16 所示。

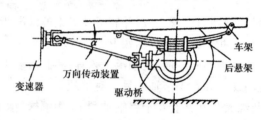

图 6-16　变速器与驱动桥之间的万向传动装置

(2)越野汽车变速器与分动器、分动器与驱动桥之间:为了消除车架变形及制造、装配误差等引起的轴线同轴度误差对动力传递的影响,须装有万向传动装置,如图 6-17 所示。

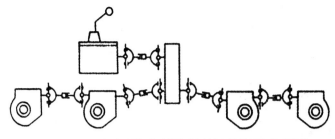

图 6-17　变速器与分动器、分动器与驱动桥之间的万向传动装置

（3）汽车的转向驱动桥中：汽车的转向驱动桥的半轴是分段的，转向时两段半轴轴线相交且交角变化，因此要用万向传动装置，如图 6-18 所示。

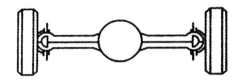

图 6-18　转向驱动桥内、外半轴之间的万向传动装置

（4）断开式驱动桥的半轴中：主减速器壳在车架上是固定的，桥壳是上下摆动的，半轴是分段的，须用万向传动装置，如图 6-19 所示。

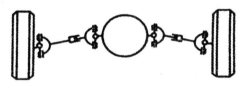

图 6-19　断开式驱动桥半轴之间的万向传动装置

（5）汽车的转向操纵机构中：某些汽车的转向轴装有万向传动装置，有利于转向机构的总体布置，如图 6-20 所示。

图 6-20　转向轴和转向器之间的万向传动装置

6.2.2　万向节

万向节按其刚度大小，可分为刚性万向节和柔性万向节。刚性万向节按其速度特性可分为：

（1）不等速万向节：常用的有十字轴式刚性万向节。

（2）准等角速万向节：常用的有双联式、三销式。

（3）等角速万向节：常用的有球叉式、球笼式。

1. 十字轴式刚性万向节

普通万向节又称为十字轴式刚性万向节，主要由万向节叉、十字轴及轴承等组成。它允许相邻两轴的最大交角为 $15°\sim20°$，在汽车上应用最广。其结构是两万向节叉上的孔分别套在十字轴的两对轴颈上，如图 6-21(a)所示。当主动轴转动时，从动轴既可随之转动，又可绕十字轴中心在任意方向摆动。为减小摩擦,在十字轴轴颈和万向节叉孔间装有滚针轴承。然后用螺钉和盖将套筒固定在万向节叉上,并用锁片将螺钉锁紧.为了润滑轴承,十字轴做成中空的,并有油路通向轴颈,如图 6-21(b)所示。

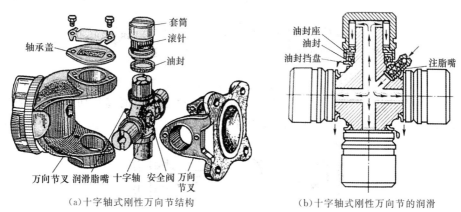

（a）十字轴式刚性万向节结构　　　　　　（b）十字轴式刚性万向节的润滑

图 6-21　十字轴式刚性万向节

十字轴式刚性万向节的结构虽然很简单,但是其运动特性很复杂,因为十字轴式万向节为不等速万向节,其主动轴匀速旋转一周,从动轴的圆周速度是一样的,但是从动轴经历了两次加速与减速的过程,速度随两轴交角的变化而变化,如图 6-22 所示。当交角 α 为 0 时,主动轴的角速度等于从动轴的角速度。

由于十字轴式刚性万向节的不等速性,因此它应用于汽车时必须成对出现,两对万向节相互交叉成 90°,将不相等的角速度相互抵消。因此,十字轴两对万向节的应用应该满足以下要求:

①第一个万向节的从动轴叉和第二个万向节的主动轴叉与传动轴相连,并且两个万向节叉在同一平面内;

②输入轴与传动轴夹角 α_1 和传动轴与输出轴夹角 α_2 相等,即 $\alpha_1 = \alpha_2$。

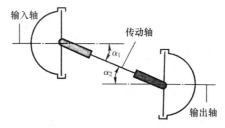

图 6-22　主动轴与从动轴夹角

2.等角速万向节

等角速万向节的原理是:从结构上保证万向节在工作过程中的传力点永远位于两轴交角的平分面上。如图 6-23 所示,一对大小相同的锥齿轮传动,其接触点 P 位于两齿轮轴线交角的平分面上,从接触点 P 到两轴的垂直距离都等于 r,在 P 点两齿轮的圆周速度是相等的,因而两个齿轮旋转的角速度也相等。与此相似,若万向节的传力点在其交角变化时始终位于角平分面内,则可使两个万向节叉保持等角速的关系。目前采用较广泛的等角速万向节的常见结构形式有球叉式和球笼式。

（1）球叉式万向节

如图 6-24 所示,球叉式万向节是由主动叉、从动叉、四个传动钢球、中心钢球、定位销及锁止销组成的。主动叉和从动叉分别与内、外半轴制成一体。在主、从动叉上,各有四个曲面凹槽,装合后形成两个相交的环形槽作为钢球滚道。四个传动钢球放在槽中,中心钢球在两叉中心的凹槽内,以定中心。

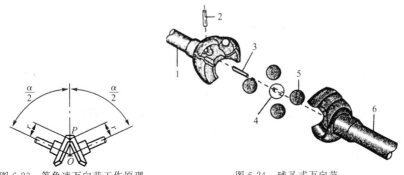

图 6-23　等角速万向节工作原理　　　　图 6-24　球叉式万向节
1—从动叉;2—锁止销;3—定位销;4—中心钢球;
5—传动钢球;6—主动叉

球叉式万向节结构简单,允许的最大交角为 32°～33°,一般应用于转向驱动桥中。球叉式万向节工作时,只有两个钢球传力,反转时,则由另两个钢球传力。因此,钢球与曲面凹槽之间的单位压力较大,磨损较快,影响使用寿命。

（2）球笼式万向节

球笼式万向节按其内、外滚道结构不同又分为 RF 型球笼式万向节、VL 型球笼式万向节及球笼式双补偿万向节。

① RF 型球笼式万向节

RF 型球笼式万向节简称 RF 节,其结构如图 6-25 所示,它由六个钢球、星形套（内滚道）、球形壳和保持架等组成。星形套以内花键与主动轴相连,其外表面有六条凹槽,形成内滚道,球形壳的内表面有相应的六条凹槽,形成外滚道。六个钢球分别装在各条凹槽中,并由保持架使之保持在一个平面内,动力由主动轴经钢球、球形壳输出。

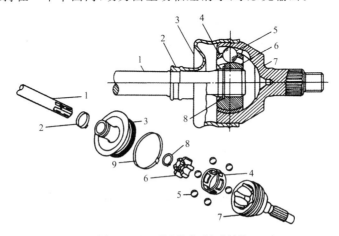

图 6-25　RF 型球笼式万向节结构

1—主动轴;2、9—钢带卡子;3—外罩;4—保持架;5—钢球;6—星形套;7—球形壳;8—卡环

RF 型球笼式万向节工作时在达到两轴最大交角 47°的情况下,仍可传递转矩,且在工作时无论转动方向如何,六个钢球都参与传力,故承载能力强,磨损小,寿命长。因而被广泛

应用于各种型号的转向驱动桥和独立悬架的驱动桥中。

②VL型球笼式万向节

VL型球笼式万向节又称为伸缩型万向节,简称VL节,如图6-26所示为奥迪100型和上海桑塔纳轿车转向驱动桥半轴内(靠近主减速器处)所采用的VL型球笼式万向节。其内、外滚道为圆筒形,且内、外滚道不与轴线平行,而是相对于轴线倾斜相同的角度,装合后,同一轴向位置内、外滚道的倾斜方向刚好相反,即对称交叉,而钢球则处于内、外滚道的交叉部位。当内半轴与中半轴以任意夹角相交时,所有传力钢球都位于轴间交角的平分面上,从而实现等角速传动。在传递转矩过程中,星形套(内滚道)与球形壳(外滚道)可以沿轴向相对移动,故可省去其他万向传动装置中必须有的滑动花键,这不仅使结构简化,而且由于球形壳(外滚道)和星形套(内滚道)间的轴向相对移动是通过钢球沿内、外滚道滚动来实现的,与滑动花键相比,其滑动阻力小,最适用于断开式驱动桥中。

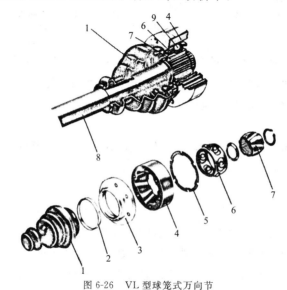

图6-26　VL型球笼式万向节

1—防尘罩;2—卡子;3—外罩;4—球形壳;5—密封垫;6—球笼;7—星形套;8—中半轴;9—钢球

上述两种球笼式万向节在现代汽车中应用广泛。其中,可伸缩的VL型球笼式万向节布置在转向驱动桥内侧(靠近差速器),轴向不能伸缩的RF型球笼式万向节则布置在外侧(转向节处)。

6.2.3　中间支承

1. 功用

传动轴分段时需加装中间支承。中间支承通常装在车架横梁上,能补偿传动轴轴向和角度方向的安装误差,以及汽车行驶过程中因发动机窜动或车架变形等引起的位移。

2. 结构

普通中间支承通常用弹性元件来满足上述要求,它主要由轴承、带油封的轴承盖、支架和使轴承与支架间成弹性连接的弹性元件所组成。常见的类型有双列圆锥滚子轴承式中间支承、蜂窝软垫式中间支承、摆动式中间支承以及轴式中间支承等。

东风EQ1090E型汽车的中间传动轴采用蜂窝软垫式中间支承与车架相连接,如图6-27所示。

轴承可在轴承座内滑动,轴承座装在蜂窝形橡胶垫内,通过 U 形支架固定在车架横梁上。

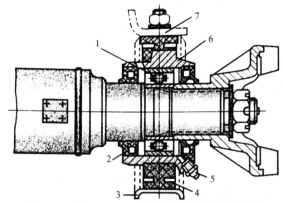

图 6-27　东风 EQ1090E 型汽车蜂窝软垫式中间支承

1—轴承;2—油封;3—U 形支架;4—蜂窝形橡胶垫;5—注油嘴;6—轴承座;7—车架横梁

由于蜂窝形橡胶垫具有弹性作用,能补偿上述安装误差和行驶中出现的位移,此外,还可吸收振动并减少噪声传导。蜂窝软垫式中间支承因其结构简单,效果良好,故应用较广泛。

6.2.4　万向传动装置的故障诊断

汽车在行驶过程中,万向传动装置要承受很大的扭矩和冲击载荷,并且因高速转动伴随不断的振动。在长期使用之后,各零件会发生磨损、变形等损坏,影响万向传动装置的正常工作。

1.汽车起步或行驶中车速变换时的撞击声

(1)现象

汽车起步时,车身发抖并伴有撞击声,当改变车速时,响声更加明显。

(2)原因

①万向节十字轴及滚针磨损松旷或滚针破碎。

②传动轴与滑动叉配合花键磨损过大。

③各连接部分的紧固螺栓松动或中间支承松动等。

(3)故障诊断与排除方法

①检查万向传动装置各部分紧固螺栓松紧度,如果有松动则按规定力矩拧紧即可;如果没有松动继续检查。

②将车挡位置于空挡,用手分别握住万向节主、从动部分转动,检查游动角度,如果游动角度太大,则为万向节十字轴及滚针磨损松旷或滚针破碎,更换相应部件即可;否则继续检查。

③将车挡位置于空挡,用手分别握住传动轴滑动叉的主、从动部分,检查其游动角度,如果游动角度过大,则由滑动叉配合花键间隙过大引起,应更换相应部件。

2.汽车行驶中有异响

(1)现象

汽车在起步时没有异响,但在行驶中发出严重噪声,滑行时,噪声仍清晰可闻。

（2）原因

①中间支承轴承位置不恰当或支架偏斜。

②中间支承橡胶垫环紧固螺栓过紧或过松,橡胶垫环损坏。

③中间支承轴承磨损过大或润滑不良。

④万向节装配过紧。

（3）故障诊断与排除方法

①检查中间支承,包括轴承位置、支架角度、橡胶垫环紧固螺栓松紧程度、轴承的磨损程度等,发现问题更换或调整相应部件。

②将汽车固定住,拆下传动轴与主减速器凸缘连接螺栓,转动万向节的活动部分,观察万向节是否活动自如。如果发紧说明是由万向节装配过紧引起,重新装配即可。

3.汽车在行驶中有异响并伴随车身振动

（1）现象

汽车行驶过程中发生异响,并随着车速的提高响声也增大,严重时使车身振动。

（2）原因

①传动轴弯曲变形。

②传动轴装配时未按标记装配,或平衡片脱落,或轴管凹陷,破坏了动平衡。

③万向节轴承磨损过大或已损坏。

④传动轴花键齿面与键槽配合松旷,或传动轴各连接部分的固定螺栓松动,或中间支承的固定螺栓松动。

⑤中间支承轴承损坏

（3）故障诊断与排除方法

①询问客户并观察近期传动轴是否拆装过,如果拆装过检查装配标记是否正确,如果不正确进行调整;否则继续检查。

②检查传动轴平衡片是否脱落,有无凹陷变形,如果有问题则对传动轴的动平衡进行校正;否则继续检查。

③检查各连接部位螺栓紧固情况,若松动对其进行校紧。

④检查中间支承的好坏,如有问题进行维修;否则继续检查。

⑤用双手配合转动的方法检查传动轴花键齿面与花键轴的配合、检查万向节轴承磨损情况,发现问题对相应部件进行调整或更换。

万向传动装置如果发生故障,就会影响到其他传动部分,使其他传动机件加速磨损或损坏。因此必须经常对万向传动装置进行检查,发现损坏必须及时修理。

项目练习与测试

（一）填空题

1.万向传动装置的功用是能在汽车上任何一对轴间夹角和相对位置经常发生变化的转轴之间传递动力,它一般由_____、_____和中间支承组成。

2.十字轴式万向节主要由万向节叉、_____及轴承等组成,其允许相邻两轴的最大交角为_____,在汽车上应用最广。

3.等角速万向节的常见类型有_____、_____和三叉式等。

4.RF 型球笼式万向节工作时，_____个钢球传力，允许相邻两轴的最大交角为_____，其灵活性好，常用于_____。

5.VL 型球笼式万向节允许相邻两轴的最大交角为_____，且具有_____滑动的特性，一般用于转向驱动桥半轴和_____。

6.看图填空(图 6-28)。

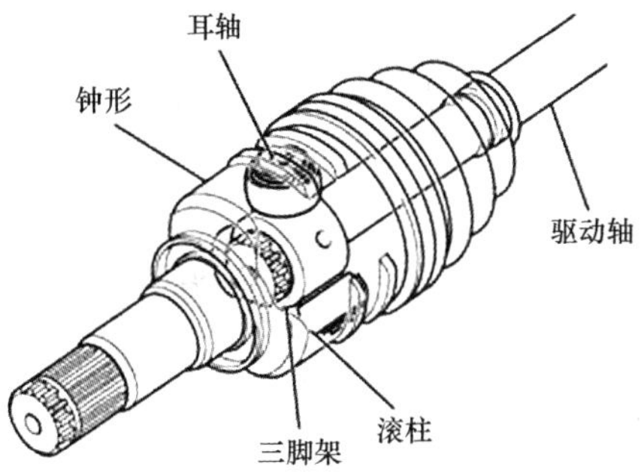

（a）_____万向传动装置 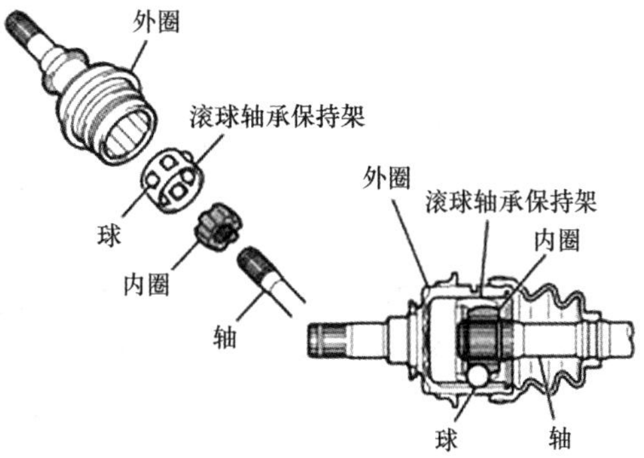　　　　（b）_____万向传动装置

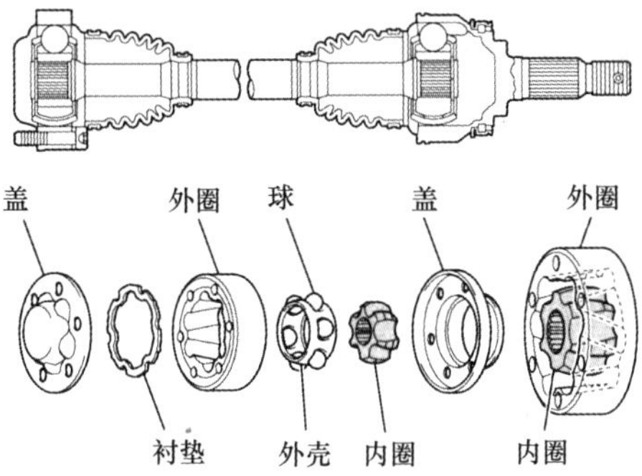

（c）_____万向传动装置 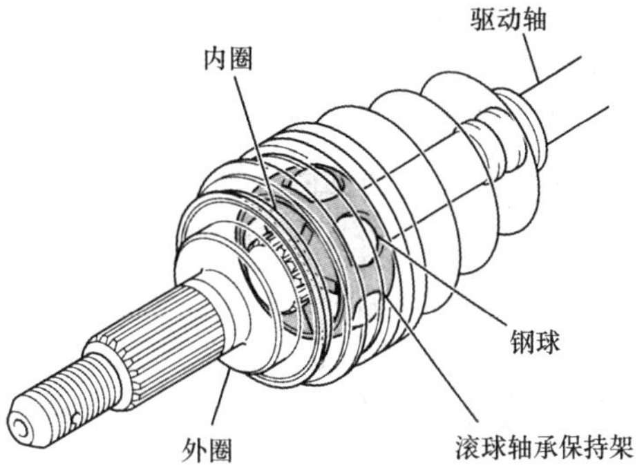　　　　（d）_____万向传动装置

图 6-28　填空题 6 图

(二)判断题

1.刚性万向节是靠零件的铰链式连接来传递动力的，而挠性万向节则是靠弹性零件来传递动力的。　　　　　　　　　　　　　　　　　　　　　　　　　（　　）

2.对于十字轴式万向节来说，主、从动轴的交角越大，则传动效率越高。　（　　）

3.对于十字轴式万向节来说，主、从动轴之间只要存在交角，就存在磨损。　（　　）

4.只有驱动采用独立悬架时，才有实现第一万向节两轴间夹角等于第二万向节两轴间夹角的可能。　　　　　　　　　　　　　　　　　　　　　　　　　　　（　　）

5.双联式万向节实际上是一套传动轴长度减缩至最小的双万向节等速传动装置。（　　）

6.球叉式万向节的传力钢球数比球笼式万向节多，所以承载能力强、耐磨、使用寿命长。
　　　　　　　　　　　　　　　　　　　　　　　　　　　　　　　　　（　　）

7.挠性万向节一般用于主、从动轴间夹角较大的万向传动的场合。　　　（　　）

8.传动轴两端的万向节叉，安装时应在同一平面内。　　　　　　　　　（　　）

9.汽车行驶过程中，传动轴的长度可以自由变化。　　　　　　　　　　（　　）

10.单个十字轴万向节在有夹角时传动的不等速性是指主、从动轴的平均转速不相等。
　　　　　　　　　　　　　　　　　　　　　　　　　　　　　　　　　（　　）

(三)选择题(有一项或多项正确)

1.十字轴式刚性万向节的十字轴轴颈一般都是(　　　)。

A.中空的　　　　　　　　　　B.实心的

C.无所谓　　　　　　　　　　D.A、B、C均不正确

2.十字轴式万向节的损坏是以(　　　)的磨损为标志的。

A.十字轴轴颈　　　　　　　　B.滚针轴承

C.油封　　　　　　　　　　　D.万向节叉

3.对于十字轴式不等速万向节,当主动轴转过一周时,从动轴转过(　　　)。

A.一周　　　　　　　　　　　B.小于一周

C.大于一周　　　　　　　　　D.不一定

4.双十字轴式万向节实现准等速传动的前提条件之一是(　　　)(设 α_1 为第一万向节两轴间夹角,α_2 为第二万向节两轴间的夹角)。

A.$\alpha_1 = \alpha_2$　　　　　　　　　　B.$\alpha_1 > \alpha_2$

C.$\alpha_1 < \alpha_2$　　　　　　　　　　D.与 α_1 和 α_2 无关

5.下面万向节中属于等速万向节的是(　　　)。

A.球笼式万向节　　　　　　　B.双联式万向节

C.球叉式万向节　　　　　　　D.三销轴式万向节

6.为了提高传动轴的强度和刚度,传动轴一般都做成(　　　)。

A.空心的　　　　　　　　　　B.实心的

C.半空、半实心　　　　　　　D.无所谓

7.主、从动轴具有最大交角的万向节是(　　　)。

A.球笼式万向节　　　　　　　B.球叉式万向节

C.双联式万向节　　　　　　　D.三销轴式万向节

(四)问答题

1.十字轴式刚性万向节的十字轴的中部为什么要装有安全阀?

2.什么是单个刚性十字轴万向节的不等速性? 此不等速性会给汽车传动带来什么危害? 怎样实现主、从动轴的等角速传动?

3.试证明刚性十字轴式万向节传动的不等速性。

4.什么是准等速万向节? 试举出两种准等速万向节。

5.为什么传动轴采用滑动花键连接?

6.为什么有些传动轴要做成分段式的?

7.汽车传动系统为什么要采用万向传动装置?

项目 7　驱动桥的拆装与调整

教学准备			
序号	名称		内容
1	实训目标	知识目标	理解并掌握驱动桥的结构、组成、工作原理及主要零部件的装配
		技能目标	熟练掌握主减速器的拆装步骤;掌握主减速器的检修与调整方法;掌握差速器的拆装步骤、技术要求及检修方法
2	课堂设计		先让学生从实车上找出驱动桥位置,了解各车型驱动桥的类型;然后在实训室分解、组装驱动桥;最后讲解调整、检修相关知识
3	重点		驱动桥各部分拆装步骤、技术要求及检修方法
4	难点		主减速器主、从动齿轮啮合间隙以及啮合印痕的调整
5	教学设备及工量具		实车、驱动桥总成、百分表、磁力表座、游标卡尺、弹簧秤以及专用的拆装工具等

7.1　驱动桥的拆装与调整实践指导

按照结构的不同,驱动桥可以分为整体式和断开式两种,整体式驱动桥又称为非断开式驱动桥。

整体式驱动桥与采用非独立悬架的车辆配合使用,如图 7-1 所示。由半轴套管与主减速器壳构成的驱动桥壳为一刚性的整体,主减速器、差速器和半轴安装在驱动桥壳内。驱动桥两端通过悬架与车架或车身连接,由于半轴套管和主减速器壳是刚性的整体,因而两侧的半轴和驱动轮不可能相互独立地跳动。当某一侧驱动轮通过地面的凸出物或凹坑而升高或下降时,整个驱动桥及车身都要随之发生倾斜,车身波动大,但其驱动桥的刚度和强度较好。

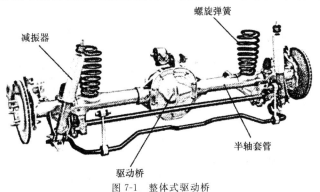

图 7-1　整体式驱动桥

断开式驱动桥与采用独立悬架的车辆配合使用,如图 7-2 所示。它取消了半轴套管,因此,半轴露在外面,半轴的两端通过万向节分别与主减速器壳内的差速器和驱动轮相连。主减速器壳固定在车架或车身上。驱动桥两端分别用悬架与车架或车身连接。这样,两侧驱动轮可以彼此独立地相对于车架或车身上下跳动。

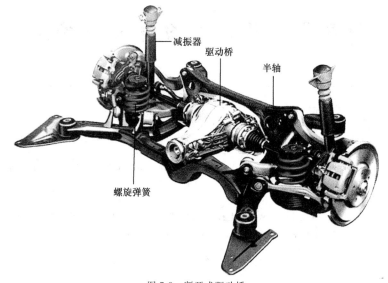

图 7-2 断开式驱动桥

7.1.1 主减速器总成的拆卸

1. 从桥壳中拆下主减速器总成

要想对主减速器内部进行分解与检修,首先应将主减速器总成从桥壳中拆下,而对于发动机前置前轮驱动的汽车,主减速器一般位于变速器内部,因而需要拆下变速器总成,分解变速器之后才能对其检修。这类主减速器齿轮比较简单,因此不对其进行描述。本节主要讲述发动机前置后轮驱动汽车单级主减速器的拆装。如图 7-3 所示为差速器零件分解图。

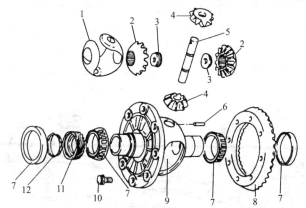

图 7-3 差速器零件分解图

1—复合式推力垫片;2—半轴齿轮;3—螺纹套;4—行星齿轮;5—行星齿轮轴;6—止动销;7—圆锥滚子轴承;
8—主减速器从动锥齿轮;9—差速器壳;10—螺栓;11—车速表齿轮;12—车速表齿轮锁紧套筒

(1)拆下驱动桥上的两侧轮胎,取下制动鼓,拆下半轴轴承的保持架。

(2)用专用冲锤拉出两侧半轴,如图 7-4 所示。

(3)拆下主减速器壳的固定螺栓,如图 7-5 所示。

（4）取下主减速器总成。

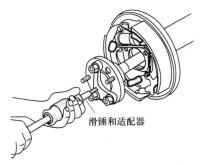

滑锤和适配器

图 7-4　用专用冲锤拉出两侧半轴

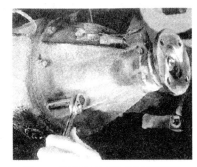

图 7-5　拆下主减速器壳的固定螺栓

2. 主减速器总成的分解

（1）将差速器总成放在工作台上，并用夹具固定。

（2）在轴承盖和轴承座上做好标记，如图 7-6 所示。

注意　左、右两侧轴承盖与轴承调整螺母不能左右颠倒。

（3）拆下轴承盖螺栓，取出轴承盖。

（4）取下差速器总成，将左、右调整螺母以及轴承外圈摆放好。

（5）用夹具固定主减速器主动小齿轮，用套筒拆下轴头螺母和垫片。

（6）把主动小齿轮轴抽出。

（7）将差速器固定，将差速器壳和齿圈做好标记，如图 7-7 所示，拆下主减速器从动齿圈螺栓。

图 7-6　在轴承盖和轴承座上做好标记

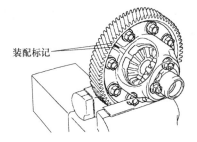

装配标记

图 7-7　齿圈与差速器壳的标记

（8）用拉拔器拆下差速器轴承，如图 7-8 所示。

（9）用铜棒敲打取下齿圈。

（10）拆下差速器壳螺栓，做好装配标记。

（11）拆下半轴齿轮和止推垫片。

（12）打出行星齿轮锁销，拆下行星齿轮止推垫片，如图 7-9 所示。

图 7-8　用拉拔器拆下差速器轴承

图 7-9　取下行星齿轮

3. 主减速器的检修

(1)壳体应无裂损,各部位螺纹的损伤不得多于两牙,否则应更换。

(2)差速器左、右轴承孔同轴度公差为 0.10 mm。

(3)圆柱主动齿轮轴承(或侧盖)孔轴线及差速器轴承孔轴线对减速器壳前端面的平行度公差:当轴线长度在 200 mm 以上,其值为 0.12 mm;当轴线长度小于或等于 200 mm,其值为 0.10 mm。

(4)主减速器壳纵轴线对横轴线的垂直度公差:当纵轴线长度在 300 mm 以上,其值为 0.16 mm;当纵轴线长度小于或等于 300 mm,其值为 0.12 mm。纵、横轴线应位于同一平面(双曲线齿轮结构除外),其位置度公差为 0.08 mm。

(5)主减速器壳与侧盖的配合及圆柱主动齿轮轴承与主减速器壳(或侧盖)的配合应符合原设计规定。

(6)差速器壳产生裂纹,应更换。

(7)差速器壳与行星锥齿轮、半轴锥齿轮垫片的接触面应光滑,无沟槽。如有小的沟槽可用砂纸打磨,并更换半轴锥齿轮垫片。

(8)所有齿轮不得有裂纹,工作表面不得有明显斑点、脱落和缺损,否则更换。

(9)差速器壳与轴承、差速器壳与行星锥齿轮轴的配合应符合原厂规定。

4. 主减速器的装配

主减速器总成的装配也是遵循拆卸的反向顺序,但是要注意:

(1)在前差速器半轴齿轮的滑动面和旋转面上涂抹齿轮油。

(2)在前差速器 1 号行星齿轮轴上涂抹通用润滑脂后安装至前差速器壳。

(3)调节差速器半轴齿轮齿隙。将前差速器行星齿轮安装至前差速器壳侧,用百分表测量差速器半轴齿轮齿隙,如图 7-10 所示。标准齿隙为 0.05～0.20 mm。如果齿隙超过规定范围,更换半轴齿轮止推垫圈。

(4)安装差速器齿圈。清洁差速器和齿圈的接触面后将齿圈加热到 90～110 ℃,如图 7-11 所示。待齿圈上的水分完全蒸发后,对准装配标记,将差速器齿圈迅速安装至差速器壳上,并用螺栓按规定力矩拧紧。

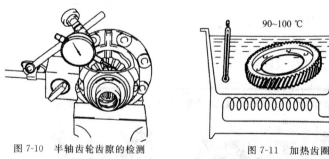

图 7-10   半轴齿轮齿隙的检测   图 7-11   加热齿圈

7.1.2   主减速器相关调整

1. 轴承预紧度的调整

(1)调整目的

使轴承承受一定的轴向压紧力,提高支承刚度,保证正常啮合。轴承预紧度过大,发热量大,磨损大,轴承寿命下降;轴承预紧度过小,破坏啮合,齿轮寿命下降。

(2)检查方法

①人工经验检查方法,即用手转动主(从)动锥齿轮,应该转动自如且轴向推动无间隙。

②定量检查法,将轴承座夹在台虎钳上,按规定转矩拧紧凸缘螺母后,在各零件润滑的情况下用弹簧秤测量凸缘盘拉力,或用指针式扭力扳手在锁紧螺母上测量主动锥齿轮的转动力矩,其值应符合规定,如图7-12所示。

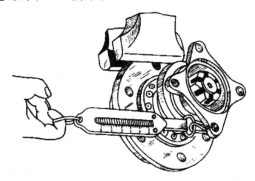

图7-12　轴承预紧度检查示意图

(3)调整方法

主动锥齿轮:可以通过增减调整垫片的厚度进行调整。减少垫片,轴承预紧度增加;反之减小。

从动锥齿轮:通过拧动两侧的调整螺母来调整。拧入调整螺母,轴承预紧度增加;反之,预紧度减小。

2. 锥齿轮啮合的调整

齿面啮合印痕的调整和齿侧啮合间隙的调整通过锥齿轮轴的轴向移动,从而改变主、从动锥齿轮的相对位置来获得。

(1)齿面啮合印痕的调整

通过增减调整垫片厚度来调整。增加调整垫片厚度,主动轴及主动锥齿轮前移,反之则后退。

检查:在主动锥齿轮上相隔120°的三处用红丹油在齿的正反面各涂2～3个齿,再用手对从动锥齿轮稍施加阻力,并正、反向各转动主动锥齿轮数圈。观察从动锥齿轮上的啮合印痕。正确的啮合印痕:在从动锥齿轮上啮合印痕位于齿高的中间偏小端,并占齿宽60%以上,如图7-13所示。

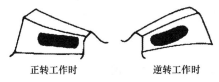

正转工作时　　逆转工作时

图7-13　正确的啮合印痕位置示意图

啮合印痕和啮合间隙是同时进行调整的。先检查啮合印痕,按照下述原则进行调整:"大进从、小出从、顶进主、根出主",如图7-14所示。啮合印痕合适后若间隙不符,则通过轴向移动另一锥齿轮进行调整。

当啮合印痕位于从动锥齿轮轮齿大端时,如图7-14(a)所示,应将从动锥齿轮向主动锥齿轮靠拢。假如因此而使啮合间隙变小,可将主动锥齿轮向外移动。

当啮合印痕位于从动锥齿轮轮齿小端时,如图 7-14(b)所示,应将从动锥齿轮移离主动锥齿轮。假如因此而使啮合间隙变大,可将主动锥齿轮向内移动。

当啮合印痕位于从动锥齿轮轮齿顶部时,如图 7-14(c)所示,应将主动锥齿轮向从动锥齿轮靠拢。假如因此而使啮合间隙变小,可将从动锥齿轮向外移动。

当啮合印痕位于从动锥齿轮轮齿根部时,如图 7-14(d)所示,应将从动锥齿轮移离主动锥齿轮。假如因此而使啮合间隙变大,可将从动锥齿轮向内移动。

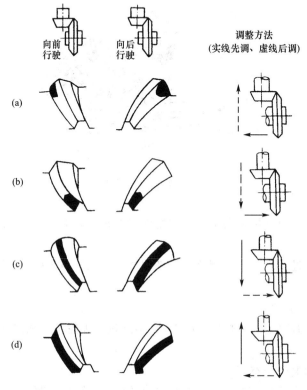

图 7-14　螺旋锥齿轮啮合的调整

(2)齿侧啮合间隙的调整

将百分表抵在从动锥齿轮正面的大端处,用手把住主动锥齿轮,然后轻轻往复摆转从动锥齿轮,即可显示啮合间隙值。调整方法是轴向移动从动锥齿轮,拧动轴承调整螺母。调整螺母拧入的圈数应等于另一端拧出的圈数。为了保证啮合间隙调整的正确性,先调整轴承预紧度,再调整齿轮啮合位置;且当两者采用同一调整装置时,齿轮啮合的调整应保持原已调整好的轴承预紧度不变。

7.2　主减速器与驱动桥的相关知识 ⠘

7.2.1　驱动桥的功用和组成

1.驱动桥的功用

驱动桥的功用是将万向传动装置(或变速器)传来的动力经降速增扭、改变动力传递方向(发动机纵置时)后,分配到左、右驱动轮,使汽车行驶,并允许左、右驱动轮以不同的转速旋转。

2.驱动桥的组成

驱动桥一般由主减速器、差速器、半轴、桥壳等组成，如图 7-15 所示。发动机的动力传到驱动桥后，首先传到主减速器，在这里将转矩放大并降低转速后经差速器分配给左、右半轴，最后通过半轴外端的凸缘传到驱动轮的轮毂。驱动桥的主要零部件都在驱动桥桥壳中。桥壳由主减速器壳和半轴套管组成。

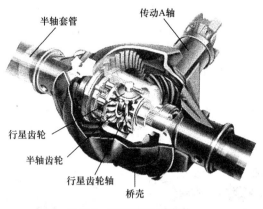

图 7-15　驱动桥的组成部件

7.2.2　主减速器和普通行星齿轮差速器的工作原理

1.主减速器

主减速器能将动力的传递方向改变 90°（发动机纵置时），并将转速降低、转矩增大，以保证汽车在良好路面上具有足够的牵引力和适当的速度。

目前，轿车和一般轻、中型货车都采用单级式主减速器，它主要由主动齿轮、从动齿轮、支承轴承等零件组成，具有结构简单、体积小、重量轻巧、传动效率高等优点，可满足汽车动力性的要求。

如图 7-16 所示为发动机纵置的汽车主减速器的结构，它由一对准双曲面锥齿轮进行动力传递，准双曲面锥齿轮比普通锥齿轮的结构、工艺更加复杂，对润滑油的要求特别高，由于主动锥齿轮的轴线位于齿圈轴线的下面，所以准双曲面锥齿轮副可使传动轴固定在汽车的较低位置，如图 7-17 所示。

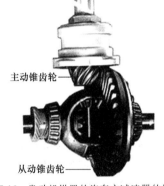

图 7-16　发动机纵置的汽车主减速器的结构

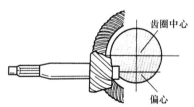

图 7-17　准双曲面锥齿轮

在发动机横置前轮驱动的汽车上,动力流线的轴线自然与驱动轴的轴线平行,因此,在驱动桥中用简单的斜齿圆柱齿轮副作为主减速器。

2. 差速器

汽车在行驶过程中,车轮相对路面有两种运动状态,即滚动和滑动,其中滑动又有滑转和滑移两种。当汽车转弯行驶时,内、外两侧车轮在同一时间内移过的距离显然不同,即外侧车轮移过的距离大于内侧车轮。若两侧车轮用一根刚性轴连接,两侧车轮只能以相同的速度转动,在转向时,外侧车轮必然是边滚动边滑移,内侧车轮必然是边滚动边滑转,因而导致车轮与路面之间不能做纯滚动。同样,汽车在不平路面上直线行驶时,两侧车轮实际移过的距离也不相等,即使路面非常平直,但由于轮胎制造尺寸误差,磨损程度不同,承受的载荷不同或充气压力不同等,两侧轮胎的滚动半径实际上也不可能相等,因此,也会造成上述滑移和滑转的现象。

车轮对路面的滑动不仅会加速轮胎磨损,增加汽车的动力消耗,而且可能导致转向困难、制动性能恶化和行驶稳定性差等。为了消除以上的不良现象,保证驱动轮相对路面做纯滚动,在传动系统中安装了差速器,如图7-18所示。

图 7-18　差速器

差速器壳与行星齿轮轴连成一体,并由主减速器从动齿轮带动一起转动,是差速器的主动件,设其转速为 n_0。两个半轴齿轮分别与两侧半轴连接,设其转速分别为 n_1 和 n_2。行星齿轮有三种运动状态,即公转、自转和既公转又自转。当汽车直线行驶时,行星齿轮相当于一个等臂杠杆保持平衡,即行星齿轮不自转,而只随行星齿轮轴及差速器壳一起公转,所以,两半轴无转速差,差速器不起差速作用,如图7-19所示,即

$$n_1 = n_2 = n_0 且 n_1 + n_2 = 2n_0$$

当汽车转弯行驶时,行星齿轮除了随差速器壳一起公转外,还绕行星齿轮轴自转,则半轴齿轮 1 的转速加快,半轴齿轮 2 的转速减慢,所以,半轴齿轮 1 转速的增加值等于半轴齿轮 2 转速的减小值。设半轴齿轮转速的增加值为 Δn,则两半轴齿轮的转速分别为

$$n_1 = n_0 + \Delta n, n_2 = n_0 - \Delta n$$

这就是差速器的差速作用。即汽车在转弯或其他情况下行驶时,两侧车轮可以不同的转速在地面上滚动,但仍然有

$$n_1 + n_2 = 2n_0$$

上式即为行星齿轮式差速器的运动特性方程。它表明,差速器无论差速与否,两半轴齿轮转速之和始终等于差速器壳体转速的两倍,而与行星齿轮自转转速无关。由上式可知:

(1)当任何一侧半轴齿轮的转速为零时,另一侧半轴齿轮的转速为差速器壳体转速的两倍。

(2)当差速器壳体转速为零时,若一侧半轴齿轮受其他力矩而转动时,另一侧半轴齿轮

以相同的速度反转,如图 7-20 所示。

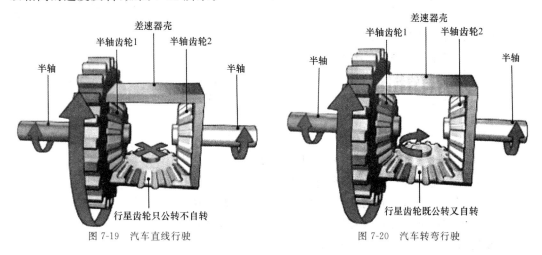

图 7-19　汽车直线行驶　　　　　　图 7-20　汽车转弯行驶

7.2.3　驱动桥的故障诊断

汽车驱动桥的主减速器、半轴、轴承和油封等长期承受冲击荷载,使其各配合副磨损严重,容易造成零部件损坏,导致驱动桥过热、异响和漏油等故障发生。

1. 过热

(1)现象

汽车行驶一段里程后,用手探试驱动桥壳中部或主减速器壳,有无法忍受的烫手感觉。

(2)原因

①齿轮油变质、油量不足或牌号不符合要求。

②轴承调整过紧。

③齿轮啮合间隙或行星齿轮与半轴齿轮啮合间隙太小。

④止推垫片与主减速器从动齿轮背隙过小。

⑤各运动副、轴承润滑不良而产生干(或半干)摩擦。

(3)故障诊断与排除方法

①检查油面高度。油面太低,则故障由齿轮油油量不足引起;否则,检查齿轮油规格、黏度或润滑性能。如检查结果不符合要求,则故障由齿轮油变质或规格不符引起;否则,继续检查。

②检查主减速器齿轮啮合间隙的大小。

③松开驻车制动器,将变速器置于空挡,轻轻转动主减速器的凸缘盘。若自由转动角度太小,则故障由主减速器齿轮啮合间隙太小引起;若自由转动角度正常,则故障由差速器行星齿轮与半轴齿轮啮合间隙太小引起。

2. 漏油

(1)现象

在驱动桥加油口、放油口螺塞处或油封、各接合面处可见到明显漏油痕迹。

(2)原因

①加油口、放油口螺塞松动或损坏。

②油封磨损、硬化,油封装反,油封与轴颈不同轴,油封轴颈磨成沟槽。

③接合平面变形,加工粗糙,密封衬垫太薄、硬化或损坏,紧固螺钉松动或损坏。

④通气孔堵塞。

⑤桥壳有铸造缺陷或裂纹。

⑥齿轮油加注过多,运转中壳体内压力增高,使齿轮油渗出。

(3)故障诊断与排除方法

根据漏油痕迹部位判断漏油的具体原因,再逐一排除。

3. 异响

(1)现象

①行驶时驱动桥有异响,脱挡滑行时异响减弱或消失。

②行驶时驱动桥有异响,脱挡滑行时也有异响。

③汽车直线行驶时无异响,当汽车转弯时驱动桥处有异响。

④汽车上坡或下坡时后桥有异响,或上、下坡时驱动桥都有异响。

⑤车轮有运转噪声或沉重的异响。

(2)原因

①圆锥和圆柱主、从动齿轮、行星齿轮、半轴齿轮啮合间隙过大;半轴齿轮花键槽与半轴的配合松旷,主、从动锥齿轮啮合不良;圆锥和圆柱主、从动齿轮啮合间隙不均,齿轮齿面损伤或轮齿折断。

②主动锥齿轮轴承松旷;主动圆柱齿轮轴承松旷;差速器圆锥滚子轴承松旷;后桥中某个轴承由于预紧力过大,导致间隙过小;主、从动锥齿轮调整不当,间隙过小。

③差速器行星齿轮和半轴齿轮不匹配,使其啮合不良;行星齿轮、半轴齿轮磨损或折断;差速器十字轴轴颈磨损;行星齿轮支承垫圈磨薄;行星齿轮与差速器十字轴卡滞或装配不当(如行星齿轮支承垫圈过厚),使行星齿轮转动困难;减速器从动齿轮与差速器壳的紧固铆钉松动。

④驱动桥某一部位的齿轮啮合间隙过小,导致汽车上坡时发响;后桥某一部位的齿轮啮合间隙过大,导致汽车下坡时发响;后桥某一部位的齿轮啮合印痕不当或齿轮轴支承轴承松旷,导致汽车上、下坡时都发响。

⑤车轮轮毂轴承损坏,轴承外圈松动;制动鼓内有异物;车轮轮辋破碎;车轮轮辋轮胎螺栓孔磨损过大,使轮辋固定不牢。

(3)故障诊断与排除方法

首先将异响发生的工况确定,然后通过一些技术手段或经验确定出发响的部位,根据异响部位的不同判断异响的具体原因,再逐一排除。

项目练习与测试 ▪▪▪

(一)填空题

1.驱动桥由_____、_____、_____和_____等组成。其功用是将万向传动装置传来的发动机转矩传递给驱动轮,实现降速以增大转矩。

2.驱动桥的类型有_____驱动桥和_____驱动桥两种。

3.齿轮啮合的调整是指_____和_____的调整。

4.齿轮啮合的正确印痕应位于_____,并占齿面宽度的_____以上。

5.贯通式主减速器多用于_____上。

6. 两侧的输出转矩相等的差速器,称为_____,也称_____。

7. 对称式差速器用作_____差速器或由平衡悬架联系的两驱动桥之间的_____差速器。

8. 强制锁止式差速器为了使全部转矩传给附着条件好的驱动轮,在差速器中设置了_____,它由_____和操纵装置组成。

9. 滑块凸轮式差速器是利用_____与_____之间产生较大数值的内摩擦力矩,以提高_____的一种高摩擦自锁式差速器。

10. 滑块凸轮式差速器的锁紧系数与凸轮表面的_____和_____有关。

11. 托森差速器的大小取决于蜗杆的_____及传动的_____。

12. 半轴是在_____与_____之间传递动力的实心轴。

13. 半轴的支承形式有_____和_____两种。

(二)判断题

1. 一般来说,当传动轴的叉形凸缘位于驱动桥壳中剖面的下部时,驱动桥内的主减速器是螺旋锥齿轮式主减速器。 (　　)

2. 双速主减速器就是具有两对齿轮传动副的主减速器。 (　　)

3. 当汽车在一般条件下行驶时,应选用双速主减速器中的高速挡,而行驶条件较差时,则采用低速挡。 (　　)

4. 对于对称式锥齿轮差速器来说,当两侧驱动轮的转速不相等时,行星齿轮仅自转不公转。 (　　)

5. 对称式锥齿轮差速器当行星齿轮没有自转时,总是将转矩平均分配给左、右两半轴齿轮。 (　　)

6. 高摩擦自锁式差速器可以根据路面情况的变化,自动地改变驱动轮间转矩的分配。 (　　)

7. 牙嵌自由轮式差速器能在必要时实现汽车的单侧车轮驱动,其锁紧系数为无限大。 (　　)

8. 当采用半浮式半轴支承时,半轴与桥壳没有直接联系。 (　　)

9. 半浮式支承的半轴易于拆装,不需拆卸车轮就可将半轴取下。 (　　)

10. 解放 CA1091 和东风 1090 型汽车均采用全浮式支承的半轴,这种半轴除承受转矩外,还承受弯矩的作用。 (　　)

(三)选择题

1. 行星齿轮差速器起作用的时刻为(　　)。

A. 汽车转弯　　　　　　　　　　B. 直线行驶

C. A、B 情况下都起作用　　　　　D. A、B 情况下都不起作用

2. 单级主减速器中,从动锥齿轮两侧的圆锥滚子轴承预紧度的调整应在齿轮啮合调整(　　)。

A. 之前进行　　　　　　　　　　B. 之后进行

C. 同时进行　　　　　　　　　　D. 之前、之后进行都可

3. 设对称式锥齿轮差速器壳的转速为 n_0,左、右两侧半轴齿轮的转速分别为 n_1 和 n_2,则有(　　)。

A. $n_1 + n_2 = n_0$　　　　　　　　　B. $n_1 + n_2 = 2n_0$

C. $n_1 + n_2 = 1/2n_0$　　　　　　　D. $n_1 = n_2 = n_0$

4. 设对称式锥齿轮差速器壳所得到的转矩为 M_0，左、右两半轴的转矩分别为 M_1、M_2，则有（　　）。

A. $M_1 = M_2 = M_0$　　　　　　　　B. $M_1 = M_2 = 2M_0$

C. $M_1 = M_2 = 1/2M_0$　　　　　　D. $M_1 + M_2 = 2M_0$

5. 全浮式半轴承受（　　）的作用。

A. 转矩　　　　　　　　　　　　　B. 弯矩

C. 反力　　　　　　　　　　　　　D. A、B、C

(四)问答题

1. 驱动桥的功用是什么？每个功用主要由驱动桥的哪个部分实现和承担？

2. 以 EQ1090E 型汽车驱动桥为例，具体指出动力从叉形凸缘输入一直到驱动轮为止的传递路线。

3. 主减速器的功用是什么？

4. 为什么主减速器中的锥齿轮多采用螺旋锥齿轮而不采用直齿锥齿轮？

5. 准双曲面锥齿轮主减速器有何优缺点？使用时应注意什么？

6. 主减速器主动锥齿轮的支承形式有哪几种？各有何特点？

7. 为什么在装配主减速器时，圆锥滚子轴承应有一定的装配预紧度？过紧、过松对其工作性能有何影响？

8. 什么是双速主减速器？它和双级主减速器有何区别？采用双速主减速器的目的是什么？

9. 半浮式半轴与桥壳之间通常只装一个轴承，那么侧向力是如何承受和平衡的？

10. 驱动桥壳的作用是什么？分为几类？各有何优缺点？

汽车行驶系统的拆装与检修

项目 8 车架和车桥的结构与维护

教学准备			
序号	名称		内容
1	实训目标	知识目标	理解车架与车桥的组成、结构以及工作原理
		技能目标	车桥各部件的拆装与检修
2	课堂设计		让学生对典型的汽车车桥进行拆装,然后讲解各元件的检测和维修方法,最后对各形式的车架与车桥进行归纳总结
3	重点		车桥各部件的检修
4	难点		车桥各部件的检修
5	教学设备及工量具		整车、托盘架机、拆装工具等

8.1 车架、车桥维护与检修实践指导

8.1.1 车架的检修

汽车在行驶过程中,由于路面不平产生附加动载荷的作用,加之车架纵梁、横梁以及它们的连接处存在弯曲应力和应力集中,往往引发疲劳裂纹或断裂。车架在使用过程中若发生断裂,后果十分严重。恶劣的工作环境往往使汽车车架锈蚀,这会在很大程度上降低车架的疲劳强度,引起早期失效。还有路面不平产生的冲击振动使螺栓、铆钉等连接松动等。

如果车架出现上述变形、断裂、锈蚀和铆接松动等现象,就会破坏各总成的正确安装位置,不仅会降低汽车的使用寿命,还会影响汽车的正常行驶。因此车架日常维护和检修是十分重要的。

(1)车架维护保养

车架的使用寿命与汽车行驶条件、工作条件以及维护保养密切相关。为保证车架有足够的使用寿命,在使用中应注意以下事项:

①按期清洗车架上的泥垢。清洗时只能用水冲或用毛刷子擦洗,不能用硬铁片铲泥垢,以免造成车架漆层脱落,引起锈蚀。

②定期紧固各部件、总成的连接螺栓。

③避免超载和装载不均匀。

④在崎岖不平道路上行驶时,应降低车速。

⑤带拖车时起步应缓慢,以免挂钩或牵引钩断裂或车架变形。

⑥各部位的漆面破坏后,应及时补好。

(2)车架的检修步骤

车架检修通常在二级保养和大修时进行。

①外观检查。车架检修前应除去锈蚀层和旧漆,然后从外观上寻找车架是否产生严重的弯曲和扭转变形,是否有开裂、脱焊、锈蚀及铆接松动现象。对肉眼不易直接看到的裂纹,可用水将车架清洗干净后再涂上滑石粉,用手锤敲打找出裂纹。

②车架变形的检修。车架产生较大的弯曲和扭斜变形,用肉眼就可以看出。当变形较小时,常采用专用的底盘校正器检查或用拉线法配以 90°角尺、钢直尺等量具来检验。车架扭斜通常通过测量对角线法加以判别。如图 8-1 所示,选择车架上平面较大的平整部位作为基准平面。在钢板弹簧固定支架销承孔轴线或与车架侧面左右等距离的对称点,引出四个在基准面上的投影点,测出四点间对角线的长度差即可。车架各段对角线 1-1、2-2、3-3、4-4 长度差允许值不超过 5 mm。

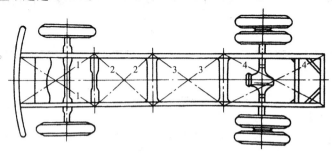

图 8-1 车架扭斜的检查

8.1.2 转向驱动桥的拆装

如图 8-2 所示为桑塔纳轿车前轮转向驱动桥的结构,下面就以此为例对前桥与前悬架进行拆装。

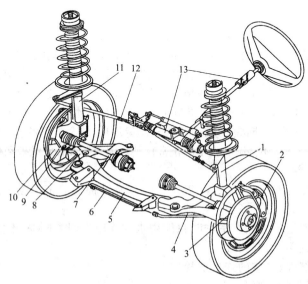

图 8-2 桑塔纳轿车前轮转向驱动桥的结构

1、11—减振器悬架总成;2—前轮制动器总成;3—制动盘;4、8—下摆臂;5—前悬架横梁;6—横向稳定器;
7—半轴总成;9—球形接头;10—制动底板;12—转向横拉杆;13—转向器总成

具体拆装步骤(图 8-3)如下：

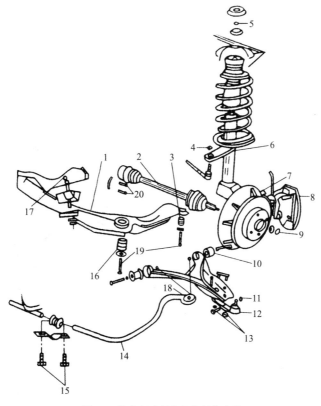

图 8-3　转向驱动桥的具体拆装步骤

1—副车架；2—驱动半轴(传动轴)；3—副车架后橡胶支承；4—转向球头螺母；5、11、17、18—自锁螺母；6—减振器支柱；
7、15、19—紧固螺栓；8—制动钳；9—紧固螺母；10—下摇臂支座；12—下支臂球头；
13—下支臂自锁螺母；14—横向稳定杆；16—副车架前橡胶支承；20—半轴螺栓

①车轮着地，取下车轮装饰罩，旋下轮毂与传动轴的紧固螺母 9，拆下垫圈，旋下车轮紧固螺母(110 N·m)，拆下车轮。

②旋下制动钳紧固螺栓 7，取下制动盘。

③取下制动软管支架，并用铁丝将制动钳固定在车身上。拆下下支臂球头紧固螺栓，如图 8-4 所示。

④拆下转向球头螺母 4，用专用工具 3287A 压下转向横拉杆接头，如图 8-5 所示，取下转向球头螺栓。拧下横向稳定杆的紧固螺栓 15。拧下传动轴与轮毂的固定螺母，拧下半轴螺栓 20。

⑤向下掀压前悬架下摇臂，从车轮轴承壳内拉出传动轴；或利用两个固定车轮凸缘上的螺孔，将压力装置 V.A.G3283 固定在轮毂上，用扳手旋转专用工具压出传动轴，如图 8-6 所示。拆下传动轴后再拆下专用工具。

⑥取下减振器上盖子，支承减振器支柱下部或者沿反方向固定，用内六角棘轮扳手阻止活塞杆的转动，旋下活塞杆上的自锁螺母 5，如图 8-7 所示，取下前悬架总成。

⑦用专用工具压住前悬架弹簧座圈，压紧螺旋弹簧，如图 8-8 所示，拧松弹簧螺母，放松弹簧，拆卸减振器总成。

⑧按照反向的顺序安装前悬架。

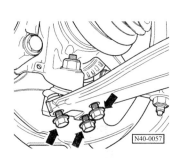

图 8-4　拆下支臂球头紧固螺栓

图 8-5　压下转向横拉杆接头

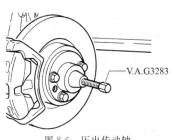

图 8-6　压出传动轴

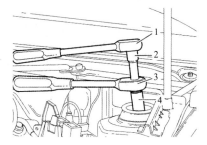

图 8-7　拆下减振器活塞杆上的自锁螺母
1—通用棘轮扳手;2、3、4—减振器拆装专用工具

注意　①用专用工具压紧减振器弹簧时一定要反复检查压紧装置的可靠性,并远离弹簧的压紧方向,防止弹簧弹出伤人。

②不允许对前悬架总成进行焊接或整形处理,不合格的零部件总成应进行更换。

③安装传动轴时,应擦净传动轴与花键齿面上的油污,去除防护剂的残留物。在外万向节(RF节)花键齿面上涂一圈防护剂 D6,然后进行传动轴装配。涂防护剂 D6 的传动轴安装后应停车 60 min,然后才可使用。

④所有螺栓和螺母应按规定力矩拧紧。所有自锁螺母必须更换新件。

8.1.3　支持桥的拆装

以捷达轿车后桥为例,如图 8-9 所示为其结构,后桥支持桥采用纵臂扭转梁式整体悬架,具体拆装步骤如下:

①拆下两侧轮胎,打开制动鼓,将驻车制动器拉锁解开,并从后制动器中抽出。

②分开后桥上的制动软管,并用塑料薄膜包好,防止制动管路进入杂质。

③拆下排气管吊耳,松开车身上支承座螺栓。

④拆下两个减振器下部螺栓,并用托盘架机支承后轴体。

⑤拆下支承座所有螺栓,降下托盘架机,使后轴体总成一起下落,拆下后轴体。

⑥用 17 号长套筒拆下减振器顶部固定螺栓,取下两个后减振器。

⑦后桥的安装遵循拆卸的反向顺序进行,螺丝按照规定力矩拧紧即可。

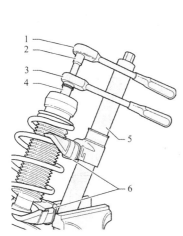

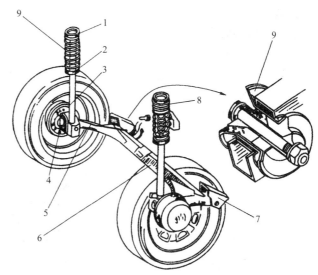

图 8-8　压紧螺旋弹簧
1—通用棘轮扳手；2、3、4—专用工具；
5—压紧装置；6—保持架

图 8-9　捷达轿车后桥结构
1—弹簧上座；2—弹簧下座；3—减振器；4—轮毂；5—纵臂；
6—后轴体；7—后轴体支架；8—螺旋弹簧；9—橡胶金属支承

8.2　车架、车桥相关知识

1.行驶系统的功用

行驶系统的功用是接受传动系统传来的转矩，通过驱动轮与路面的作用产生牵引力，使汽车正常行驶，并承受汽车总重量和地面反力，缓和不平路面对车身造成的冲击，减少汽车行驶中的振动，保持行驶的平顺性。它与转向系统配合，保证汽车的操纵稳定性。

2.汽车行驶系统的结构组成

行驶系统由车架、车桥、悬架及车轮总成四部分组成。如图 8-10 所示，前、后车轮分别安装在前、后车桥上，车桥又通过前、后悬架与车架相连接，车架是整个汽车的装配基体。这样，行驶系统形成一个整体，构成了汽车的装配基础。

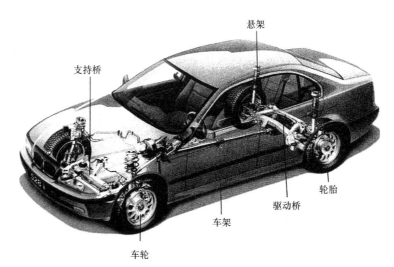

图 8-10　汽车行驶系统的组成

3. 车架

(1)车架的功用

车架是连接各车桥之间的桥梁,其功用是安装汽车的各大总成和部件,使它们之间的相对位置准确无误,并承受各总成部件传递过来的各种静、动载荷。

(2)车架的类型和构造

汽车上的车架按其结构形式不同可分为边梁式、中梁式、综合式、无梁式等几种。它们的构造如图 8-11 所示。

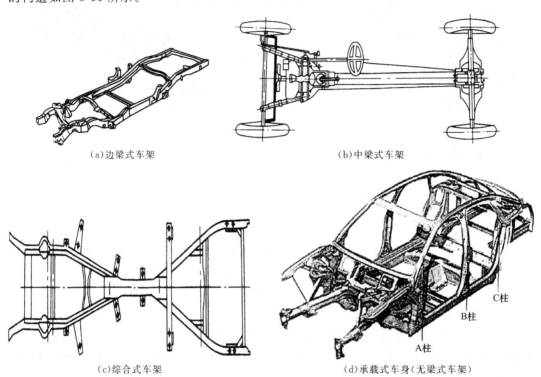

(a)边梁式车架　　　　　　　　　　　(b)中梁式车架

(c)综合式车架　　　　　　　　　　(d)承载式车身(无梁式车架)

图 8-11　车架的构造

4. 车桥

车桥是安装车轮和固定车轮的部件,它通过悬架与车架或车身相连接,并通过悬架传递车轮与车架之间的作用力及其所产生的弯矩和扭矩。车桥的功用是承受汽车的载荷,维持汽车在道路上的正常行驶。

根据悬架结构的不同,车桥分为整体式和断开式两种。整体式车桥是刚性的实心或空心梁,它与非独立悬架配用。断开式车桥为活动关节式结构,它与独立悬架配用。根据车桥的功用,车桥又可分为转向桥、驱动桥、转向驱动桥和支持桥四种,其中转向桥和支持桥都属于从动桥。一般汽车多以前桥为转向桥,后桥为驱动桥;越野汽车和部分轿车的前桥为转向驱动桥;挂车上的车桥都是支持桥。驱动桥已在传动系统中叙述,支持桥除不能转向外,其他功能和结构与转向桥基本相同。

项目练习与测试

(一)填空题

1.汽车行驶系统由_____、_____、_____、_____四部分组成。

2.载货汽车的车架一般分为_____、_____和_____三种,EQ1091、CA1092型汽车采用的是_____车架。

3.根据车桥作用的不同,车桥可分为_____、_____、_____和_____四种。

4.转向桥由_____、_____、_____和_____等主要部分组成。

(二)解释术语

1.承载式车身

2.转向驱动桥

(三)判断题

1.有的汽车没有车架。   (   )

2.一般载货汽车的前桥是转向桥,后桥是驱动桥。   (   )

3.越野汽车的前桥作用通常是转向兼驱动。   (   )

4.转向横拉杆都是直的。   (   )

(四)选择题

1.汽车的装配体是(   )。

A.车架   B.发动机

C.车身   D.车轮

2.解放CA1092型汽车的车架类型属于(   )。

A.边梁式   B.无梁式

C.中梁式   D.综合式

3.越野汽车的前桥属于(   )。

A.转向桥   B.驱动桥

C.转向驱动桥   D.支承桥

4.目前轿车采用发动机前置前轮驱动的很多,在发动机前置前轮驱动的轿车中前桥是(   )。

A.驱动桥   B.转向桥

C.转向驱动桥   D.支承桥

5.以下不属于转向桥的部件是(   )。

A.前轴   B.转向节

C.轮毂   D.转向横拉杆

(五)问答题

1.汽车行驶系统的作用是什么?

2.车架的作用是什么?对车架有什么要求?

3.转向桥的作用是什么?

（六）案例分析题

一位车主刚购买了一辆二手的桑塔纳 2000 型轿车，里程表显示行驶总里程为 60000 km，在其驾驶的过程中，感觉车辆行驶方向不稳发飘，车速越快越严重，使用一段时间后发现前轮轮胎磨损很快且不均匀。

（1）试说出你对此故障现象原因的想法，对此车主提出你的解决方案。

（2）请根据故障现象和任务要求，确定所需要的检测仪器、工具，并对小组成员进行合理分工，制订详细的诊断和修复计划。

项目 9 汽车四轮定位

教学准备			
序号	名称		内容
1	实训目标	知识目标	了解四轮定位各项参数的作用
		技能目标	学会使用四轮定位仪; 会在车上调节各项数据
2	课堂设计		在老师的带领下对实车的四轮定位进行调整,最后分析各项参数的作用以及可能引起的现象
3	重点		四轮定位仪的使用; 理解四轮定位的参数
4	难点		四轮定位仪的使用
5	教学设备及工量具		实车、四轮定位仪、调整工具等

9.1 四轮定位实践指导

1. 对汽车的要求

车轮定位参数的静态检测可利用四轮定位仪进行,在检测车轮定位参数之前,应先检查被测车辆,使其满足下列条件:轮胎充气压力符合规定值;轮胎尺寸一致;车轮轴承间隙正常;悬架系统的球头销无过大间隙;制动器制动可靠;油液加满;汽车空载。

2. 检测前的准备

(1)询问车主有关车辆行驶方面的问题和出现的现象,过去四轮定位的检测情况,并了解汽车的生产国家、生产厂家、车款、车型及出厂年代等有关情况。

(2)将汽车驶到举升机上,使前轮正好位于转角盘正中心,如图 9-1 所示;汽车停稳后,拉紧驻车制动器操纵杆,以确保车辆不移动和人员安全。汽车驶入举升机前,用锁紧销将转角盘锁紧,防止其转动;汽车停稳后,松开锁紧销,如图 9-2 所示。

(3)将轮夹(车轮夹具)安装在四个车轮上,并旋转手柄以锁紧轮夹,如图 9-3 所示。根据实际情况将卡爪固定在轮辋外圈或内圈,卡爪深浅应一致,并尽量避免卡在变形比较大的区域,还要注意不要划伤轮毂。为了安全起见,必须用轮夹绑带把轮辋和轮夹绑在一起。

将汽车开上举升工位之前要将转角盘和侧滑板固定销插上,汽车驶入时确保轮子分别落入转角盘正中心

图 9-1 将车前轮压至转角盘正中心

图 9-2 松开锁紧销

将四爪夹具牢固、横向分别安装在四个轮辋外圈上

图 9-3 安装轮夹

(4)将传感器安装在轮夹的轴套上,并适当紧固,如图 9-4 所示;调节传感器使水平仪气泡处于中间位置,以保证传感器处于水平状态,屏幕上会显示所有传感器"OK",如图 9-5 所示。

将传感器挂在夹具上,适当锁紧

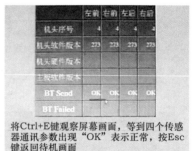

将Ctrl+E键观察屏幕画面,等到四个传感器通讯参数出现"OK"表示正常,按Esc键返回待机画面

图9-4　将四个传感器分别固定在轮夹的轴套上　　　图9-5　传感器水平气泡正常

（5）将四轮定位仪的电源插头插入标准的三相电源插座中,并开机。

（6）将制动踏板固定架下端顶在制动踏板上,上端卡在座椅上撑紧,以使车辆固定,如图9-6所示。

3. 检测调整数据

（1）将车辆信息输入到定位仪中,如图9-7所示,根据提示进行选择和调整。

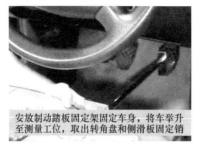

安放制动踏板固定架固定车身,将车举升至测量工位,取出转角盘和侧滑板固定销

图9-6　安装制动踏板固定架　　　图9-7　选择并调整车辆参数和型号

（2）根据系统提示转动方向盘并对中,如图9-8所示。然后安装方向盘固定架,如图9-9所示。

（3）如图9-10所示,将指针调整到中间的蓝色区域,蓝色区域表示数据正常,红色区域表示数据不正常,下面就对四轮数据进行调整。

先左打方向盘,再右打方向盘,最后打正方向盘,转动完方向盘后软件自动进入到显示界面

调整前轮定位角度前,必须先将方向盘打正,再用方向盘固定器锁定方向盘,然后按F4键

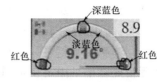

图9-8　根据提示转动方向盘　　　图9-9　安装方向盘固定架　　　图9-10　将数据箭头调整到蓝色区域

调整顺序遵循先调后桥,再调前桥,先调后倾角,再调外倾角,最后调整车轮前束值。前桥的主销后倾角、主销内倾角以及后桥外倾角、车轮前束值都是不可调整的。

①调整前桥外倾角。因为调整车轮外倾角需要拆卸悬架螺栓,因此需要对汽车进行二次举升。新宝来轿车的前桥外倾角只能通过移动副车架方可轻微改变,松开螺栓1～5,只要可移动副车架即可,移动至两侧外倾角相等即可,检查好主销后倾角之后更换新螺栓固定好副车架,如图9-11所示。

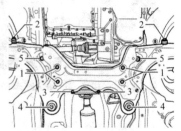

图9-11　移动副车架调整前桥外倾角

②前轮前束的调整。如图 9-12 所示，松开转向横拉杆锁紧螺母，用 13 号开口扳手旋转转向横拉杆（箭头处）来改变其长度，起到调整前束的目的，将前束指示箭头调整到绿色区域，转向横拉杆保持原位不动，同时拧紧锁紧螺母（50 N·m）。

注意　为防止损坏转向防尘套，调整前将防尘套卡箍拆下。

③检查左右两侧转向角是否相等。如图 9-13 所示，将方向盘分别打到左、右两极端测出距离 a 和 b。a 和 b 的距离必须相等，如果不相等，可以调整左、右转向横拉杆的长度来进行调整。

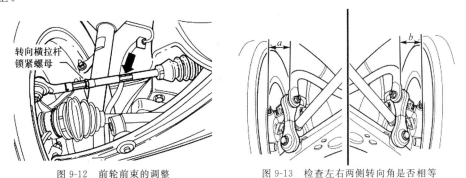

图 9-12　前轮前束的调整　　　　图 9-13　检查左右两侧转向角是否相等

注意　①调整时一定要保证左、右调整量相同，否则会改变前束值。

②调整前松开转向防尘套卡箍，调整后检查防尘套有无扭曲。

4.定位后的检查

(1)对紧固后的螺栓逐一进行排查，确认是否有遗漏。

(2)将车轮传感器及制动器和方向盘锁都取下，恢复原位。

(3)进行路试，观察汽车的行驶稳定性，包括是否跑偏、转向是否自动回位、转向是否轻便等。

9.2　四轮定位相关知识

转向轮定位是为了保证汽车直线行驶稳定、转向后能自动回正和减少轮胎的磨损，转向轮、转向节与前轴三者之间应保持一定的安装位置，称为转向轮定位。通过确定主销后倾角、主销内倾角、车轮外倾角和前束值四个参数，可以实现转向轮定位。

1.主销后倾

安装在前轴上的主销，其上端略向后倾斜，叫作主销后倾。在汽车纵向铅垂面内轴线与铅垂线之间的夹角 γ，叫作主销后倾角，如图 9-14 所示。

主销后倾的作用是保持汽车直线行驶的稳定性，并使汽车转弯后车轮能自动回正。

2.主销内倾

前轮主销上端略向内侧倾斜，这种现象称为主销内倾。在垂直于汽车支承平面的横向平面内，主销轴线与汽车支承平面垂线之间的夹角 β 称为主销内倾角，如图 9-15 所示。

主销内倾的作用是使转向轮自动回正，并使转向操纵轻便。

主销后倾和主销内倾都具有使车轮自动回正及保证汽车直线行驶稳定性的作用，其区别在于主销后倾的回正作用随着车速的增高而增大，而主销内倾的回正作用几乎与车速无关。

3. 车轮外倾

安装在车桥上的车轮,其旋转平面上端向外倾斜,这种现象称为车轮外倾。车轮旋转平面与汽车纵向铅垂平面之间的夹角 α 称为车轮外倾角,如图 9-16 所示。

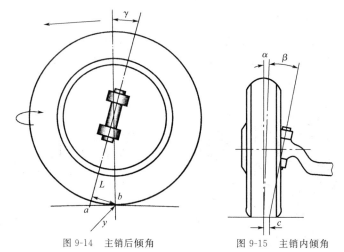

图 9-14 主销后倾角   图 9-15 主销内倾角

车轮外倾的作用是为了提高车轮行驶的安全性和转向操纵轻便性。

后轮外倾和前轮外倾一样,均对车轮轮胎磨损和操纵性有影响。理想状态是四个车轮的运动外倾角均为零,这样轮胎和路面接触良好,从而得到最佳的牵引性能和操纵性能。

后轮外倾角不是静态的,它随悬架的上下移动而变化,车辆加载后悬架下沉就会引起车轮外倾角改变。为了对荷载和悬架机构的磨损进行补偿,后悬架采用独立悬架的大多数车辆常有一个较小的正后轮外倾角。

4. 前轮前束

汽车两个前轮的旋转平面不平行。前端略向内收,这种现象叫作前轮前束。两轮前端距离 B 与后端距离 A 的差值即为前束值,如图 9-17 所示。

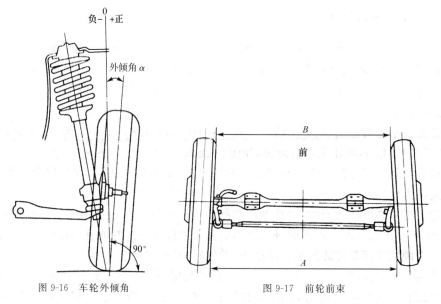

图 9-16 车轮外倾角   图 9-17 前轮前束

前轮前束的作用是减小或消除汽车前进中因车轮外倾和纵向阻力致使车轮前端向外滚开造成的滑移。

5. 后轮前束

如同前轮前束一样,后轮前束也是后轮定位的一项重要内容。如果后轮前束不当,后轮轮胎也会产生磨损,其影响程度与前轮前束相同。

前束测量值在规定范围内,并不意味着车轮一定能正确定位,尤其对后轮前束测量值来说更是如此。如果一侧后轮前端向内偏斜量与另一侧后轮前端向外偏斜量相等,那么后轮前束值将在规定的范围内。但由于后轮与纵轴线不平行,车辆也会跑偏。

项目练习与测试

(一)填空题

前轮定位包括_____、_____、_____和_____四项内容。

(二)判断题

1. 汽车在使用中,一般只调整前轮定位中的前束。 ( )

2. 转向轮偏转时,主销随之转动。 ( )

3. 汽车行驶过程中,转向轻便与否和转向轮定位角无关。 ( )

4. 汽车行驶过程中,主销后倾角与车轮外倾角的变化会造成前束的变化。 ( )

5. 主销后倾角变大,转向操纵力增加。 ( )

(三)选择题

1. 转向轮绕着( )摆动。

A. 转向节 B. 主销

C. 前梁 D. 车架

2. 前轮定位中,转向操纵轻便主要是靠( )。

A. 主销后倾 B. 主销内倾

C. 前轮外倾 D. 前轮前束

3. 提高汽车行驶安全性的前轮定位参数是( )。

A. 前轮前束值 B. 前轮外倾角

C. 主销内倾角 D. 主销外倾角

4. 前轮前束可通过改变转向横拉杆的长度来调整,使两轮的前后距离差值符合规定要求,一般此值小于( )。

A. 0~6 mm B. 15~20 mm

C. 12~20 mm D. 0~12 mm

5. 主销轴线和地面垂直线在汽车纵向平面内的夹角是( )。

A. 主销后倾角 B. 主销内倾角

C. 前轮外倾角 D. 前轮前束

6. 汽车行驶时,会使两转向前轮同时向内侧滑的是( )。

A. 主销内倾 B. 主销后倾

C. 前轮前束 D. 前轮外倾

7.前轮前束是为了消除（　　）带来的不良后果。

A.车轮外倾　　　　　　　　　　B.主销后倾

C.主销内倾　　　　　　　　　　D.车轮偏转

8.改变转向横拉杆的总长度,可以改变（　　）。

A.外倾角　　　　　　　　　　　B.转向角

C.主销后倾角　　　　　　　　　D.前束值

9.轮胎外侧胎肩磨损是因为（　　）。

A.主销后倾角调整不当　　　　　B.车轮外倾角过大

C.两侧车轮转向的角度不一样　　D.车轮内倾角过大

10.主销后倾角可以改善（　　）。

A.转向回位能力并防止车辆颠簸　B.轮胎磨损和推力角

C.方向稳定性和推力角　　　　　D.上述答案都不对

11.转向负前束（　　）。

A.是负的车轮前束

B.是可以直接调整的

C.是外侧车轮比内侧车轮转动角度大的现象

D.是外侧车轮比内侧车轮转动角度小的现象

12.下列各因素中对轮胎磨损影响最大的是（　　）。

A.主销后倾角　　　　　　　　　B.推力角

C.车轮前束　　　　　　　　　　D.转向轴线内倾角

13.进行车轮定位为了（　　）。

A.保证汽车的制动效能　　　　　B.保证汽车的操纵性能

C.保证汽车的乘坐舒适性　　　　D.以上全部

14.进行车轮定位时,应（　　）。

A.先调整前束　　　　　　　　　B.先调整主销后倾角和车轮外倾角

C.先测量转向负前束　　　　　　D.先调整单边前束

(四)简答题

1.什么是转向轮定位?

2.什么是主销后倾?

3.什么是主销内倾?

4.什么是前轮外倾?

5.什么是前轮前束?

(五)案例分析题

一辆2005年丰田霸道吉普车,行驶里程为98000公里(无事故)。驾驶员反映车辆在行驶过程中,出现快踩油门加速时车辆自动向左偏驶,急收油门减速时车辆会自动向右偏驶。车速越快症状越明显。请帮助车主分析故障原因并提出维修建议。

项目 10   车轮扒胎

教学准备			
序号	名称		内容
1	实训目标	知识目标	了解轮胎的分类、型号等相关知识
		技能目标	熟练掌握轮胎的拆装更换的具体流程及注意事项
2	课堂设计		以小组为单位,进行实际轮胎拆装操作,然后对轮胎相关知识进行回顾
3	重点		轮胎拆装更换的具体流程及注意事项
4	难点		轮胎拆装更换的具体流程及注意事项
5	教学设备及工量具		整车、扒胎机、肥皂水、抹布等

10.1   车轮的拆装与扒胎实践指导

1. 轮胎的拆卸

(1)停稳车辆,用三角木掩住各车轮,并将举升机支承臂支到车辆的架车点上。

(2)取下车轮上的装饰罩,弄清汽车左、右侧车轮与轮毂连接螺栓的螺旋方向,使用车轮螺母拆装机或用套筒扳手初步拧松各连接螺母。

(3)升起车辆,使车轮稍离开地面。

(4)拧下车轮与轮毂连接的全部螺母,并摆放整齐。

(5)取下轮胎并放在轮胎架上。

注意 ①松开螺母时应按对角线顺序。

②如果轮辋与轮毂由于锈蚀粘连,可以将其踹下。

2. 轮胎的安装

(1)将轮胎放在轮毂上并对中螺孔,将螺栓用手全部拧入。

(2)用工具将螺栓拧紧。

(3)将车辆降下,使车轮着地,用扭力扳手按照对角线的顺序用规定力矩拧紧。

(4)装上轮辋罩。

注意 ①拧入轮胎螺栓时严禁直接使用工具,那样会损坏螺栓螺纹。

②一定要将所有轮胎螺栓都拧紧再降下汽车,否则可能导致螺栓损坏。

3. 车轮扒胎

(1)用气嘴扳手拆下气嘴芯,放出轮胎中的空气,将旧的平衡块去除。

(2)用轮胎拆装机将轮胎扒下,主要步骤如图 10-1 所示。

(a)扒胎机的三个操作开关

(b)踩下中间踏板开关,使轮胎
与轮辋粘连部分分离

(c)扒胎机上的固定夹

(d)控制左侧开关,将轮胎
固定在扒胎机上

(e)调整好立臂位置,用滚轮将
胎侧压下,并涂肥皂水

(f)用撬棍将胎口撬出

(g)踩下旋转开关,使轮胎顺时
针旋转,扒下轮胎外口

(h)用撬棍撬起内口,使轮胎
顺时针旋转,扒下内口

(i)取下旧轮胎

(j)将新轮胎涂抹肥皂水

(k)顺时针旋入内口

(l)调整立臂和压杆

图 10-1　车轮扒胎主要步骤组图

(3)最后将轮胎充气,检查气嘴及轮胎口是否漏气,调整至规定气压。

注意　①整个过程要佩戴手套,安全操作。

②注意立臂与轮辋的距离,防止划伤轮辋。

③注意轮胎装配标记,不要装反(生产日期或 TOP 标志朝上,红点对准气嘴)。

10.2 轮胎相关知识

轮胎由橡胶制成,安装在轮辋上,与轮辋组成车轮,与地面接触。它是行驶系统的主要组成部分。

1. 轮胎的功用

轮胎的功用:支承汽车及货物的总质量;保证车轮和路面的附着性,以提高汽车的牵引性、制动性和通过性;与汽车悬架一同减少汽车行驶中所受到的冲击,并衰减由此而产生的振动,以保证汽车有良好的乘坐舒适性和平顺性。

2. 轮胎的结构

以无内胎轮胎为例,如图 10-2 所示,无内胎轮胎俗称真空胎,在外观上与有内胎轮胎相似,但是没有内胎及垫带。它的气门嘴用橡胶垫圈和螺母直接固定在轮辋上,空气直接充入轮胎中,其密封性由胎圈和轮辋来保证。真空胎主要由胎面、胎肩、胎侧、胎圈、气密层、帘布层和缓冲层组成。

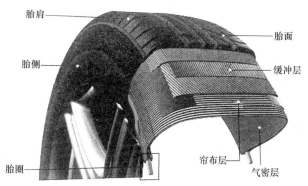

图 10-2　真空胎结构

真空胎一旦被刺破,穿孔不会扩大,故漏气缓慢,胎压不会急剧下降,仍能继续行驶一定距离,可消除爆胎的危险。因无内胎,摩擦生热少、散热决,适于高速行驶。此外,真空胎结构简单,质量较小,维修也方便。但真空胎必须配用深槽式轮辋,其在轿车上应用广泛。

3. 轮胎的种类

按胎体结构,轮胎可分为充气轮胎和实心轮胎;按轮胎内空气压力的大小,充气轮胎分为高压胎(0.5～0.7 MPa)、低压胎(0.15～0.45 MPa)和超低压胎(0.15 MPa 以下);按保持空气方法,充气轮胎分为有内胎轮胎和无内胎轮胎;按胎体帘线黏结方式,充气轮胎分为普通斜交轮胎和子午线轮胎。

4. 轮胎的规格

充气轮胎尺寸的标记如图 10-3 所示,其中,D 为轮胎外径;d 为轮胎内径;H 为轮胎断面高度;B 为轮胎宽度。轮胎断面高度 H 与宽度 B 之比称为轮胎的高宽比(以百分比表示,即 $H/B \cdot 100\%$),又称为扁平率,通常高宽比有 80%、75%、70%、60%、55%等。

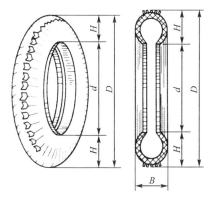

图 10-3　充气轮胎尺寸的标记

轿车轮胎规格的表示方法如图 10-4 所示。

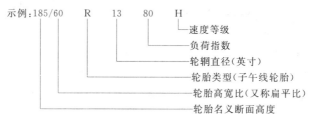

图 10-4　轿车轮胎规格的表示方法

项目练习与测试

(一)解释术语

1.子午线轮胎　2.$D \times B$ 轮胎　3.$B-d$ 轮胎

(二)判断题

1.一般情况下,如果汽车车轮动平衡,那么它一定静平衡。　　　　　　　　(　　)

2.由于子午线轮胎和普通斜线轮胎使用相同的轮辋,故可以同车混装不同的轮胎。(　　)

3.安装越野车转向轮胎时,人字花纹尖端应与汽车前进的方向相反。　　　　(　　)

4.现在一般汽车均采用高压胎。　　　　　　　　　　　　　　　　　　(　　)

5.越野汽车轮胎的气压比一般汽车的高。　　　　　　　　　　　　　　(　　)

6.轮胎的层数是指帘布层的实际层数。　　　　　　　　　　　　　　　(　　)

7.一般汽车的前轮比后轮的气压高。　　　　　　　　　　　　　　　　(　　)

(三)选择题

1.连接轮盘和半轴凸缘的零件是(　　　)。

A.轮毂　　　　　　B.轮辋　　　　　　　C.轮辐　　　　　　D.轮胎

2.外胎结构中,起承受负荷作用的是(　　　)。

A.胎面　　　　　　B.胎圈　　　　　　　C.帘布层　　　　　D.缓冲层

(四)简答题

1.轮胎的作用是什么?

2.为什么要推广使用子午线轮胎?

3.说明轮胎规格"195/65　R　15　91　H"中各项数字和字母的含义。

(五)分析题

观察图 10-5,试分析造成这些轮胎不正常磨损的原因有哪些。

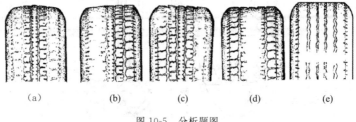

(a)　　　　　　(b)　　　　　　(c)　　　　　　(d)　　　　　　(e)

图 10-5　分析题图

项目 11　车轮动平衡试验

教学准备			
序号	名称		内容
1	实训目标	知识目标	了解车轮动平衡引起的故障现象； 知晓车轮常见故障现象及原因
		技能目标	学会独立做车轮平衡试验
2	课堂设计		先对车轮动平衡机的使用方法及注意事项进行讲解，然后分组进行车轮动平衡调整
3	重点		使用车轮动平衡机
4	难点		车轮动平衡的调整
5	教学设备及工量具		整车、车轮动平衡机、抹布

11.1　车轮动平衡试验实践指导 ▪▪

　　汽车运行时车轮高速转动，车轮不平衡能够引起振动。因此，当拆卸车轮时或更换轮胎后都要进行车轮动平衡试验。

　　如图 11-1 所示为车轮动平衡机的主体结构，它由主机、平衡轴、测量尺、轮罩、控制面板、平衡块槽、挂柄等部分组成。

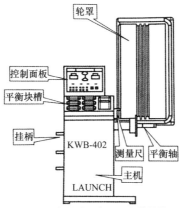

图 11-1　车轮动平衡机的主体结构

车轮动平衡试验的具体步骤如下：

（1）去除轮胎上的杂物和旧的平衡块，将轮胎气压调整到正常值。

（2）将车轮固定在平衡轴上，操作车轮动平衡机，其实施过程如图 11-2 所示。

(a)控制面板上数据 a、b、d

(b)用测量尺测出数据 a

(c)用卡尺测出数据 b

(d)将数据 a、b、d 输入到动平衡机内

(e)拉下轮罩进行试验

(f)仪器测出不平衡误差

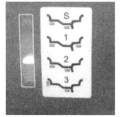
(g)按控制面板上的 ALU 按键

(h)找出相应大小铅块砸在轮辋边缘

(i)再次试验动平衡,数值正常

图 11-2　车轮动平衡试验操作过程组图

注意　控制面板上的 d 数值表示轮辋直径,可从轮胎型号上获得。做完动平衡试验后进行装车路试。有些铝合金轮辋动平衡块是粘在轮辋上的。

11.2　车轮相关知识

1.车轮的功用和组成

车轮是介于轮胎和车桥之间承受负荷的旋转组件。其功用是安装轮胎,承受轮胎与车桥之间的各种载荷的作用。

车轮一般由轮毂、轮辋和轮辐组成。轮毂通过圆锥滚子轴承套装在车桥或转向节轴颈上,用于连接车轮与车桥。轮辋也叫作钢圈,用于安装轮胎,与轮胎共同承受作用在车轮上的负荷,并散发高速行驶时轮胎上产生的热量,保证车轮具有合适的断面高度和横向刚度。轮辐用于将轮毂和轮辋连接起来,并通过螺栓与轮毂连接起来。

2.轮胎不正常使用引起的故障

轮胎磨损故障现象为:汽车行驶中出现前、后、左、右轮胎磨损不均匀或者某个轮胎本身磨损不均匀现象。主要标准是轮胎底部花纹中 1.6 mm 深的磨损指标条,若其已经磨去时,表明轮胎花纹深度已经接近规定的最小值,很难保证其附着性和安全性,应立即更换。

(1)未按时进行轮胎换位

轮胎安装位置不同,工作条件和承受负荷不同,因而磨损程度不同。一般后轮轮胎的负荷大于前轮,经常靠右行驶的汽车,右侧轮胎负荷大于左侧。

（2）轮胎气压过低或超载

轮胎气压过低或超载时，轮胎的变形量增大，胎面的外部与路面接触面积增大，使胎冠两侧形成早期磨损，并使胎内帘布层之间、帘布层与橡胶之间的摩擦加剧，轮胎升温快，加速轮胎磨损和早期损坏，如图 11-3（a）所示。

（3）轮胎气压过高

轮胎气压过高时，轮胎变形量比气压正常时要小，轮胎与地面的接触面积减小，加速轮胎中部的磨损，帘布层易断裂，并使轮胎承受的应力增大，遇冲击负荷时易爆胎，如图 11-3（b）所示。

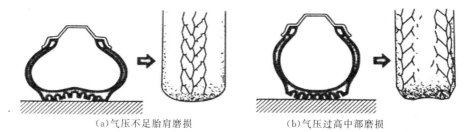

（a）气压不足胎肩磨损　　　　　　　（b）气压过高中部磨损

图 11-3　轮胎气压不正常时引起的磨损

（4）车轮外倾角过大或过小

车轮朝外或朝内的倾斜太大，会使轮胎一侧的负荷过重，产生单边磨损，如图 11-4 所示。

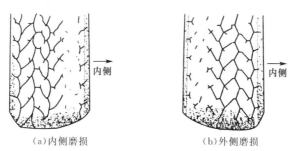

（a）内侧磨损　　　　　　　　　（b）外侧磨损

图 11-4　外倾角过大或过小引起的偏磨

（5）前束过大、过小或轮胎长期超载

前束过大或过小，会造成轮胎侧面受力增大，滚动方向不正确，使轮胎胎面呈锯齿状磨损，即胎面花纹的一条锐边被磨成小圆角。用手触摸能感觉到一条锐边的存在，如图 11-5 所示。

汽车如果长期超载，将使轮胎的负荷过大，降低轮胎的使用寿命。

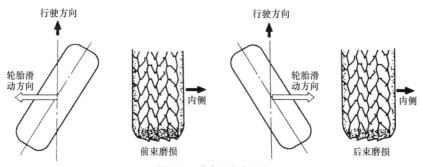

图 11-5　前束过大或过小

（6）轮胎不平衡、轮毂松旷。

（7）轮胎局部受力过大，使轮冠呈波浪状或蝶形磨损。

项目练习与测试 ▪ː

在车轮拆卸、动平衡试验的实施过程中，完成表 11-1 中内容的填写。

表 11-1   车轮拆卸、动平衡试验数据

序号	项目	内容
1	轮胎规格是多少？	
2	轮胎的宽度是多少？	
3	轮辋直径是多少？	
4	轮胎可允许的最大车速是多少？	
5	轮胎胎面槽深是多少？	
6	轮胎磨损及磨损状况好还是不好？	
7	胎侧有轮胎换位标记吗？	
8	胎侧有磨损指示器吗？	
9	车轮和轮胎胎圈座状况	
10	车轮损伤	
11	轮胎胎侧损伤	
12	异常的胎面磨损	
13	是否缺少平衡配重	
14	轮胎的充气压力应是多少？现在是多少？	
15	在什么条件下必须检查轮胎充气压力？	
16	轮辋宽度是多少？	
17	要平衡的轮胎需要多少质量？	内侧（　　）g　　外侧（　　）g
18	车轮螺母的拧紧力矩的技术参数是多少？	

项目 12 悬架的检修

教学准备			
序号	名称		内容
1	实训目标	知识目标	了解各种悬架的区别及优缺点
		技能目标	会对悬架进行检修
2	课堂设计		在老师的带领下认知各种悬架,然后讲解检修方法,最后对各种悬架进行实际检修
3	重点		悬架的检修
4	难点		电控悬架的结构组成与控制原理
5	教学设备及工量具		底盘认知台架、整车,检测工具等

12.1 悬架的检修实践指导 ◢◢

悬架技术状况变差,首先影响汽车的减振性,增加汽车的冲击荷载,加剧汽车零部件的损坏,也增加运输中的货损货耗,更重要的是破坏了车轮正常的运动状态,造成汽车的操纵性能、制动性能变差,对交通安全构成潜在威胁。

12.1.1 非独立悬架的检修

1. 钢板弹簧的检修

汽车钢板弹簧的主要损伤是断裂、弹力减弱及磨损。

在检修时采用直观检视法。钢板弹簧如有裂纹、折断及厚度明显变薄等应予更换。更换新的钢板弹簧时,其长度、宽度、厚度及弧高应符合原厂规定;不得将长片裁成短片代用。钢板弹簧的折断,通常是前钢板弹簧比后钢板弹簧严重,经常发生在第一片卷耳与第二道夹子的附近,各片易损坏处是在上、下片端部的对应处。钢板弹簧弹性减弱,表现为弧高的减小。因此,检验其弧高的变化量 T,即可判断出钢板弹簧弹性的减弱程度。一般是在弹性试验器上检验有负荷或无负荷下弧高的减小量;也可用样板(新片)进行靠合试验。要求左、右钢板弹簧的总片数相等,总厚度差不大 5 mm,弧高差不大于 10 mm。

钢板弹簧装配时,应注意以下问题:

①装配前,应将钢板弹簧上的污泥、铁锈等清除干净,并在各片间涂抹石墨润滑脂。

②有中心孔的,其中心螺栓应按规定的力矩拧紧。

③钢板弹簧固定卡应按规定数量配齐。卡子内侧与钢板弹簧两侧的间隙为 0.7～1 mm,卡子套管与钢板弹簧顶面的距离为 1～3 mm,以保证各片弹簧可以自由伸缩。

④各卡子螺栓应从远离轮胎的一侧穿入,以防止使用中螺栓松动窜出,刮伤轮胎。

⑤已装配好并压紧的钢板弹簧,片与片之间应紧密配合,相邻两片在总接触长度 1/4 的长度内,间隙应不大于 1.2 mm。

2.减振器的维修

目前,汽车上广泛采用的是双向作用筒式减振器。减振器在使用过程中如出现油液渗漏、阀门关闭不严或不能开启等现象,会使减振效能降低或失效,应进行检修或更换。

12.1.2　独立悬架的检修

独立悬架使车桥两侧车轮各自独立地与车架或车身弹性连接,以适应路面的变化。

在悬架弹性元件一定的变形范围内,汽车两侧车轮可以单独运动,互不影响,可减少行驶时车架和车身的振动,而且可有效地防止转向轮的摆动。使用独立悬架时,因悬架质量小,从而可提高汽车的行驶平顺性。

独立悬架通常采用断开式车桥,发动机总成的位置可以降低和前移,使汽车重心下降,提高了汽车的行驶稳定性,同时能给予车轮较大的运动空间。因此,可以把悬架刚度设计得较小,使车身振动频率降低,从而改善行驶的平顺性和乘坐的舒适性。正是由于上述优点,独立悬架被广泛地应用于现代汽车上,国产轿车的前悬架都采用了独立悬架。

上海桑塔纳轿车的前悬架系统由减振支柱、横向稳定杆、下摆臂等组成,是一种车轮沿摆动的主销轴线移动的麦弗逊式独立悬架。上海桑塔纳轿车的悬架修理时,应检查各零件有无裂纹、变形和损坏,减振器是否失效和漏油,螺旋弹簧弹力是否符合要求等。如发现损坏应予以更换。除此之外,还应检查各连接球头有无松旷,检查方法如下:

(1)沿车轮纵向晃动车轮,观察是否松旷,如图 12-1 所示。

(2)将车轮转动 90°继续晃动,即检查车轮的横向摆动。

经过前两步的检查有如下判断:

①如果车轮纵向松旷而横向不松旷,则检查下摆臂球头是否损坏,检查方法如图 12-2 所示。

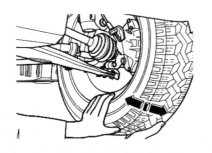
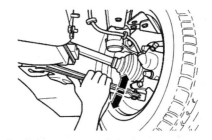

图 12-1　纵向晃动车轮　　　　　　　图 12-2　下摆臂球头的检查

②如果车轮纵向不松旷而横向松旷,则检查转向球头是否损坏。

③如果车轮横向和纵向都松旷,还有可能是轮毂轴承损坏或轴承螺母松动。

(3)用撬棍撬动下摆臂橡胶套是否松旷,如果松旷可单独更换橡胶套。安装时,应注意各铰接部分的装配,保证转动灵活而无松动;安装横向稳定杆时,必须使横向稳定杆的弯曲部分向下,使安装位置留出适当的余隙,以便安装卡箍。

12.2　悬架相关知识

悬架是车架(或承载式车身)与车桥(或车轮)之间一切传力连接装置的总称,其功用是弹性连接车桥与车架或车身,把路面作用于车轮上的垂直反力、纵向反力和侧向反力及由这些反力所形成的力矩都传递到车架上,并衰减由弹性系统引起的振动,以保证汽车的正常行驶。

12.2.1　悬架的基本组成

现代汽车的悬架虽有不同的结构形式,但一般都是由弹性组件、减振器和导向机构三部分组成的,如图 12-3 所示。

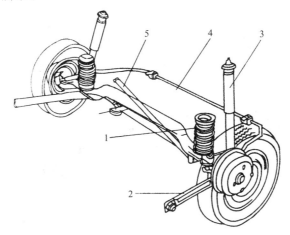

图 12-3　悬架组成示意图
1—弹性元件;2—纵向导向装置;3—减振器;4—横向稳定杆;5—横向导向装置

12.2.2　悬架的分类

汽车悬架根据导向机构的不同可分为非独立悬架和独立悬架,如图 12-4 所示。图 12-4(a)所示为非独立悬架,其结构特点是两侧的车轮由一根整体式车轿相连,车轮连同车桥一起通过弹性悬架悬挂在车架(或车身)的下面。采用独立悬架时,车桥都做成断开的,如图 12-4(b)所示。独立悬架的两侧车轮分别独立地与车架或车身弹性连接,当一侧车轮受到冲击时,其运动不会影响另一侧车轮。由于独立悬架的车桥是断开的,可以使发动机降低安装位置,有利于降低汽车重心,并使结构紧凑。独立悬架允许前轮有较大的跳动空间,这样便于选择较软的弹性组件,使汽车的平顺性得到改善。

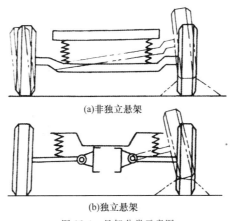

(a)非独立悬架

(b)独立悬架

图 12-4　悬架分类示意图

12.2.3 常用独立悬架的结构

1.麦弗逊式独立悬架

麦弗逊式独立悬架是以发明者 Macphersan 的名字命名的,是在中级以下轿车中使用很广泛的一种悬架,其结构如图 12-5 所示。

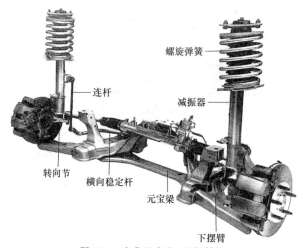

图 12-5　麦弗逊式独立悬架结构

这种悬架由减振器、螺旋弹簧、A 字形下摆臂组成,绝大部分车型还会加上横向稳定杆。减振器与套在它外面的螺旋弹簧合为一体,构成悬架的弹性支柱。支柱上端与车身挠性连接,支柱下端与转向节刚性连接。下摆臂的外端通过螺栓与转向节的下部连接,内端与元宝梁铰接。车轮所受的侧向力经转向节大部分由下摆臂承受,其余部分由减振器承受。

麦弗逊式独立悬架由于结构简单,所以它重量轻、响应速度快,并且在一个下摆臂和支柱的几何结构下能自动调整车轮外倾角,让其能在过弯时自动适应路面,使轮胎的接地面积最大化。虽然麦弗逊式独立悬架并不是技术含量很高的悬架结构,但它在行驶舒适性上的表现还是令人满意的。由于其占用空间小,适合小型车以及大部分中型车使用。

2.双叉臂式独立悬架

双叉臂式独立悬架又称为双 A 臂式独立悬架,它是在中、高级轿车中使用很广泛的一种悬架。其结构如图 12-6 所示,它拥有上、下两个叉形摆臂。其中,上、下叉臂的一端分别通过叉臂轴与车身铰接,另一端分别通过上、下球头销与转向节相连。减振器与套在它外面的螺旋弹簧合为一体,构成悬架的弹性支柱。支柱上端与车身挠性连接,支柱下端与转向节刚性连接。横向力由两个叉臂同时吸收,支柱只承载车身重量,因此横向刚度大。垂直力通过转向节、下球头销、下摆臂和减振器及螺旋弹簧传递给车身,而纵向力、侧向力及其力矩由转向节、下叉臂、上叉臂、下球头销、上球头销传递给车身。由于此种悬架使用上、下球头销来代替主销,故属于无主销式悬架。双叉臂式独立悬架通常采用上、下不等长叉臂(上短下长),让车轮在上、下运动时能自动改变外倾角,并且减小轮距变化和轮胎磨损,还能自动适应路面,轮胎接地面积大,贴地性好。

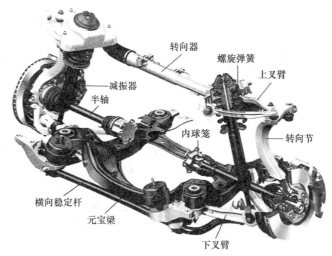

图 12-6　双叉臂式独立悬架结构

3. 双横臂式独立悬架

双横臂式独立悬架是在双叉臂式独立悬架的基础上改进而成的,二者有着许多的共性,双横臂式独立悬架只是结构比双叉臂式独立悬架简单些,可以称之为简化版的双叉臂式独立悬架。其结构如图 12-7 所示,同双叉臂式独立悬架一样,双横臂式独立悬架的横向刚度也较大,一般也采用上、下不等长叉臂设置。双横臂式独立悬架设计偏向运动性,其性能优于麦弗逊式独立悬架,但比起真正的双叉臂式独立悬架以及多连杆式独立悬架要稍差一些。国内采用双横臂式独立前悬架的轿车主要有广州本田雅阁、大众迈腾、高尔夫 A6 等。

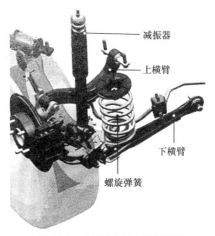

图 12-7　双横臂式独立悬架结构

4. 多连杆式独立悬架

多连杆式独立悬架可分为多连杆式独立前悬架和多连杆式独立后悬架。其结构如图12-8 所示,其中,前悬架一般为三连杆或四连杆式独立悬架;后悬架则一般为四连杆或五连杆式独立悬架,而五连杆式独立后悬架应用较为广泛。

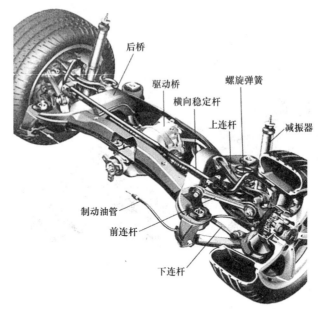

图 12-8　多连杆式独立悬架结构

多连杆式独立悬架能实现主销后倾的最佳位置,大幅度减小来自路面的前、后方向力,从而改善加速和制动时的平顺性和舒适性,同时也保证了直线行驶的稳定性。因为由螺旋弹簧拉伸或压缩导致的车轮横向偏移量很小,不易造成非直线行驶。在车辆转弯或制动时,该悬架结构可使后轮形成正前束,提高了车辆的控制性能,减少了转向不足的情况。多连杆式独立悬架的结构相对复杂,材料成本、研发和试验成本以及制造成本远高于其他类型的悬架,而且其占用空间大,中小型车出于成本和空间考虑极少使用这种设计。但多连杆式独立悬架的舒适性能是所有悬架中最好的,操控性能也和双叉臂式独立悬架难分伯仲。高档轿车由于空间充裕且注重舒适性能和操控稳定性,所以大多使用多连杆式独立悬架,可以说多连杆式独立悬架是高档轿车的绝佳搭档。

12.3　电控悬架系统相关知识

汽车悬架可分为主动悬架和被动悬架两种类型。传统悬架属于被动悬架,它的弹簧硬度和减振器阻力在使用中不能根据使用工况和路面的变化来进行调整,难以满足对汽车平顺性、舒适性和操纵稳定性的更高要求。因此,越来越多的汽车已经采用主动悬架,即电控悬架系统。

12.3.1　电控悬架系统的发展

1.国外电控悬架系统的发展

电控悬架系统主要应用于中、高档轿车和客车上,如雷克萨斯 LS400、雪铁龙 C6、大众途锐、辉腾、奥迪 A8(Adaptive Air Suspension,ASS,可调空气悬架)、通用凯迪拉克、三菱GALANT(格兰特)轿车(Auto-Electronic Control Suspension,A-ECS)等,国外部分重型车辆上也有应用。

2.国内电控悬架系统的应用情况

其实我国早在 20 世纪 50 年代就开始对电控弹簧进行研究。1957 年,长春汽车研究所开始了空气悬架技术的研究,不少高校的相关专家、学者及研究机构多年来也做了大量富有成效的工作,并取得了许多重要研究成果。国内相对较多的应用主要集中在郑州宇通、厦门金龙、苏州金龙、金华青年、济南重汽、扬州亚星、一汽客车、东风杭汽等规模较大的客车、载重车及底盘厂家。此外,国内其他一些客车厂家都是以选装国外空气悬架产品为主。

汽车电控悬架系统的使用情况见表 12-1。

表 12-1　　　　　　　　　　　　汽车电控悬架系统的使用情况

典型电控悬架系统	装备汽车
液压主动悬架	日产·总统牌轿车
预瞄主动悬架	三菱·快乐牌轿车
LOTUS 有源主动悬架	沃尔沃·VOLVO740 轿车
二挡阻尼可调主动悬架	丰田·Soarer 轿车、通用·凯迪拉克轿车
三挡阻尼可调主动悬架	福特·蓝鸟轿车、福特·兰夫人轿车
电控空气悬架	富士重工·列西加牌轿车、日产·公爵王轿车

12.3.2 电控悬架系统的功用

电控悬架不仅具有传统悬架的功用,单纯被动地吸收能量,缓和冲击,而且能根据汽车载荷、行驶速度、转向角度及路面状况等行驶条件的变化,改变弹簧的刚度、减振器的阻尼力及车身高度和姿态,从而满足汽车平顺性、舒适性和操纵稳定性的更高要求。如图 12-9 所示为传统悬架与电控悬架的结构示意图。通过结构对比可知,电控悬架的优越性体现在:

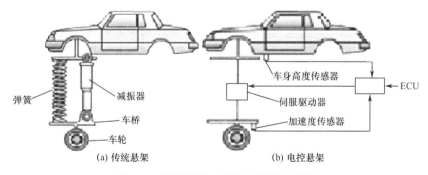

图 12-9　传统悬架与电控悬架的结构示意图

1.减振器阻尼力调节

根据汽车的负载、行驶路面条件、汽车行驶状态等来控制悬架减振器的阻尼力,防止汽车急速起步或紧急加速时的车尾下蹲、紧急制动时的车头下沉、急转弯时车身横向摇动和换挡时车身纵向摇动等,提高行驶平顺性和操纵稳定性。

2.弹性元件刚度调节

在各种工况下,通过对悬架弹性元件刚度的调整,改变车身的振动强度和对路况及车速的感应程度,来改善汽车的乘坐舒适性与操纵稳定性。

3. 汽车车身高度调节

电控悬架可使车辆根据负载变化自动调节悬架高度,以保持车身的正常高度和姿态。当汽车在不良路面行驶时可以使车身升高,增强其通过性;当汽车高速行驶时,又可以使车身降低,减少空气阻力并提高行驶稳定性。

12.3.3 电控悬架系统的类型

悬架的分类如图 12-10 所示。目前中级轿车上采用的电控悬架(半主动悬架)一般只能实现减振器阻尼力的调节和横向稳定器侧倾刚度的调节。而一些高级轿车上的电控悬架(主动悬架)则能实现悬架系统的刚度、减振器的阻尼力及车身高度等参数调节的全部功能。因此,非电控悬架和半主动电控悬架逐渐被电控悬架(主动悬架)所取代。

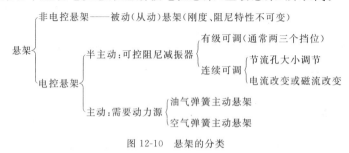

图 12-10 悬架的分类

12.3.4 电控悬架系统的组成及工作原理

1. 电控悬架系统的组成

采用空气弹簧的电控悬架系统称为电控空气悬架系统,它利用空气压缩机产生压缩空气,送到弹簧和减振器的空气室中,利用气体的可压缩性来实现弹性减振作用,并通过感知载荷、驾驶工况和道路条件的变化,由电子控制单元(ECU)自动控制压缩机和充、放气阀的工作状态,从而改变气体压力,以调整悬架刚度及整车高度。

电控空气悬架系统由传感器、电子控制单元和执行器三部分组成,如图 12-11 所示。

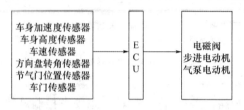

图 12-11 电控空气悬架系统的组成框图

具体地说,电控空气悬架系统主要包括空气压缩机、电子控制单元(即悬架电脑)、车身高度传感器、车身加速度传感器、储气罐、空气弹簧减振器及控制用的电磁阀组等部件,如图 12-12 所示。

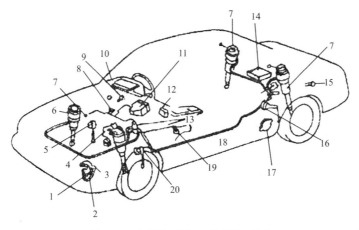

图 12-12　电控空气悬架系统的结构组成

1—空气压缩机；2—排气阀；3—干燥器；4—节气门位置传感器；5、20—车身高度传感器；6—带减振器的空气弹簧；
7—悬架执行器；8—转向传感器；9—刹车开关；10—电控悬架指示灯；11—多点视频器；12—悬架操控开关；
13、16—高度控制阀；14—悬架 ECU；15—诊断接线座；17—显示器电脑；18—气管；19—车速传感器

2.电控悬架系统的工作原理

　　电控悬架系统是以电控单元为控制核心，根据车身高度、方向盘转角、车速和制动等信号，经过运算分析后输出控制信号，控制各种电磁阀和步进电动机，对汽车悬架参数如弹簧刚度、减振器阻尼系数、倾斜刚度和车身高度进行控制，从而提高汽车的乘坐舒适性和操纵稳定性。其工作原理与功用如图 12-13 所示。

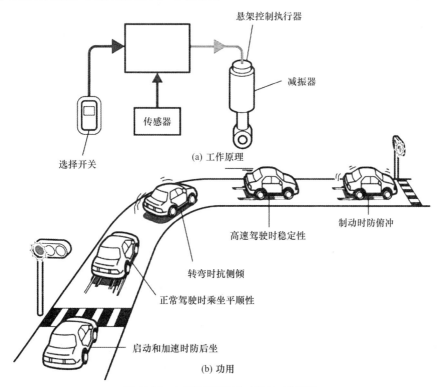

图 12-13　电控悬架系统的功用与工作原理

12.3.5 电控悬架系统的主要构件

1. 电控悬架系统的主要传感器

（1）车身高度传感器

车身高度传感器的作用是把车身与车桥之间的相对位置变化量转化为电信号送给悬架 ECU，从而对车身高度和姿态进行调整。车身高度传感器的一端与车桥连接，另一端在悬架系统上。如图 12-14 所示为车身高度传感器的安装位置。一般轿车安装四个车身高度传感器。常用的车身高度传感器有片簧开关式、霍尔式、光电式和电位计式四种形式。

（2）方向盘转角传感器

方向盘转角传感器安装在转向轴上，用于检测方向盘的转角信号，包括方向盘位置和转向速度。方向盘转角传感器大多采用光电式传感器。该传感器位于方向盘下面，装在组合开关总成内，由一个信号盘（有缝圆盘）和两个遮光器组成。每个遮光器有一个发光二极管和光敏晶体管，两者相互对置，并固定在转向柱管上。信号盘沿圆周开有 20 条光缝，它被固定在方向盘主轴上，随主轴转动而转动，如图 12-15 所示。

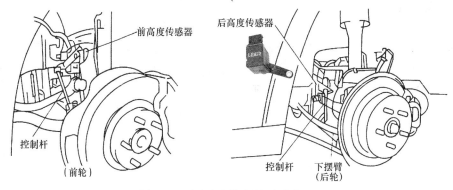

图 12-14　车身高度传感器的安装位置

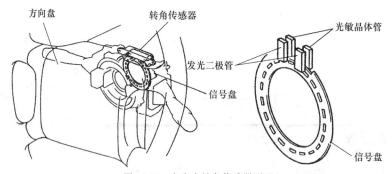

图 12-15　方向盘转角传感器原理

（3）车身加速度传感器

在车轮打滑时，无法以转向角和汽车车速正确判断车身侧向力的大小，此时利用车身加速度传感器可以直接准确地测量出汽车的纵向加速度以及汽车转向时因离心力而产生的横向加速度，并将信号输送给悬架 ECU，使悬架 ECU 能够调节悬架系统的阻尼力大小及空气弹簧的压力大小，以维持车身的最佳姿势，车身加速度传感器的安装位置如图 12-16 所示。常用的车身加速度传感器有差动变压器式、球位移式等。

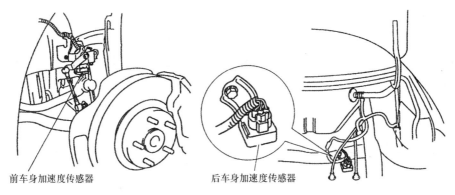

前车身加速度传感器　　　　　后车身加速度传感器

图 12-16　车身加速度传感器的安装位置

另外,车速传感器提供汽车行驶的速度信号,节气门位置传感器提供节气门开度、开闭速率信号,如图 12-17 所示。

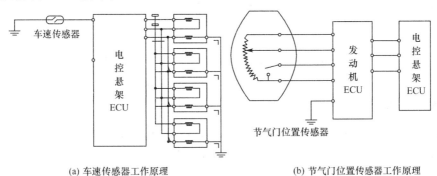

(a) 车速传感器工作原理　　　　　　(b) 节气门位置传感器工作原理

图 12-17　车速传感器和节气门位置传感器工作原理

2. 电控悬架系统的主要开关

(1)制动灯开关

制动灯开关位于制动踏板支架上,当踩下制动踏板时,开关接通。将 12 V 的电压加在悬架 ECU 的 STP 端子上,悬架 ECU 利用这一信号判断汽车是否处于制动状态,如图 12-18所示。

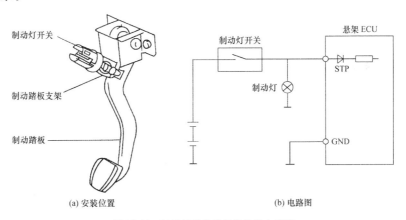

(a) 安装位置　　　　　　　　　　(b) 电路图

图 12-18　制动灯开关安装位置与电路图

（2）车门开关

悬架 ECU 根据车门开关信号（DOOR 端子信号）判断车门是否打开。因为在车辆停驶后，电控悬架系统会自动使车身降到较低的高度，而若此时悬架 ECU 检测到车门打开（下客或卸货），车身高度自动控制必须停止，以免造成危险，如图 12-19 所示。

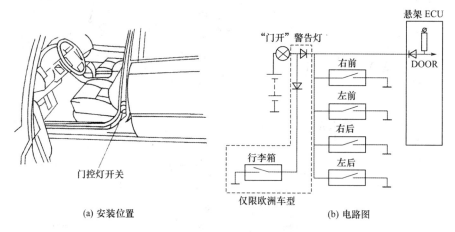

图 12-19　车门开关安装位置与电路图

（3）发电机 IC 调节器

发电机 IC 调节器位于发动机的交流发电机内，IC 调节器的 L 端子在发动机运转时（即发电机发电）为蓄电池电压，在发动机停止时（即发电机不发电）不高于 1.5 V。发电机 IC 调节器的 L 端子直接与悬架 ECU 的 REG 端子连接，发电机悬架 ECU 据此判断发动机是否运转。悬架 ECU 利用这一信号，进行如转角、高度等传感器的检查和失效保护，如图 12-20 所示。

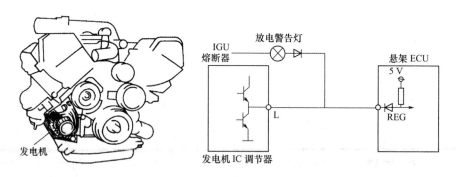

图 12-20　发电机安装位置与电路图

（4）悬架控制开关

在电控悬架中，常用的开关主要有模式选择开关、阻尼力调节（LRC）开关、车身高度控制开关等。一般位于变速器操纵手柄旁或仪表板上，个别开关位于行李箱内，如图 12-21 所示。

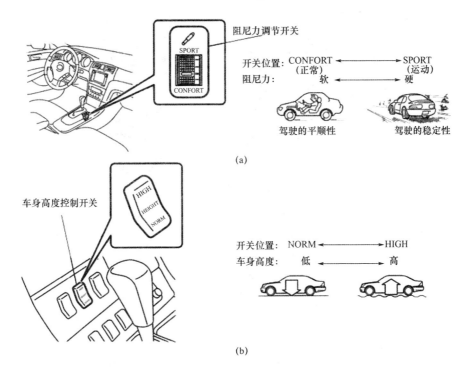

图 12-21   阻尼力调节开关和车身高度控制开关

3.电控悬架系统的主要执行器

（1）空气压缩机

空气压缩机是一个由电动机驱动的单缸装置，它由悬架 ECU 控制的继电器供电，提供电控空气悬架系统所需的压缩空气。空气压缩机由活塞和曲柄连杆机构组成，如图 12-22 所示，它由直流永磁电动机驱动，具有扭矩大和启动快速等特点。

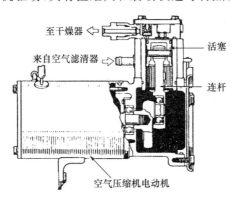

图 12-22   空气压缩机结构

（2）带减振器的空气弹簧

带减振器的空气弹簧（以下简称空气弹簧）主要由主气室、副气室、悬架执行机构、减振执行机构和变阻尼液压减振器等组成，其结构如图 12-23 所示。

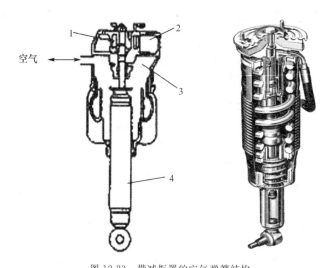

图 12-23　带减振器的空气弹簧结构

1—控制阀;2—副气室;3—主气室;4—变阻尼液压减振器

空气弹簧上部与车身连接,变阻尼液压减振器下端安装在悬架摆臂上。当车内载荷增加时,车身高度会下降,车身高度传感器将这一信号传送给悬架 ECU 并由其控制空气压缩机、车身高度控制电磁阀工作,向空气弹簧主气室充气,直至车身高度达到规定值;当车内载荷减少时,车身高度上升,此时,悬架 ECU 根据车身高度传感器传来的信号发出控制信号,打开车身高度控制电磁阀,使空气弹簧主气室的空气通过车身高度控制电磁阀、空气管路,从排气电磁阀排出,从而使车身下降,如图 12-24 所示。

执行机构主要由电动机及减速装置组成,包括悬架执行机构和减振执行机构。主、副气室之间有大、小两个通道,悬架执行机构改变主、副气室之间通道的大小,即改变主、副气室之间的空气流量,使空气弹簧的有效容积改变,从而使悬架刚度(空气弹簧的弹性系数)发生变化,通道变小弹簧变硬,反之变软。减振执行机构改变变阻尼液压减振器内的阀门开度,使阻尼系数变化,如图 12-25 所示。

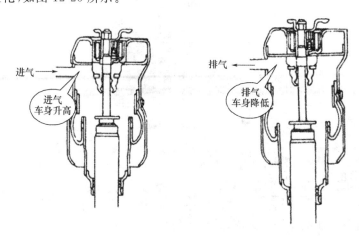

图 12-24　空气弹簧充气与排气

（3）车身高度控制电磁阀和排气电磁阀

车身高度控制电磁阀和排气电磁阀的结构完全相同,都是由电磁线圈、柱塞、活动铁芯等组成的。两者的功用都是用来调节车身高度和空气弹簧的刚度,区别在于安装位置不同。车身高度控制电磁阀有四个,安装在空气管路和空气弹簧气室之间,控制压缩空气的通断。排气电磁阀只有一个,安装在空气管路与大气之间,控制压缩空气与大气的通断。如图12-26所示为排气电磁阀。

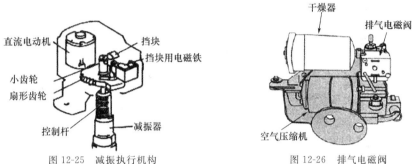

图12-25 减振执行机构   图12-26 排气电磁阀

按照悬架ECU的指令,车身高度控制电磁阀控制压缩空气流进或流出空气弹簧主气室,悬架ECU使车身高度控制电磁阀的电磁线圈通电后,电磁线圈将车身高度控制电磁阀打开,压缩空气进入空气弹簧主气室,使车身升高,如图12-27所示。

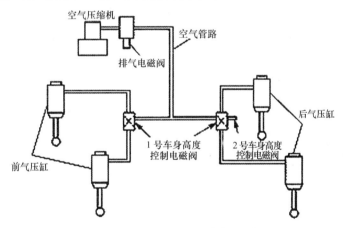

图12-27 车身高度控制电磁阀和排气电磁阀原理图

按照悬架ECU的指令使车身高度控制电磁阀和排气电磁阀的电磁线圈通电,排气电磁阀打开,气室中的压缩空气释放到大气中,车身降低,如图12-27所示。

（4）车身高度控制继电器

电控空气悬架控制电路中设有车身高度控制继电器,当车身高度开始上升时,车身高度控制继电器接收悬架ECU传来的控制信号,开关闭合,空气压缩机就能通电产生压缩空气,否则空气压缩机不工作。

4.悬架电脑(ECU)

悬架ECU接收各种传感器的输入信号并进行各种运算,然后给执行器输出控制悬架的刚度、阻尼力和车身高度的指令。同时,悬架 ECU 还监测各传感器的信号是否正常,若发现故障,则存储故障码和相关参数,并点亮故障指示灯,如图 12-28 所示。

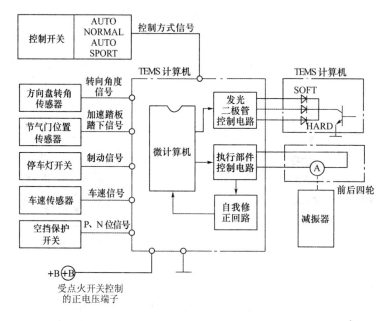

图 12-28 悬架电脑(ECU)工作原理

电控悬架故障指示灯如图 12-29 所示,它根据悬架 ECU 的指令点亮,在悬架系统自检时亮起,自检完毕后熄灭;悬架系统出现故障时亮起,进行故障警告。

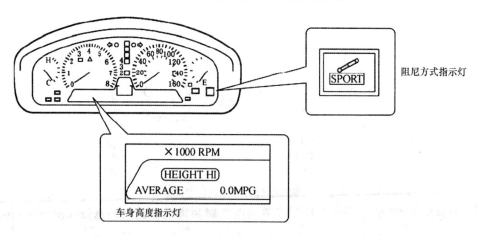

图 12-29 电控悬架故障指示灯

项目练习与测试

(一)填空题

1.汽车电控悬架系统的执行机构有＿＿＿＿＿、＿＿＿＿＿和＿＿＿＿＿、可调节弹簧高度和弹性大小的弹性元件等。

2.加速度传感器常用的有＿＿＿＿＿和＿＿＿＿＿两种。

3.车身高度传感器常用的有_____、_____、_____和_____四种形式。

4.悬架电子控制单元(ECU)一般由_____、_____、输出电路和电源电路等组成。

5.电控悬架系统的功能有_____、_____、_____等。

6.电控悬架系统按传力介质不同可分为_____和_____;按驱动机构和介质不同可分为_____和_____。

7.汽车电控悬架系统主要由感应汽车运行状况的各种传感器、开关、_____及_____组成。

8.汽车电控悬架系统的传感器有_____、_____、_____、_____等。

9.汽车电控悬架系统的开关有_____、_____和_____等。

10.悬架一般由_____、_____和_____三部分组成。

11.轮胎根据充气压力可分为_____、_____和_____三种;根据胎面花纹可分为_____、_____和_____三种。

12.汽车悬架按照结构不同可分为_____悬架和_____悬架;按照控制形式不同可分为_____悬架和_____悬架。

13.空气弹簧是以_____为弹性元件的弹簧形式。

14.主动悬架系统主要对_____、_____和_____三方面进行控制。

15.电控悬架按传力介质的不同可分为_____和_____两种。

(二)判断题

1.装有电控悬架系统的汽车无论车辆负载多少,都可以保持汽车高度一定,保持车身水平。　　　　　　　　　　　　　　　　　　　　　　　　　　　　　　　(　　)

2.装有电控悬架系统的汽车可以防止汽车急转弯时车身横向摇动和换挡时车身纵向摇动。　　　　　　　　　　　　　　　　　　　　　　　　　　　　　　　(　　)

3.半主动悬架可分为有级半主动式和无级半主动式两种。　　　　　　　(　　)

4.无级半主动悬架在转向、起步、制动等工况时能对阻尼力实施有效的控制。　(　　)

5.方向盘转角传感器用于检测方向盘的中间位置、转动方向、转向角度和转动速度。　(　　)

6.减振器在汽车行驶中出现发热是不正常的。　　　　　　　　　　　　(　　)

7.采用独立悬架的车桥通常为断开式。　　　　　　　　　　　　　　　(　　)

8.钢板弹簧各片在汽车行驶过程中会出现滑移。　　　　　　　　　　　(　　)

9.减振器用以缓和不平路面所引起的冲击。　　　　　　　　　　　　　(　　)

10.装有钢板弹簧的悬架可以不装导向机构。　　　　　　　　　　　　　(　　)

(三)选择题

1.一般情况下,安装在汽车仪表板上,与车速表装在一起,并用软轴与变速器的输出轴相连的传感器是(　　)。

A.舌簧开关式车速传感器　　　　　B.磁阻元件式传感器

C.磁脉冲式传感器　　　　　　　　D.以上都正确

2.一般情况下,装在变速器上通过光敏二极管与变速器的输出轴相连的传感器是(　　)。

　　A.舌簧开关式传感器　　　　　　B.光电式车速传感器

　　C.磁阻元件式和磁脉冲式传感器　　D.以上都正确

3.在模式选择开关中,表示自动、标准运行模式的是(　　)。

　　A.Auto、NormaL　　　　　　　　B.Auto、Sport

　　C.Manu、NormaL　　　　　　　　D.Manu、Sport

4.下列指示灯中,NORM 表示的是(　　)。

　　A.车身高度控制指示灯　　　　　　B.刚度阻尼指示灯

　　C.车身高度控制照明灯　　　　　　D.以上均不正确

5.下列指示灯中,LRC 表示的是(　　)。

　　A.车身高度控制指示灯　　　　　　B.刚度阻尼指示灯

　　C.车身高度控制照明灯　　　　　　D.以上均不正确

6.非独立悬架中采用最多的弹性元件是(　　)。

　　A.螺旋弹簧　　　　　　　　　　　B.钢板弹簧

　　C.扭转弹簧　　　　　　　　　　　D.气体弹簧

7.汽车减振器广泛采用的是(　　)。

　　A.单向作用筒式　　　　　　　　　B.双向作用筒式

　　C.阻力可调式　　　　　　　　　　D.摆臂式

8.容易实现车身高度自动调节的弹性元件是(　　)。

　　A.螺旋弹簧　　　　　　　　　　　B.钢板弹簧

　　C.油气弹簧　　　　　　　　　　　D.扭杆弹簧

9.麦弗逊式独立悬架采用的弹性元件是(　　)。

　　A.钢板弹簧　　　　　　　　　　　B.螺旋弹簧

　　C.扭杆弹簧　　　　　　　　　　　D.空气弹簧

10.减振器支承车辆重量的(　　)。

　　A.所有　　　　　　　　　　　　　B.没有

　　C.一半　　　　　　　　　　　　　D.四分之一

11.按一下车前部翼子板然后放开,出现(　　)现象表明减振器良好。

　　A.反弹一次或两次　　　　　　　　B.反弹五次以上

　　C.一点都不反弹　　　　　　　　　D.上述说法都不对

(四)简答题

1.悬架的作用是什么?

2.简述液力减振器的工作原理。

3.简述独立悬架的优点。

4.试举例说明被动悬架和主动悬架的含义

5.汽车电控悬架系统的一般工作原理是怎样的?

6.悬架电子控制单元 ECU 的功能有哪些?

7.操纵车身高度控制开关检查汽车高度变化情况的步骤是怎样的?

8.汽车高度如何调整?

模块 4
汽车转向系统的拆装与检修

项目 13 机械转向器及转向传动机构的拆装与调整

教学准备			
序号	名称		内容
1	实训目标	知识目标	了解机械转向系统的结构、组成以及工作原理
		技能目标	熟练掌握机械转向器的拆装与检修
2	课堂设计		带领学生在整车上找出转向系统的元件,再对转向器进行拆装和检修
3	重点		转向器的拆装与检修
4	难点		转向系统的工作原理
5	教学设备及工量具		循环球式转向器、齿轮齿条式转向器、整车、拆装工具等

13.1 机械转向器及转向传动机构拆装与调整实践指导 ∴

13.1.1 拆卸和更换方向盘

现代轿车大多都配备了安全气囊,因此在拆卸方向盘之前先要拆下气囊模块,下面就以福特翼虎为例对方向盘进行拆卸:

(1)将汽车蓄电池负极断开,全车断电;将点火开关打到 ON 位置,使方向盘锁解锁。

(2)将方向盘转动 90°,拆下转向柱管上护罩。

(3)再次将方向盘向左打到 90°的位置,找到图 13-1 中的大孔,用宽一点的一字口螺丝刀插入到大孔,找准位置,如图 13-2 所示旋转螺丝刀,同时将气囊罩向外拉,如图 13-3 所示,即可将右侧的安全气囊固定钢丝从挂钩中脱出。

(4)将方向盘向右旋转 180°,用同样的方法将左侧的安全气囊固定钢丝从挂钩中脱出。

(5)轻轻掀开气囊模块,将气囊线束的黄色插头拔下,再拔下喇叭开关插头,即可取下气囊模块。

(6)将方向盘打到直线行驶位置,用工具拆下固定螺母,在方向盘和转向轴上做好装配标记,之后取下方向盘。

图 13-1　方向盘下面的大孔

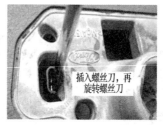
图 13-2　螺丝刀将钢丝脱出

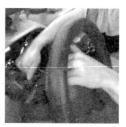
图 13-3　向外拉气囊罩

13.1.2　转向管柱的拆卸与组装

1.转向管柱的拆装

以捷达轿车为例,其转向操纵机构分解图如图 13-4 所示,该车采用的是双层套筒式安全可溃缩转向管柱。

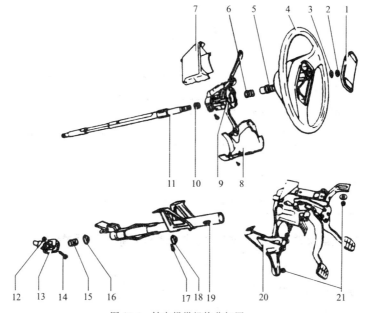
图 13-4　转向操纵机构分解图

1—喇叭按钮盖;2、12、20—螺母;3—弹簧垫圈;4—方向盘;5—锯齿形紧定套;6、15—弹簧;7—下装饰罩;8—上装饰罩;
9—转向器锁壳体及转向柱开关;10—支承环;11—转向柱;13—转向柱万向节;14—六角头螺栓;
16—转向柱下轴承;17—保险螺钉;18—垫圈;19—转向柱管;21—转向柱管支架

（1）转向管柱的拆卸

①拆下方向盘。

②拆下组合开关,拔下线束。

③用专用工具拆卸锯齿形紧定套。

④松开转向柱万向节的固定螺母,抽出螺栓,从转向机上拔出转向柱万向节。

⑤用冲子冲下转向柱管的紧固螺栓,取下转向柱。

⑥用专用拉拔器将转向柱从转向柱管中拔出,注意上、下轴承以及垫片不要损坏或丢失。

（2）转向管柱的装配

转向管柱的装复顺序和拆卸顺序正好相反，不再重复，但是装配时应该注意：

①装配轴承时一定要将其安装到位，否则方向盘自由间隙过大。

②转向柱管固定螺栓是一次性的防盗螺栓，必须每次更换。

③注意装配标记，否则会引起方向不正。

13.1.3　转向拉杆机构的分析与维护

1.转向拉杆机构的分析

将车辆用举升机托起，用手的推拉力来检查转向拉杆机构是否有松旷，检查每个球头密封件是否完好。破损的密封件会使灰尘进入到拉杆球头或中心连杆的连接处，使连接件过早磨损，因此出现连接松旷和密封件破损就必须更换新件。

将车辆落到地面上，在静止的情况下左右晃动方向盘，方向盘左右自由活动量不应超过20 mm（轿车）。若超过 20 mm，应对转向操纵机构进行检查。如果转向拉杆机构没有松旷，则观察拉杆球头和中心连杆的所有连接，通过这个检查就可以发现连接在负荷状态下的间隙，有轻微间隙就必须进行更换。

2.横拉杆球头的更换

当横拉杆球头出现松动或防尘罩破损时就需要对横拉杆球头进行更换，下面以天津一汽夏利轿车为例对转向横拉杆球头进行更换，具体结构如图 13-5 所示。

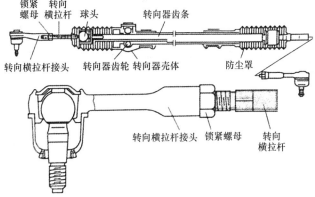

图 13-5　夏利轿车转向拉杆机构

（1）更换横拉杆前先判断故障的部位，断定是否需要将横拉杆总成全部拆卸。

（2）拆下横拉杆外球头螺母，用专用工具拆下横拉杆球头，如图 13-6 所示。

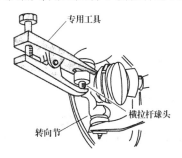

图 13-6　用专用工具拆下横拉杆球头

（3）将转向机防尘罩的卡毂松开并将防尘罩退到一旁，用开口扳手松开转向内球头，取下转向横拉杆。

（4）松开锁紧螺母之前数一下转向横拉杆外露螺纹的圈数。

（5）装上新球头或更换新转向横拉杆之后调整螺纹圈数大致和以前相同，以便于四轮定位的调整。

（6）将新更换的横拉杆按拆卸的反向顺序装配，螺栓按照规定力矩拧紧即可。

（7）最后在四轮定位仪上对前束进行重新调整。

13.1.4 循环球式转向器的更换、调整

如图 13-7 所示为循环球式转向器分解图。

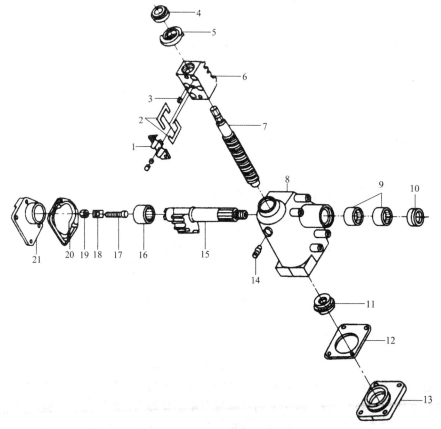

图 13-7　循环球式转向器分解图

1—导管夹；2—导管；3—钢球；4、10—油封；5、11—轴套；6—转向螺母；7—转向螺杆；8—壳体；9、16—滚针轴承；
12、20—密封垫；13—底盖；14—通气塞；15—转向臂轴；17—调整螺栓；18—垫圈；19—调整螺母；21—侧盖

1. 转向器的拆卸

（1）将转向器通气塞拧下，放出转向器内的润滑油。

（2）将转向臂轴转到中间位置（将转向螺杆转到底后再反转约 3.5 圈）。拧下转向器总成侧盖的四个固定螺栓，用铜锤或铜棒轻轻敲打转向臂轴端头，取下侧盖和转向臂轴总成，如图 13-8 所示。注意不要划伤油封。

（3）拆下转向器底盖紧固螺栓，再用铜棒轻轻敲打转向螺杆上端，取下底盖（图 13-9）和

调整垫片。

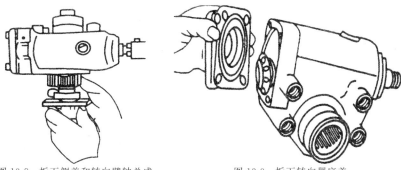

图 13-8 拆下侧盖和转向臂轴总成   图 13-9 拆下转向器底盖

(4)从壳体中取出转向螺杆及螺母总成,如图 13-10 所示,注意不要使转向螺杆花键划伤油封。

(5)分解转向螺杆及螺母。先拆下三个固定导管夹的螺钉,再拆下导管夹,取出导管,同时握住转向螺母,慢慢地转动转向螺杆排出全部钢球,如图 13-11 所示。注意两个循环滚道内的钢球不要混在一起。

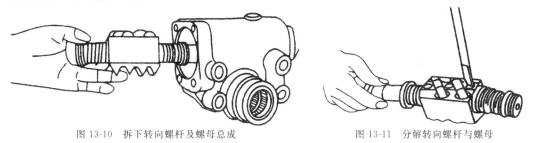

图 13-10 拆下转向螺杆及螺母总成   图 13-11 分解转向螺杆与螺母

2. 转向器的检修

(1)转向螺杆与螺母的检修

①装复的转向螺杆与螺母处于垂直位置时,转向螺母能从转向螺杆上自由匀速落下,如图 13-12 所示。

②检查转向螺母与螺杆的轴向间隙,应不大于 0.10 mm。

③转向螺杆和油封的接触面不得有磨损,有磨损必须更换转向螺杆。

(2)转向臂轴的检修

①转向臂轴上的齿扇不得有裂痕、金属剥落以及缺损。

②先将调整齿扇与转向螺母齿条啮合间隙的调整螺栓装入。按其结构不同,有以下两种调整啮合间隙的方法:

将调整螺栓端头放入转向臂轴的 T 形槽内,用塞尺测量其间隙,如图 13-13 所示。根据所测数值,选一个合适的调整垫片放在调整螺栓上,并将调整螺栓放入 T 形槽内,然后将带有滚针轴承的侧盖拧到调整螺栓上。

另一种调整方法是在转向臂轴端的螺孔内,先放入一个较厚的平垫圈,再将调整螺母套在调整螺栓上,把调整螺栓拧到转向臂轴的一端,如图 13-14 所示,间隙应小于 0.2 mm,再将调整螺母拧紧,将调整螺母和转向臂轴之间用冲子冲上沟槽以锁紧调整螺母,之后拧上侧盖。

 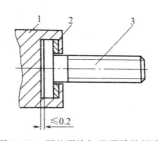 

图 13-12　转向螺母匀速落下　　　图 13-13　调整螺栓与 T 形槽的间隙　　　图 13-14　安装调整螺栓

1—转向臂轴；2—调整垫片；3—调整螺栓

③总成在大修时，必须进行隐伤检验，如有裂纹应更换，不许焊修。

④轴端花键若出现台阶形磨损和扭曲变形，应更换。

⑤支承轴颈磨损逾限，但无其他损伤可进行刷镀修复或喷焊修复。

（3）转向器壳体的检修

①壳体、侧盖若产生裂纹应更换，二者接合平面的平面度公差一般为 0.10 mm。

②壳体变形。壳体变形的特点是摇臂轴轴承承孔的公共轴线对于转向螺杆两轴承承孔公共轴线的垂直度误差逾限（公差为 0.04～0.06 mm），两轴线的轴心距变大（差为 0.10 mm）。这样不但会引起转向沉重的故障，同时减少了转向器传动副传动间隙可调整的次数，缩短了转向器的使用寿命。

3. 转向机的装复

（1）转向臂轴和螺母的装复

①将转向螺母套在转向螺杆上，再把转向螺母放在转向螺杆滚道的一端，并使转向螺母滚道孔对准滚道。

②装入钢球。将钢球由转向螺母滚道孔放入，边转动转向螺杆边放入钢球，如图 13-15 所示，两滚道可同时进行，每个滚道放入 36 个钢球。其余 24 个钢球装于两个导管内，如图 13-16 所示，并将导管两端涂以少量润滑脂，插入转向螺母的导管孔中，如图 13-17 所示。之后用木槌轻轻敲打导管，使之到位。

 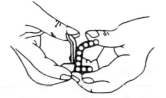 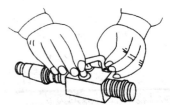

图 13-15　将钢球装入滚道　　　图 13-16　将钢球装入导管内　　　图 13-17　将导管插入转向螺母的导管孔

③用导管夹把导管压在转向螺母上，并用 3 个螺钉紧固，使装复的转向螺杆及螺母总成处于垂直位置时，转向螺母能从转向螺杆上端自由匀速落下。

（2）总体组装

①将转向螺杆油封更换成新的，将转向螺杆连同轴承一起装入壳体中。要特别注意轴承是否安装到位，检验方法为：装入后端盖和调整垫片，保证转向螺杆旋转自如并且没有轴向窜动，如果转向螺杆不能旋转，则有可能是调整垫片过薄或轴承没有安装到位。

②将转向螺母旋转至转向螺杆的中间位置，放入转向臂轴使齿扇对准转向螺母齿条中的中间齿沟，再把转向臂轴推入壳体中，然后对称拧紧侧盖固定螺栓。

③旋转转向臂轴上调整齿扇与转向螺母齿条啮合间隙的调整螺栓,使转向螺杆旋转自如且齿扇与转向螺母齿条没有自由间隙,锁紧调整螺母,将调整螺栓锁住。

④按照规定油量加入润滑油。

⑤安装完毕检查转向螺杆是否可以旋转 7 圈,并且旋转自如、力量均匀、无自由间隙。

13.1.5　齿轮齿条式转向器的分析与维护

齿轮齿条式转向器主要由转向齿轮、转向齿条、转向器壳和齿条压紧装置组成。

1.齿轮齿条式转向器的拆卸

齿轮齿条式转向器分解图如图 13-18 所示。

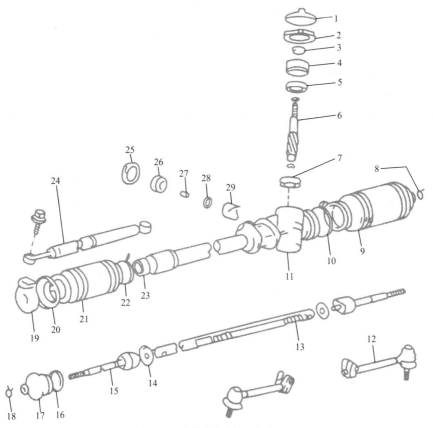

图 13-18　齿轮齿条式转向器分解图

1、17、21—防尘套;2、25—锁紧螺母;3—油封;4—调整螺塞;5—上轴承;6—转向齿轮;7—下轴承;8、18—卡子;
9—齿条防尘罩;10、22—箍带;11—齿条壳体;12—横拉杆;13—转向齿条;14—垫圈;15—齿条端头;
16—固定环;19—减振器支架;20—防尘套护圈;23—齿条衬套;24—转向减振器;26—弹簧帽;
27—导块压紧弹簧;28—隔环;29—齿条导块

(1)在横拉杆与转向外球头锁紧螺母相邻的螺纹处做标记,以确定两者相对位置。松开锁紧螺母并将转向外球头拆下。

(2)拆下内、外防尘套夹箍并将防尘套从内、外横拉杆上取下。将转向齿条用台虎钳夹住,并将钩住横拉杆端部的锁紧片拉直。将转向齿条用扳手夹住,从转向齿条上卸下内横拉杆,如图13-19所示。有些横拉杆内接头处采用锁紧螺母代替锁紧片,并使用滚针将横拉杆内接头与转向齿条固定。连接方式不同,拆卸的步骤也不尽相同。

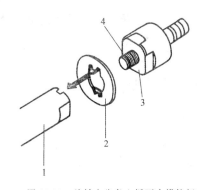

图 13-19　从转向齿条上拆下内横拉杆

1—转向齿条;2—锁紧片;3—转向外球头;4—锁紧点

(3)转动齿轮轴直至转向齿条端与转向器壳体的距离达到规定值。做标记标出齿轮轴与壳体的相对位置

(4)松开调整螺塞锁紧螺母,并拆下调整螺塞及弹簧。

(5)将齿轮轴从调整螺塞开口处卸下。

(6)清洁齿轮轴油封周围的表面,用针在齿轮轴油封的密封面的两个圆形之间刺一个小孔,从壳体中撬出油封。

(7)用卡环钳将齿轮轴锁环拆下。

(8)用台虎钳夹住齿轮轴端部,用软锤轻敲转向器壳体,拆下齿轮轴及轴承。

(9)将转向齿条从壳体上拆下。

2. 齿轮齿条式转向器的安装与调整

(1)安装转向齿轮 6,如图 13-18 所示。

①将上轴承 5 和下轴承 7 压在转向齿轮轴颈上,轴承内座圈与齿端之间应装好隔圈。

②把油封 3 压入调整螺塞 4。

③将转向齿轮及轴承一起压入齿条壳体 11。

④装上调整螺塞及油封,并调整转向齿轮轴预紧度,手感应该无轴向窜动,旋转自如。

⑤按原厂规定扭矩紧固锁紧螺母 2,并装好防尘套 1。

(2)装入转向齿条 13。

(3)安装齿条衬套 23,转向齿条与衬套的配合间隙应不大于 0.15 mm。

(4)装入齿条导块 29、隔环 28、导块压紧弹簧 27、弹簧帽 26 及锁紧螺母 25。

(5)调整转向齿条与转向齿轮的啮合间隙(也称转向齿条的预紧力)。

因结构的差异,转向齿条与转向齿轮啮合间隙的调整方法也有所不同。但常见的方法有两种:一是改变齿条导块 2 与盖 3 之间的垫片厚度来调整转向齿条与转向齿轮的啮合间隙,如图 13-20 所示;另一种是用盖上的调整螺塞改变转向齿条导块与弹簧座之间的间隙,来调整转向齿条与转向齿轮的啮合间隙。

对于如图 13-20 所示结构,其啮合间隙的调整步骤是:先不装导块压紧弹簧 4 以及转向器壳体 1 与盖 3 之间的垫片,进行 x 值的调整,使转向齿轮轴上转动力矩为 1~2 N·m;然后用塞尺测量 x 值;第三步在 x 值的基础上加 0.05~0.13 mm,此值即为应加垫片的总厚度,也就是转向齿条和转向齿轮所要求的啮合间隙。该结构有弹簧座时,先旋转盖上调整螺塞,使弹簧座与齿条导块 2 接触,再将调整螺塞旋出 30°~60°,之后检查转向齿轮轴的转动力矩。如此重复操作,直至转向齿轮轴的转动力矩符合原厂规定,最后紧固锁紧螺母 5。

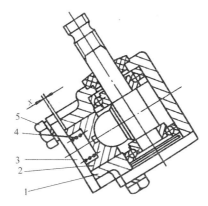

图 13-20　预紧力调整机构

1—转向器壳体;2—齿条导块;3—盖;4—导块压紧弹簧;

5—锁紧螺母;x—盖与壳体的间隙

(6)安装垫圈 14 和齿条端头 15 时,应特别注意齿条端头和转向齿条的连接必须紧固,锁止可靠。

(7)安装横拉杆 12 和横拉杆端头,并按原厂规定检查、调整左、右横拉杆的长度,以保证转向轮前束正确。另外,横拉杆端头球销的夹角应符合原厂规定。调整合格后,必须按原厂规定的扭矩紧固并锁止横拉杆卡子。

(8)无论哪一种结构的转向器,调好后应满足总成的技术要求:

①方向盘转动灵活,没有轴向间隙。

②方向盘的总圈数符合规定值。向左、向右的圈数也符合原车要求。

③行车中应保证左、右转向轻便灵活,不能有发卡、忽轻忽重的异常现象。

3. 齿轮齿条式转向器的检修

(1)零件出现裂纹应更换,横拉杆、转向齿条在总成修理时应进行隐伤检验。

(2)转向齿条的直线度误差不得大于 0.30 mm。

(3)齿面上无疲劳剥落及严重的磨损;否则应更换。

(4)更换转向齿轮轴承。

13.2　转向器及转向传动机构相关知识

13.2.1　总体认识

1. 功用

汽车转向系统的功用是按照驾驶员的意愿改变或维持汽车的行驶方向。

2. 分类

转向系统可按转向能源的不同分为机械转向系统和动力转向系统两大类。

3. 组成

转向系统结构形式多种多样,但所有的转向系统都由三部分组成:转向传动机构、机械转向

器和转向操纵机构,如图 13-21 所示。

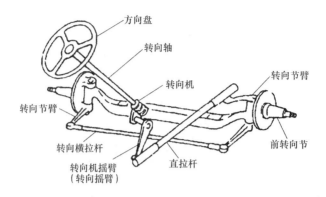

图 13-21　转向系统结构

（1）转向传动机构的功用是将机械转向器输出轴的运动传递给转向节臂,转向节臂再使车轮偏转,从而改变汽车的行驶方向。转向传动机构包括转向摇臂、转向拉杆、转向节臂等。

（2）机械转向器的功用是将方向盘的回转运动转换为转向传动机构的往复运动,并将力矩放大。现代汽车最常用的转向器为循环球式和齿轮齿条式两种,极少数使用蜗杆曲柄指销式。

（3）转向操纵机构的功用是产生转动转向器所必需的操纵力,并具有一定调节和安全性能。转向操纵机构一般由方向盘、转向轴、转向管柱等组成。

13.2.2　机械转向器

1. 齿轮齿条式转向器

齿轮齿条式转向器主要由转向齿轮、转向齿条、转向器壳体和齿条压紧装置组成。如图13-22所示。转向器通过转向器壳体两端的螺栓固定在车身（车架）上。齿轮轴通过球轴承、滚柱轴承垂直安装在壳体中,其上端通过花键与转向轴上的方向盘相连,其下部分是与转向轴制成一体的转向齿轮。转向齿轮是转向器的主动件,与它相啮合的从动件转向齿条水平布置,齿条背面装有压簧垫块。在压簧的作用下,压簧垫块将齿条压靠在齿轮上,保证二者无间隙啮合。当驾驶员转动方向盘时,转动力矩通过带安全锁和吸能机构的转向柱的传动,使转向齿轮转动,出于转向齿轮与转向齿条的无间隙啮合,转向齿轮的转向力矩顺利驱动转向齿条左右移动,转向齿条再把动力传给左右横拉杆、转向节臂和左右转向轮,使汽车顺利转向。

齿轮齿条式转向器结构简单,可靠性好,便于独立悬架的布置,同时,由于齿轮齿条直接啮合,转向灵敏、轻便。齿轮齿条式转向器广泛应用于微型、普通级、中级和中高级轿车上。装载货不大、前轮采用独立悬架的货车和客车有些也采用齿轮齿条式转向器。

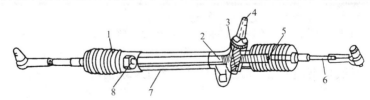

图 13-22　齿轮齿条式转向器

1—防护套;2—转向齿条;3—转向齿轮;4—转向柱连接花键;5—内球头;6—转向横拉杆总成;
7—转向器壳体;8—齿条导块

2. 循环球式转向器

循环球式转向器又称为综合式转向器,因为它由两个传动副组成。一个传动副为螺杆-

螺母,另一个传动副为齿条-齿扇或曲柄销。如图 13-23 所示,第一级传动副为螺杆-螺母,在此传动副中加了传动元件钢球;第二级传动副为齿条-齿扇。

在转向螺杆 2 上松套着方形转向螺母 8,在转向螺杆和转向螺母的内缘上制出断面近似为半圆形的螺旋形通道,两者的槽相配合即成近似为圆形断面的螺旋形通道。转向螺母侧面有孔,将钢球从此孔装入通道内。转向螺母外面有两根钢球导管 4,每根钢球导管的两端分别塞入转向螺母侧面的孔内。钢球导管内也装满钢球。这样,两根钢球导管和转向螺母内的螺旋形通道组合成两条各自独立的、封闭的钢球"流道",钢球嵌在转向螺杆上的螺旋形槽内,便形成了转向螺杆上的钢球螺纹。当转动转向螺杆时,通过钢球将力传给转向螺母,转向螺母即产生轴向移动。同时由于摩擦力的作用,所有钢球便在转向螺杆与转向螺母之间滚动,形成"球流"。钢球在转向螺母内绕行两圈后,流出转向螺母而进入钢球导管,再由钢球导管流回转向螺母内。所以转向器在工作时,两列钢球只是在各自的封闭流道内循环,而不会脱出。钢球直径越大,承载能力越强,但结构尺寸越大。钢球数量越多,承载能力也越强,但钢球过多,影响钢球流动,从而降低传动效率。

转向螺母的外表面制有与扇形齿轮相啮合的齿条,扇形齿轮与转向摇臂轴制成一体,支承在壳体内的衬套上。当转动转向螺杆时,转向螺母轴向移动,通过齿条和扇形齿轮使转向摇臂轴转动,再通过转向传动机构带动转向轮偏转。

转向螺母的齿条是倾斜的,因此与之啮合的扇形齿轮应当是在分度圆上的齿厚沿齿轮轴线按线性关系变化的变厚齿轮。只要使扇形齿轮轴相对于齿条做轴向移动,就能调整二者的啮合间隙。

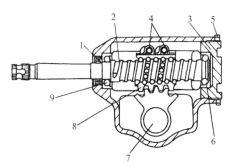

图 13-23   循环球式转向机剖视图

1—封圈;2—转向螺杆;3—调整螺塞;4—钢球导管;5—锁紧螺母;6、9—轴承;7—扇形齿轮;8—转向螺母

3. 蜗杆曲柄指销式转向器

如图 13-24 所示为蜗杆曲柄指销式转向器结构,其传动副的主动件是转向蜗杆,从动件是装在摇臂轴曲柄端部的指销。转向蜗杆转动时,与之啮合的指销即绕摇臂轴轴线沿圆弧运动,并带动摇臂轴转动。具有 T 形截面螺纹的转向蜗杆支承于转向器壳体两端的两个向心推力球轴承上。转向器盖上装有螺塞,用以调整上述两轴承的预紧度,调整后用螺母锁紧。转向蜗杆与两个锥形的指销相啮合。两个指销均用双列圆锥滚子轴承支承于摇臂轴内端的曲柄上,其中靠指销头部的一列无内座圈,滚子直接与指销轴颈接触。这样,所受剪切载荷最大的这段轴颈的直径可以做得大一些,以保证指销有足够的强度。

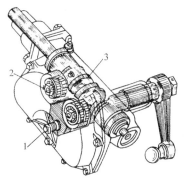

图 13-24 蜗杆曲柄指销式转向器结构

1—摇臂轴;2—指销;3—转向蜗杆

指销装在滚动轴承上可以减轻转向蜗杆和指销的磨损,并提高传动效率。螺母用以调整轴承的预紧度,以指销能自由转动且无明显的轴向间隙为宜。摇臂轴用粉末冶金衬套支承在壳体中。指销同转向蜗杆的啮合间隙用侧盖上的调整螺钉调整,调整后用螺母锁紧。

13.2.3 机械转向系统的检测与维修

1.转向操纵机构的检查

(1)方向盘自由行程的检查

由于转向系统各传动件之间都存在着装配间隙,而且这些间隙将随零件的磨损而增大,因此,在一定的范围内转动方向盘时,转向节并不随即同步转动,而是在消除这些间隙并克服机件的弹性变形后才做相应的转动,即方向盘有一空转过程。方向盘为消除间隙、克服弹性变形所空转过的角度称为方向盘自由行程。方向盘自由行程对于缓和路面冲击及避免驾驶员过度紧张是有利的,但过大的自由行程会影响转向灵敏性。一般规定,方向盘从直行中间位置向任一方向转动的自由行程为 10°~15°。当零件磨损到使方向盘的自由行程超过 25°~30°时,则必须进行调整。通常是通过调整转向器传动副的啮合间隙来调整方向盘自由行程。

汽车每行驶 12000 km 左右(或按出厂维护规程要求),应检查方向盘的自由行程,检查方法是:

①启动发动机(机械转向系统无须启动发动机)。

②转动方向盘,使前轮处于直线行驶位置。

③轻轻移动方向盘(或使用弹簧扭力计拉动方向盘),在转向轮就要开始移动时(即感觉到有阻力时),测量方向盘外缘转过的角度,此值应符合规定要求。如果不符合要求,应该检查转向器传动副配合间隙,调整转向球头销等。

(2)方向盘转动阻力检查

方向盘转动阻力可用弹簧秤拉动方向盘边缘进行测量。

$$转动力 = M/r$$

式中,M 为转动力矩;r 为方向盘半径。

(3)方向盘锁止功能的检查

①将点火开关转至"LOCK"位置,轻轻转动方向盘,此时方向盘应该锁止,不能转动。

②将点火开关转至"ACC"位置,方向盘应能自由转动。

（4）转向操纵机构松动、摆动检查

用双手握住方向盘,在轴向和径向两个方向上用力摇动,观察方向盘是否移位。由此了解方向盘与转向轴的安装情况、轴承是否松旷等。如有松旷等情况应及时调整。

2.转向器的维护

通过方向盘自由行程和方向盘转动阻力的检查,可以判断转向器轴承预紧度和转向器传动副配合间隙大小。如果不符合要求,需要对转向器轴承预紧度和转向器传动副配合间隙进行调整。

3.转向传动机构的维护

（1）目视检查

①目视检查转向传动机构是否弯曲、损坏,防尘罩是否有裂纹或破损;如有,应及时检修。

②目视检查转向器及润滑油是否泄漏;如有,应及时检修。

（2）松动、摆动检查

用手摇晃转向传动机构,检查是否有松动或摆动;如有松旷等情况,应及时调整。

4.转向器主要零件的检修

转向器主要零件的检修在前面的拆装环节已经讲述,此处不再赘述。

项目练习与测试

（一）填空题

1.汽车按_____所需要的方向行驶,必须有一整套用来控制汽车行驶方向的机构,即_____。

2.转向系统的作用是_____汽车的行驶方向和保持汽车稳定地_____行驶。

3.转向系统由_____和_____两大部分构成。

4.要满足汽车在转向时两侧车轮不发生滑动,各个车轮的轴线在转向时应_____。

5.从瞬时转向中心 O 点到转向外轮中心面的距离 R ,叫作汽车的_____。

6.转向轮偏转角度的大小可通过_____或_____转向节凸缘盘上的止动螺钉调整。

7.转向系统的传动比对转向系统的_____影响很大。

8.我国的交通规则规定右侧通行,故方向盘都安置在驾驶室的_____。

9.循环球式转向器中一般有_____传动副。

10.转向传动机构的作用是将_____传递的力传给转向轮,以实现_____。

11.转向传动机构的杆件,一般布置在前轴之后,称为_____。

12.转向横拉杆是连接左、右梯形节臂的杆件,它与左、右梯形节臂及前轴构成_____。

13.方向盘自由行程是指_____未发生偏转而方向盘所转过的角度。

14.为了保证汽车转向操纵轻便和灵敏,目前最有效的办法就是在汽车转向系统中加装_____。

15.按转向助力形式,转向器可分为_____、_____和_____三种。

(二)解释术语

1.转向半径　2.正传动效率　3.可逆式转向器　4.方向盘自由行程　5.转向助力装置
6.路感

(三)判断题

1.转向系统的作用是保证汽车转向。　　　　　　　　　　　　　　　　（　　）

2.汽车在转弯时,内转向轮和外转向轮滚过的距离是不相等的。　　　（　　）

3.两转向轮偏转时,外轮转角比内轮转角大。　　　　　　　　　　　（　　）

4.转向半径 R 越小,则汽车在转向时,所需要的场地面积就越小。　　（　　）

5.当作用力从方向盘传到转向垂臂时称为逆向传动。　　　　　　　　（　　）

6.可逆式转向器有利于转向轮和方向盘的自动回正,但汽车在坏路面上行驶时易发生
方向盘打手现象。　　　　　　　　　　　　　　　　　　　　　　　　　（　　）

7.摇臂轴的端部刻有标记,装配时应与转向垂臂的刻度标记对正。　　（　　）

8.当转向轮为独立悬架时,转向桥、横拉杆必须为整体式。　　　　　（　　）

9.方向盘自由行程对于缓和路面冲击,使操纵柔和以及避免使驾驶员过度紧张是有利
的。　　　　　　　　　　　　　　　　　　　　　　　　　　　　　　　（　　）

10.转向横拉杆都是直的。　　　　　　　　　　　　　　　　　　　　（　　）

11.汽车在转向时,所遇阻力的大小与转向轮定位角有关。　　　　　（　　）

12.在汽车转向轮遇到外力作用发生偏转时,一旦作用的外力消失后,应能立即自动回
到原来的直线行驶的位置。这种自动回正作用是由转向轮的定位参数来保证实现的。
　　　　　　　　　　　　　　　　　　　　　　　　　　　　　　　　　（　　）

13.转向系统的作用是保持汽车稳定的行驶路线,即使汽车直线行驶。　（　　）

14.方向盘转向传动比增大,转向操纵力不变。　　　　　　　　　　（　　）

15.主销后倾角有使车轮自动回正的作用,但使转向沉重。　　　　　（　　）

16.采用动力转向系统的汽车,当转向加力装置失效时,汽车也就无法转向了。（　　）

(四)简答题

1.简述对转向系统的要求。

2.简述对转向助力装置的要求。

项目 14　动力转向系统的拆装与调整

教学准备			
序号	名称		内容
1	实训目标	知识目标	学会动力转向系统的工作原理以及基本组成； 知晓动力转向系统的维护方法
		技能目标	熟练掌握动力转向系统的拆装、检修过程以及注意事项
2	课堂设计		先带领学生对动力转向系统进行一个总体认知，然后对各个部件进行拆装与检修
3	重点		动力转向系统各个部件的拆装与检修
4	难点		动力转向系统的工作原理
5	教学设备及工量具		整车、拆装工具、转向助力油等

14.1　动力转向系统主要部件的拆装与调整实践指导 ❖

动力转向器是在机械转向器的基础上形成的，应用于动力转向系统中，利用液体或气体对机械转向器施加助力，从而减轻驾驶员的操作难度，并解决转向灵敏性和操纵轻便性的矛盾。动力转向器中的控制元件属于精密装置，其配合工作状况直接确定动力助力能否实现。出现故障时会造成转向沉重或助力不足，方向盘回正过度、转向噪声及振动、转向不能回正和左右转向轻重不同等现象。

14.1.1　液压式转向助力泵皮带的检查、调整与更换

液压式动力转向系统的动力来源是发动机，发动机和转向助力泵之间是靠皮带来传递动力的，皮带的好坏以及松紧度直接影响转向助力泵的正常工作。

1. 皮带的检查

（1）皮带的新旧检查

皮带的新旧以及老化程度的检查除了通过使用时间和公里数判断之外，最简单的方法是如图 14-1 所示，将皮带翻过弯折，观察有无裂痕，如有裂痕必须及时更换。

（2）皮带松紧度的检查

皮带的张紧分为两种，一种是自张紧，这种皮带的松紧度不需要检查，如果过松需要更换新的张紧器；另一种是可调式的，这种皮带的松紧度检查如图 14-2 所示，以 100 N 的力按压箭头处，皮带有 10 mm 挠度为宜，否则予以调整。

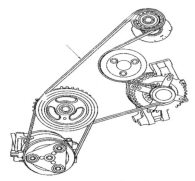

图 14-1　皮带老化的检查　　　　图 14-2　皮带松紧度的检查

（3）皮带轮的检查

皮带轮本身应无裂痕、变形；表面无油污以及杂质，并且旋转自如、无松旷。如图 14-3 所示的皮带轮上沾有底盘装甲漆，导致皮带异响。

如图 14-4 所示为转向助力泵皮带的更换示意图。

图 14-3　皮带轮上有杂质　　　　图 14-4　转向助力泵在车上的安装
　　　　　　　　　　　　　　　　1—撬棍；2、3—固定螺栓；4—棘轮扳手

2. 皮带的调整与更换

（1）先松开转向助力泵固定螺栓，如图 14-4 所示，将转向助力泵向车后移动，皮带即可取下。

（2）新皮带安装时注意皮带的正反面，有箭头指示的将箭头指向皮带的运转方向，没有箭头指示的将皮带型号正面朝向外侧，如图 14-5 所示。

图 14-5　将皮带型号正面朝向外侧

（3）安装皮带时，如图 14-4 所示，用撬棍 1 沿箭头方向顶紧转向助力泵泵体，使皮带抻紧。因为固定螺栓 2 在固定架上的孔是椭圆的，所以转向助力泵能围绕固定螺栓 3 做圆周

运动,进而押紧皮带。

(4)用棘轮扳手 4 将固定螺栓 2 和 3 按规定力矩拧紧,检查皮带松紧度。如果松紧度不合适,则重新调整。

对于自动张紧的转向助力泵皮带的拆装步骤很简单,在此不做阐述。

14.1.2 转向助力油的维护

1. 检查油面的高度

转向助力油壶的结构如图 14-6 所示。

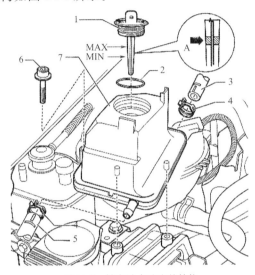

图 14-6　转向助力油壶的结构

1—油壶盖及油尺;2—密封圈;3—回油管;4—卡箍;

5—出油管(通向助力泵进油孔);6—内六角固定螺栓;7—油壶

发动机温度在 50 ℃时油面高度应该在 MIN～MAX 之间。

2. 转向助力油的更换

转向助力油的使用寿命因车型不同也不尽相同,大部分车型每两年或六万公里更换一次。因为车型的结构不同,更换方法也不同,但大致可以分为两种更换方式:找到液压系统的最低点,断开管路放油;在回油管处循环两种。

(1)找到最低点放油

以大众宝来为例,它的转向助力泵油管接头位于整个液压系统的最低处,因此我们可以断开此接头,放出助力油。参照图 14-7,具体步骤如下:

①拧开转向助力油壶盖。

②用钳子将卡箍退到油管的后面。

③将接油盆置于转向助力泵下面,轻轻拔下油管,放出助力油。

④将车轮向左、向右反复打到底,直至油不再流出,以排出转向器里的残余液压油。

⑤插上油管,卡好卡箍,将转向助力油加至 MAX 位置。

⑥将方向盘向左打到极限位置,再向右打到极限位置,反复 3～5 次。

⑦启动发动机,怠速情况下重复步骤⑥,并且在极限位置停留 3 s,排净管路里的空气。

⑧重新调整转向助力油油位于 MIN～MAX 之间。

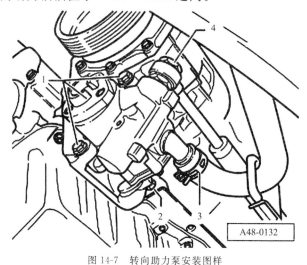

图 14-7　转向助力泵安装图样

1、2—固定螺栓；3—进油管；4—高压油管

（2）在回油管处循环

①从油壶上拆下连接在转向器上的回油管（图 14-6 中的零件）。在储液器的出口安装一个柱塞，然后把回油管放在一个空的放油盘内，如图 14-8 所示。

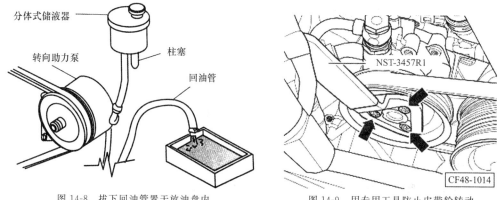

图 14-8　拔下回油管置于放油盘内　　　　图 14-9　用专用工具防止皮带轮转动

②当发动机怠速时，向每个方向打死方向盘，然后关闭发动机。

③在储液器中加入规定的转向助力油，使得油面高度达到 MAX 位置。

④启动发动机，使发动机怠速运转，并且把回油管放在放油盘内。当有油从回油管内排出时，关闭发动机。

⑤重复步骤③和④，直到回油管内没有空气排出为止。

⑥从储液器拆下柱塞，然后接上回油管。检查动力转向系统是否漏油。

⑦最后检查转向助力油壶油面高度。

14.1.3　转向助力泵的检测与拆装

1. 从车上拆下转向助力泵

（1）用开口扳手扳开多楔皮带张紧器，取下多楔皮带。

（2）用专用工具配合棘轮扳手拆下转向助力泵皮带轮螺栓，如图 14-9 所示，取下皮带轮。

（3）如图 14-8 所示，用放油盘接放出的转向助力油，拆下图 14-7 中的转向助力泵进油管 3 和高压油管 4。

（4）取下图 14-7 中的固定螺栓 1 和 2。

（5）用工具轻轻撬下转向助力泵。

2. 转向助力泵的安装

转向助力泵的安装顺序按照拆卸的反向顺序进行，但是装配时应注意：

（1）断开的油管不要进入灰尘，否则会加速转向助力泵的磨损。

（2）图 14-7 中高压油管 4 的空心螺栓密封垫片必须更换。

（3）加入新的转向助力油后遵循放气方法，排出油管内的空气。

（4）检查油面高度，检查管路接头是否泄漏。

3. 转向助力泵压力的测试

（1）检测工具：如图 14-10 所示。

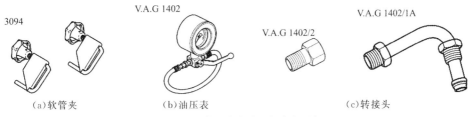

（a）软管夹　　　　　（b）油压表　　　　　（c）转接头

图 14-10　转向助力泵压力测试工具

（2）检测条件：转向助力泵皮带连接正常；管路无泄漏；软管无扭曲或阻塞。

（3）检测步骤：

①用软管夹 3094 夹住转向助力油壶回油管（图 14-11）和转向助力泵进油管（图 14-12）。

②拆下如图 14-12 所示的空心螺栓，将快速接头和油压表接于转向助力泵高压管路中。

③取下两个软管夹 3094，补充转向助力油至正常油位，左右转动方向盘到极限位置约 10 次。

④发动机怠速运转，用软管夹 3094 夹住油压表至转向机的软管，不要超过 5 s，标准值为 85～95 bar。

（4）检测后处理：压力过大或过小、转向助力泵渗油，都需要更换转向助力泵。

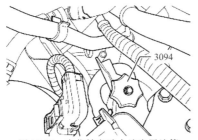

图 14-11　夹住转向助力油壶回油管

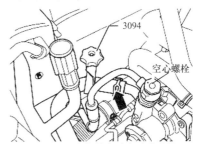

图 14-12　夹住转向助力泵进油管

14.2　动力转向系统相关知识

14.2.1　液压式动力转向系统的组成与工作原理

1. 液压式动力转向系统的组成

液压式动力转向系统是利用一定的动力助力方式，帮助执行转向操作的转向装置。其安装位置如图 14-13 所示。液压式动力转向系统一般由机械转向器、转向油壶、转向控制阀、转向油泵（即前文提到的转向助力泵）、转向冷却管路等组成。

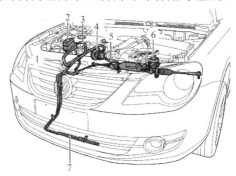

图 14-13　液压式动力转向系统的安装位置

1—转向供油管；2—转向油壶；3—转向回油管；4—转向油泵；5—压力油管；6—转向控制阀；7—转向冷却管路

2. 转阀式动力转向系统的工作原理

液压常流转阀式动力转向系统的工作原理如图 14-14 所示。

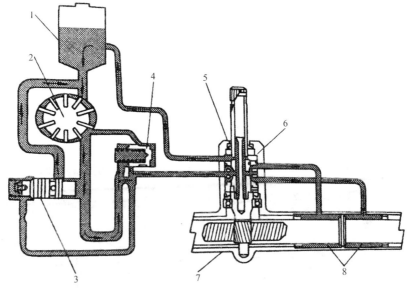

图 14-14　液压常流转阀式动力转向系统的工作原理图

1—储液罐；2—叶片泵；3—流量控制阀；4—辅助阀；5—回转式导阀机构；6—转阀；
7—齿轮齿条式转向器；8—动力缸

（1）直线行驶：当汽车直线行驶时，转阀处于中间位置，如图 14-15 所示。工作油液从转向器壳体的进油孔流到阀体的中间油环槽中，经过其槽底的通孔进入阀体和阀芯之间时，阀芯处于中间位置。进入的油液分别通过阀体和阀芯纵槽和槽肩形成的两边相等的间隙,再通过阀芯的纵槽以及阀体的径向孔流向阀体外缘上、下油环槽,通过壳体油道流到动力缸的左转向动力腔 L 和右转向动力腔 R。流入阀体内腔的油液在通过阀芯纵槽流向阀体上油环槽的同时,通过阀芯槽肩上的径向孔流到转向螺杆和输入轴之间的空隙中,从回油口经油管回到油罐中,形成常流式油液循环。此时,上、下腔油压相等且很小,齿条-活塞既没有受到转向螺杆的轴向推力,也没有受到因动力缸上、下腔压力差造成的轴向推力。齿条-活塞处于中间位置,动力转向器不工作。

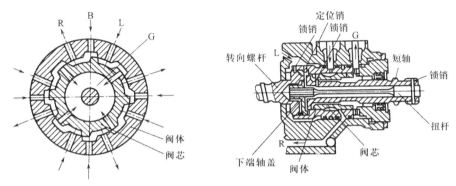

图 14-15　汽车沿直线行驶时转阀的工作状况

R—接右转向动力缸;L—接左转向动力缸;B—接转向泵;L—接转向油罐

(2)左转向:向左转动方向盘,短轴逆时针转动,通过下端锁销带动阀芯同步转动,同时弹性扭杆也通过轴盖、阀体上的锁销带动阀体转动,阀体通过缺口和锁销带动转向螺杆旋转,但由于转向阻力的存在,促使扭杆发生弹性扭转,造成阀体转动角度小于阀芯的转动角度,两者产生相对角位移,如图 14-16 所示,造成通下腔的进油缝隙减小(或关闭),回油缝隙增大,油压降低;上腔正相反,油压升高,动力缸上、下腔产生油压差,齿条-活塞在油压差的作用下移动,产生动力作用。

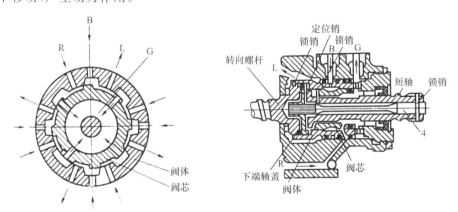

图 14-16　汽车向左转向时转阀的工作状况

R—接右转向动力缸;L—接左转向动力缸;B—接转向泵;L—接转向油罐

(3)当方向盘转动后停在某一位置:此时阀体随转向螺杆在液力和扭杆弹力的作用下,沿方向盘转动方向旋转一个角度,使之与转阀的相对角位移量减小,动力缸上、下腔油压差减小,但仍有一定的动力作用,使动力转矩与车轮的回正力矩相平衡,车轮即维持在某一转角位置上。

（4）回位过程：转向后需回正时,驾驶员放松方向盘,阀芯在弹性扭杆作用下回到中间位置,失去了动力作用,转向轮在回正力矩的作用下自动回位。若驾驶员同时回转方向盘,则转向动力器提供动力帮助车轮回正。

（5）自动回正：当汽车直线行驶偶遇外界阻力使转向轮发生偏转时,阻力矩通过转向传动机构、转向螺杆、螺钉与阀体的锁销作用在阀体上,使之与阀芯之间产生相对角位移,动力缸上、下腔油压不等,产生与转向轮转向相反的动力作用,转向轮迅速回正,保证了汽车直线行驶的稳定性。

（6）液力装置失效：将失去方向控制,这是非常危险的,此时动力转向不但不能使转向轻便,反而增加了转向阻力。为了减小这一阻力,装置了单向阀。单向阀安装在转阀的进油道与回油道之间。在正常情况下,进油道中的油压为高压,回油道中的油压为低压,单向阀因弹簧和油压作用而处于关闭状态,两油道不相通。在油泵失效转向时,进油道变为低压,而回油道却有一定的压力（由于此时动力缸活塞起泵油作用）,进、回油道的压力差使得单向阀打开,两油道相通,油液自动由缸的一边（被活塞挤压的一边）流向另一边（活塞离开后产生低压的一边）,这样就减小了转向阻力。

14.2.2 电动式动力转向系统的基本结构与工作原理

电动式动力转向系统（EPS）是一种直接依靠电动机提供辅助转矩的电动助力式转向系统。该系统仅需要控制电动机电流的方向和幅值,不需要复杂的控制机构。另外,该系统由于利用微机控制,为转向系统提供了较高的自由度,同时还降低了成本和重量。

1. 电动式动力转向系统的结构

电动式动力转向系统基本上是由转矩传感器、车速传感器、电控单元、电动机和减速机等组成的,如图 14-17 所示。

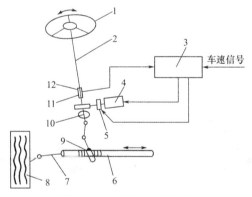

图 14-17 电动式 EPS 的组成

1—方向盘；2—输入轴；3—电控单元；4—电动机；5—电磁离合器；6—转向齿条；7—横拉杆；8—转向轮；
9—转向齿桥；10—输出轴；11—扭杆；12—转矩传感器

2. 电动式动力转向系统的工作原理

驾驶员操纵方向盘时,转矩传感器将方向盘的旋转角度与旋转力矩转换成电压信号,该信号与 ABS 电子控制单元传来的车速信号同时传入转向控制单元,与事先编辑好的电脑逻辑程序进行比对,计算出此时驾驶员的驾驶意图,从而确定出助力的力矩与方向,由此控制电动机的电流大小和方向,产生助力。电动机的力矩通过离合器和减速装置被放大作用到转向机构上,使方向盘得到合适的转向助力。

项目练习与测试

(一)填空题

1.汽车转向系统可按转向的能源不同分为_____和_____两类。传统液压式动力转向系统结构形式按阀体的运动方式可分为_____和_____;按系统内部压力状态可分为_____和_____。

2.液压式电控动力转向系统(液压式 EPS)是在传统的液压动力转向系统的基础上增设了控制液体流量的_____、_____和_____等,_____根据检测到的_____,控制_____,使转向动力放大倍率实现连续可调,从而满足高、低速时转向助力的要求。

(二)判断题

1.在液压常流滑阀式动力转向装置中,当转动方向盘并维持在一定的位置时,滑阀会回到中间的位置。　　　　　　　　　　　　　　　　　　　　　( )

2.对于行驶中的四轮汽车,当采用逆向偏转时,可减小汽车的转弯半径。　( )

3.当 4WS 转换器主电动机故障时,ECU 驱动辅助电动机工作,使后轮以 NORMAL 模式与前轮做逆向转动,并根据车速进行转向角比例控制。　　　　　　　( )

4.电动式动力转向系统中的光电式转向传感器的作用是把方向盘的转动方向、转动角度和转动速度转变为电信号,送给 ECU 用于控制转向。　　　　　　　　　( )

5.电动式动力转向系统中,当电动机发生故障时,离合器会保持接合,这时可手动控制转向。　　　　　　　　　　　　　　　　　　　　　　　　　( )

(三)选择题

1.流量式 EPS 是根据( )的信号,控制电磁阀阀针的开启程度,从而控制转向动力缸活塞两侧油室的旁路液压油流量来改变方向盘上的转向力。

　　A.扭矩传感器　　　　　　　　　B.车速传感器

　　C.电磁阀　　　　　　　　　　　D.流量

2.反力控制 EPS 是按照车速的变化,由电子控制( ),调整动力转向器,从而使汽车在各种行驶条件下,方向盘上所需的转向操控力都达到最佳状态。

　　A.液压反力　　　　　　　　　　B.扭杆

　　C.动力缸　　　　　　　　　　　D.转阀阀杆

3.反力控制式动力转向系统中的( )的主要功用是将来自转向油泵的油液分别送到转阀、油压反力室和电磁阀。

　　A.转阀　　　　　　　　　　　　B.电磁阀

　　C.动力缸　　　　　　　　　　　D.分流阀

4.下面选项中不是电动动力转向系统的信号源的是( )。

　　A.转矩传感器　　　　　　　　　B.转角传感器

　　C.发动机转速传感器　　　　　　D.汽车速度传感器

5.对于行驶中的四轮汽车,当采用( )偏转时,车身的动态偏转减小,从而可显著提高汽车高速行驶的稳定性。

A.四轮同向   B.前后轮反向

C.两前轮转向   D.两后轮转向

(四) 简答题

1.简述电控动力转向系统的优点。

2.电动式 EPS 由哪几部分构成？

3.电动式 EPS 转矩传感器的作用是什么？

4.电动式 EPS 是如何控制转向助力、改善转向路感的？

项目 15 汽车常规制动系统主要部件的拆装与调整

教学准备			
序号	名称		内容
1	实训目标	知识目标	理解制动系统的作用和工作原理;理解鼓式制动器、盘式制动器、驻车制动器的工作原理以及检修方法
		技能目标	掌握鼓式制动器、盘式制动器拆装方法及注意事项; 学会液压制动系统的维护保养; 了解驻车制动器的调整方法
2	课堂设计		将学生分组进行制动器的拆装,随后对各类制动器进行零件认识和工作原理分析,最后对各零件进行检修
3	重点		制动器的原理与组成
4	难点		制动系统各零件的检修与故障诊断
5	教学设备及工量具		常用拆装工具、游标卡尺、磁力表座、百分表、直尺、汽车等

15.1 汽车常规制动系统主要部件拆装与调整实践指导 ⁘

15.1.1 鼓式制动器的拆装

1.捷达轿车后轮鼓式制动器的结构认知

捷达轿车后轮采用鼓式制动器,其结构如图 15-1 所示。

2.鼓式制动器的拆卸

(1)松开四颗轮胎螺栓(不要拆掉,拧松即可)。

(2)用千斤顶将汽车支起,并将安全锁锁好。

(3)拧下轮胎螺栓,取下车轮。

(4)用专用工具拆下轮毂盖(图 15-2),取下开口销和锁止垫圈。

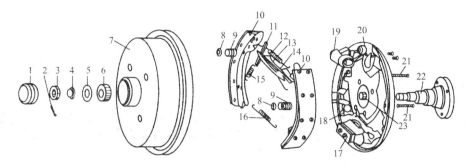

图 15-1　捷达轿车后轮鼓式制动器结构

1—轮毂盖；2—开口销；3—锁止垫圈；4—调整螺母；5—止推垫圈；6—轴承；7—制动鼓；8—弹簧座；9—弹簧；
10—制动蹄；11—楔形块；12—定位弹簧；13—上复位弹簧；14—压力杆；15—调整楔形块弹簧；16—下复位弹簧；
17—固定板；18—螺栓(60 N·m)；19—制动轮缸；20—制动底板；21—定位销；22—后轮毂短轴；23—观察孔橡胶塞

（5）用 24 号扳手松开调整螺母，取下止推垫圈。

（6）如果取不下制动鼓，是因为制动鼓磨损，将自调装置松开即可。如图 15-3 所示，用螺丝刀从螺栓孔插入，将楔形块向上提。

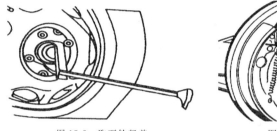

图 15-2　取下轮毂盖　　　　　　　　　图 15-3　提起楔形块

（7）取下制动鼓，用鲤鱼钳取下弹簧垫圈。

（8）分别将两个制动蹄从下支架上提起，取下下复位弹簧。

（9）小心将制动蹄摩擦片（简称制动片）从制动轮缸上取下，注意别将制动轮缸活塞碰出导致制动液泄漏。

（10）将驻车制动器拉锁从制动片挂钩上脱开。

（11）将制动片夹在台虎钳上，如图 15-4 所示。

（12）取下调整楔形块弹簧。

（13）取下上复位弹簧，取下左侧制动片。

（14）取下定位弹簧，如图 15-5 所示，拆下压力杆，注意压力杆的方向和反正。

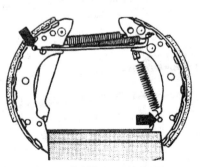
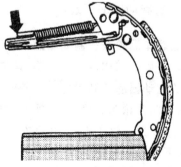

图 15-4　将制动片夹在台虎钳上　　　　　　图 15-5　取下定位弹簧

3.鼓式制动器的安装

(1)挂上定位弹簧,将制动片挂在压力杆上,放入楔形块。

(2)将另一侧制动片和制动杆装入压力杆上,并装上上复位弹簧,如图 15-6 所示。

(3)把手制动拉锁装到制动杆上,如图 15-7 所示。

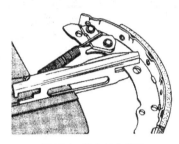

图 15-6   装上复位弹簧   图 15-7   装手制动拉锁到制动杆

(4)将制动片装到活塞上。

(5)装下复位弹簧,并把制动片卡入下支承上。

(6)连接调整楔形块弹簧。

(7)安装弹簧及弹簧座。

(8)安上制动鼓,调整轴承间隙,安上锁止垫圈并用开口销锁紧。

(9)用力踏几次制动踏板,使楔形块调整制动片就位。

15.1.2 盘式制动器的拆装

1.盘式制动器的结构认知

如图 15-8 所示为盘式制动器的结构,它由制动盘、制动片(也称摩擦片或制动摩擦片)、制动钳以及制动钳支架等组成。

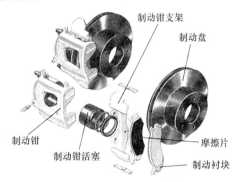

图 15-8   盘式制动器的结构

2.盘式制动器的拆卸

以一汽大众 CC 轿车为例,其前轮盘式制动器的结构如图 15-9 所示,拆卸步骤如下:

(1)用注射器抽出制动油壶内的制动液,如图 15-10 所示。

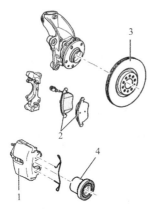

图 15-9　一汽大众 CC 轿车前轮盘式制动器的结构
1—制动钳;2—制动片;3—制动盘;4—制动活塞

图 15-10　抽出制动油壶内的制动液

（2）拧松轮胎螺栓,用举升机架起汽车,拆下车轮。

（3）将制动钳上的制动弹簧用螺丝刀拆下,如图 15-11 所示。

（4）拔下制动片磨损传感器插接器,如图 15-12 所示。

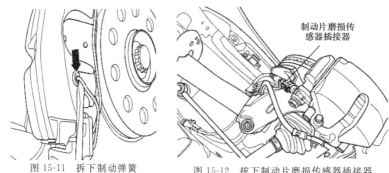

图 15-11　拆下制动弹簧

图 15-12　拔下制动片磨损传感器插接器

（5）取下浮动螺栓防尘帽,用 7 mm 内六角工具拆下浮动螺栓,如图 15-13 中箭头所示。

（6）取下制动钳,用挂钩把制动钳挂起,拆下制动片。

（7）拆下制动钳固定支架,取下制动钳。

（8）拆下制动盘固定螺栓,拆下制动盘。

如果制动盘与轮毂锈蚀过紧,可拧上一颗轮胎螺栓用铜棒敲击制动盘。

3. 盘式制动器的安装

（1）用酒精清洁制动钳。

（2）用专用工具 T10145 压回活塞。

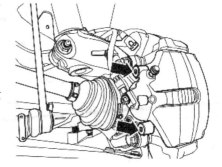

图 15-13　拆下防尘帽和浮动螺栓

（3）将外侧制动片置于制动钳支架上,内侧制动片卡在制动钳活塞内。

（4）注意制动片磨损传感器线束的走向,将制动钳安装在制动钳支架上。

（5）将浮动螺栓以 30 N·m 的力矩拧紧,扣好防尘帽。

（6）安装好制动弹簧。

（7）插上制动片磨损传感器插接器。

（8）安装车轮,以 120 N·m 力矩拧紧轮胎螺栓。

注意　在拆装完毕后务必将压回的活塞复位,否则有巨大安全隐患。具体做法为:拆装完毕后启动发动机,反复踩踏制动踏板 5～10 次,并检查制动片磨损报警灯是否熄灭。

15.1.3　制动液的液位检查、更换与制动系统的排气

1. 制动液的液位检查

制动液的液位在正常情况下应位于制动油壶上的 MIN 与 MAX 之间,如图 15-14 所示,并且在启动发动机、松开驻车制动器的情况下仪表板上的制动故障报警灯(图 15-15)应该熄灭。

图 15-14　制动液液位　　　图 15-15　制动故障报警灯

2. 制动液的更换

制动液容易吸收水分,当制动液里的含水量超过 1% 时,就不能保证制动系统的可靠性,因此大部分车型都要求每两年更换一次制动液。

现在市面上的汽车所用的制动液型号分为 DOT3 和 DOT4 两种,这两种制动液不可以互换、混加,切记按照维修手册或安全提示加注,如图 15-16 所示。

制动液的更换方法与制动系统排气的过程是一样的,保证新油加进去旧油被循环出来,并保证系统内不进空气即可。

3. 制动系统的排气

制动系统检修、更换制动液后或者制动踏板无弹力时,需要对制动系统进行排气。排气时可以使用制动液充放机,也可以人工进行排气。人工排气的步骤如下:

图 15-16　加注 DOT4 制动液

大部分车型的排气顺序为:右后车轮制动轮缸→左后车轮制动轮缸→右前车轮制动钳→左前车轮制动钳。但是在作业前应先查看维修手册确定排气顺序和排气螺钉拧紧力矩。

(1)将一根透明软管的一端接到排气螺钉上,另一端插入容器中。

(2)一人用力迅速踩下并缓慢放松制动踏板,如此反复数次后,踩下制动踏板,并保持不动。另一人拧松排气螺钉,管路中空气随制动液顺着透明软管排出制动系统,然后再将排气螺钉拧紧。

(3)重复上述步骤多次,直至排出的制动液中无气泡为止。

(4)取下透明软管,套上防尘罩。

(5)观察储液罐制动液液面高度,必要时添加制动液。

注意　制动液有腐蚀性,不要将其洒在车漆或皮肤上。如果不小心洒上,可以用大量的水冲洗。

15.2　汽车常规制动系统的相关知识

15.2.1　总体认识

1. 制动系统的功用

为了保证高速行驶汽车的安全性,在汽车上设有制动机构,使行驶中的汽车能顺利减速、停车,并使已经停下来的汽车保持不动。制动系统应具备以下基本性能:

(1)制动效能:是指汽车迅速降低车速直至停车的能力。汽车制动效能的评价指标是制动距离和制动减速度。

(2)恒定性:即当汽车在连续制动时,即使工作条件恶劣,其制动效能也不下降。

(3)可靠性:是指当制动系统中某一部分出现问题时,必须使剩余部分仍有最小限度的制动效能。例如,制动系统的双管路系统,当一个管路系统出现问题时,另一个管路系统仍能维持一定的制动力。

(4)制动方向的稳定性:是指在制动过程中,汽车无跑偏、侧滑或不能按照驾驶员给定方向行驶等现象。

2. 制动系统的分类

一般,汽车应包括两套独立的制动系统,即行车制动系统和驻车制动系统。行车制动系统是驾驶员用脚来操纵的,故又称为脚制动系统。它的功用是使正在行驶中的汽车减速或在最短的距离内停车。驻车制动系统俗称手刹车,它的作用是在停车时将车轮锁止而不能随意转动,使汽车可以固定地停靠。但在紧急情况下,两套制动系统可同时使用,以增强汽车的制动效果。

行车制动系统分类如下:

(1)按照是否为防抱死制动系统,行车制动系统可分为传统制动系统和电控制动系统。

(2)按照制动动力源的类型,行车制动系统可分为液压式制动系统和气压式制动系统。目前轿车上大部分采用液压式制动系统。

3. 制动系统的基本组成和工作原理

图 15-17 为制动系统的结构简图,制动系统主要由车轮制动器和制动器操作机构组成。

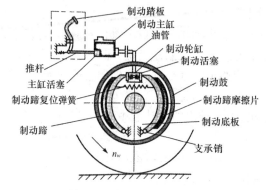

图 15-17　制动系统的结构简图

未制动时,制动鼓的内表面(圆柱面)与制动蹄摩擦片之间保留一定间隙,制动鼓可以随车轮一起旋转。

制动时,驾驶员踩下制动踏板,主缸推杆便推动制动主缸内的主缸活塞前移,迫使制动液经管路进入制动轮缸,推动制动轮缸的制动活塞向外移动,使制动蹄克服制动蹄复位弹簧的拉力绕支承销转动而张开,消除制动蹄与制动鼓之间的间隙后压紧在制动鼓上。此时,不旋转的制动蹄摩擦片对旋转的制动鼓就产生一个摩擦力矩,其方向与车轮的旋转方向相反。制动鼓将此力矩传到车轮后,由于车轮与路面的附着作用,车轮即对路面作用一个向前的圆周力,与此相反,路面会给车轮一个向后的反作用力,这个力就是车轮受到的地面制动力。

放松制动踏板,在制动蹄复位弹簧的作用下,制动蹄与制动鼓的间隙又得以恢复,从而解除制动。

4. 对制动系统的要求

为保证汽车能在安全的条件下发挥出高速行驶的能力,制动系统必须满足下列要求:

(1)具有良好的制动效能:迅速减速直至停车的能力。

(2)操纵轻便:操纵制动系统所需的力不应过大。

(3)制动稳定性好:制动时,前、后车轮制动力分配合理,左、右车轮上的制动力矩基本相等,使汽车制动过程中不跑偏、不甩尾。

(4)制动平顺性好:制动力矩能迅速而平稳地增大,也能迅速而彻底地解除。

(5)散热性好:连续制动时,制动鼓和制动蹄上的摩擦片因高温引起的摩擦系数下降要小(热衰退性好);水湿后恢复要快(水衰退性好)。

(6)对挂车的制动系统,还要求挂车的制动作用略早于主车;挂车自行脱挂时能自动进行应急制动。

15.2.2 车轮制动器

车轮制动器是指制动器旋转元件固装在车轮或半轴上,制动力矩直接分别作用于两侧车轮上的制动器。目前,汽车上使用的车轮制动器可分为鼓式(图 15-18)和盘式(图 15-19)两种。它们的区别在于:前者的摩擦副中的旋转元件为制动鼓,其工作表面为圆柱面;后者的摩擦副中的旋转元件则为圆盘状的制动盘,以端面为工作表面。车轮制动器一般用于行车制动,有的也兼用于应急制动和驻车制动。旋转元件固装在传动系统的传动轴上,其制动力矩经过驱动桥再分配到两侧车轮上的制动器称为中央制动器。中央制动器一般只用于驻车制动。

图 15-18 鼓式制动器　　图 15-19 盘式制动器

1. 鼓式制动器的检修

汽车制动时制动蹄与制动鼓之间因摩擦产生磨损,造成制动片厚度变小,制动鼓内径增大,使得蹄、鼓间的间隙增大,制动器起作用的时刻推迟,制动效能下降。因此,汽车行驶一定里程或出现制动不良的故障时,应对车轮制动器进行必要的调整和检修。主要操作有:

（1）制动片厚度的检查

用游标卡尺测量制动片的厚度,标准值为 5 mm,使用极限为 2.5 mm。铆钉与摩擦片的表面深度不得小于 1 mm,以免铆钉头刮伤制动鼓内表面。在拆下车轮前,后制动片的厚度可从制动底板的观察孔中检查。

（2）制动鼓内孔磨损及尺寸的检查

首先检查制动鼓内孔有无烧损、刮痕和凹陷,若不能修磨应更换新件。检查制动鼓内孔尺寸及圆度误差时,用游标卡尺检查内孔尺寸,标准值为 80 mm,使用极限为 81 mm;用百分表测量制动鼓内孔的圆度误差,使用极限为 0.03 mm,超过极限应更换新件。

（3）制动片与后制动鼓接触面积的检查

将后制动鼓和制动片表面打磨干净后,将红丹粉涂在制动鼓上,把制动片靠在制动鼓内表面,检查二者的接触面积,应不小于 60%,否则应继续打磨制动片的表面。

（4）后制动器定位弹簧及复位弹簧的检查

如图 15-20 所示,若后制动器定位弹簧、上复位弹簧、下复位弹簧和调整楔形块弹簧的自由长度增长率达 5%,则应更换新弹簧。

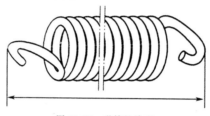

图 15-20　弹簧的检查

2. 盘式制动器的检修

制动器要求:整体状态应保持良好,制动盘无异常磨损和裂痕,端面圆跳动、厚度符合该车技术标准,若有划痕和锈蚀,可用砂纸打磨或车削,但精加工后制动盘的尺寸要符合要求;摩擦片应无异常磨损,并未超过磨损极限;分泵应密封良好,活塞与缸的配合间隙要符合要求。具体按如下步骤检修:

（1）制动盘厚度的检查

如图 15-21 所示,制动盘因使用而磨损,会使其厚度减小。制动盘磨损不均匀或厚度过小会引起制动踏板振动、制动噪声及颤动。检查制动盘厚度时,可用游标卡尺或千分尺直接测量制动片与制动盘接触面的中心部位,如轿车前制动盘标准厚度为 20 mm,使用极限为 18 mm,超过极限尺寸时应更换。取制动盘上的 6 个点进行测量,其厚度差应不大于 0.013 mm。

（2）制动盘端面圆跳动的检查

制动盘端面圆跳动过大,会导致制动踏板抖动或使制动片磨损不均匀。检查制动盘端面圆跳动,可用百分表进行测量,如图 15-22 所示。将磁性表座及百分表安装于减振器上,百分表的测量头抵在制动盘距外沿 5～10 mm 处,转动制动盘一圈,检查制动盘的偏摆量。一般制动盘的端面圆跳动不得大于 0.06 mm,超过该规定值,应拆下制动盘进行机械加工修复或者更换。

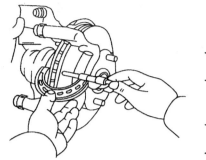
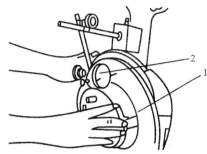

图 15-21 制动盘厚度的检查   图 15-22 制动盘端面圆跳动的检查
                                    1—制动盘；2—百分表

（3）制动片的检查

应检查制动片有无异常磨损、烧蚀、裂纹、油迹以及厚度是否合乎标准。检查制动片厚度时，查看其是否磨损到指示器以下或用深度尺测量，制动片的厚度应不小于 7 mm（含背板 5 mm），超过使用极限应更换。

15.2.3 驻车制动器

1.驻车制动器的功用

驻车制动器的功用是使停驶后的汽车驻留原地不动；便于坡道起步；当行车制动效能失效后临时使用或配合行车制动器进行紧急制动。

2.驻车制动器的分类

驻车制动器按其安装位置可分为中央制动式和车轮制动式两种。前者的制动器安装在变速器的后面，制动力矩作用在传动轴上；后者与车轮制动器共用一个制动器总成，只是传动机构是相互独立的。

中央驻车制动器结构简单，使用不广泛，所以不做介绍，这里着重介绍车轮制动器。

（1）鼓式驻车制动器

捷达轿车采用鼓式驻车制动器，其结构如图 15-23 所示。

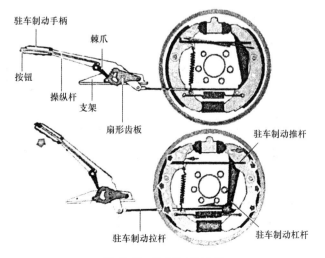

图 15-23 鼓式驻车制动器

驻车制动时,将驻车制动手柄拉到制动位置,制动钢索将驻车制动杠杆下端向前拉,上端以平头销为支点转动,其中间支点推动驻车制动推杆向左移动,待前制动蹄与制动鼓压紧后,驻车制动推杆停止移动,此时驻车制动杠杆以中间支承点为新支点继续转动,于是驻车制动杠杆上端向右移动,使后制动蹄也与制动鼓压紧。松开驻车制动手柄,在复位弹簧的作用下,制动片恢复原位。

（2）盘式驻车制动器

盘式驻车制动器根据结构不同,可分为带促动机构的钳式驻车制动器和盘鼓结合式驻车制动器两种形式。

①带促动机构的钳式驻车制动器

该种形式制动器的后轮制动钳里装有特殊机构,用于驱动制动钳活塞,特殊机构由连接到操纵杆的驻车制动器拉索控制,操纵杆从制动钳里面伸出来。促动机构有凸轮促动式、钢球促动式、偏心轴和推杆促动式三种类型。

• 凸轮促动式驻车制动机构。如图 15-24 所示,这种机构制动时,在驻车制动杠杆凸轮的推动下,自调螺杆连同自调螺母一直左移到自调螺母接触活塞底部为止。此时,由于螺母扭簧的阻碍,自调螺母不可能倒转着相对于自调螺杆向右移动。于是轴向推力通过活塞传到制动块上而实现制动。解除驻车制动时,自调螺杆在膜片弹簧的作用下,随着驻车制动杠杆复位。

制动间隙的自动调整:在制动间隙大于标准值的情况下实行行车制动时,活塞在液压作用下左移。挡片与推力球轴承间的间隙消失后,活塞所受液压推力便通过推力球轴承作用在自调螺母凸缘上。因为自调螺杆受凸轮斜面和膜片弹簧的限制,既不能转动也不能轴向移动,所以这一轴向推力便迫使自调螺母转动,并且随活塞相对于自调螺杆左移到制动器过量间隙消失为止。此时螺母扭簧张开,且其螺圈直径略有增大。撤除液压后,活塞密封圈使活塞退回到制动器间隙等于标准值的位置,而螺母扭簧的自由端则由于所受摩擦力矩的消失而转回原位。这样,自调螺母保持在制动前的轴向位置不动,从而保证了挡片与推力球轴承之间的间隙为原值。

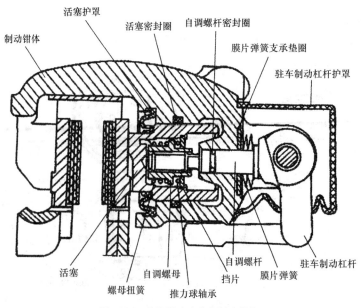

图 15-24　凸轮促动式驻车制动机构

• 钢球促动式驻车制动机构。如图 15-25 所示,驻车制动杠杆用固定螺栓固定在凸缘短轴上,凸缘短轴和凸缘螺杆的凸缘端面上各有三个倾斜凹坑,二者通过凹坑中的钢球传力,凸缘螺杆通过粗牙螺纹拧在活塞组件的螺母上。进行驻车制动时,拉绳拉动驻车制动杠杆摆动,凸缘短轴也随之转动,于是钢球在倾斜凹坑内滚动,同时推动凸缘螺杆带动活塞组件移动,压向制动盘实现制动。

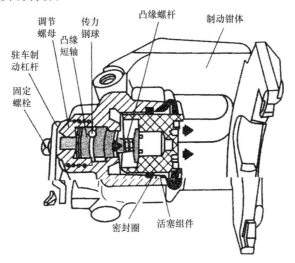

图 15-25   钢球促动式驻车制动机构

• 偏心轴和推杆促动式驻车制动机构。如图 15-26 所示,制动钳体右端装有杠杆轴壳体,杠杆轴插入杠杆轴壳体中。杠杆轴下端有一偏心孔,孔的中心线与杠杆轴中心线垂直但不相交,存在偏置。推杆的一端插在杠杆轴下端的偏心孔中,另一端插在自调螺杆前端凹槽中。自调螺杆通过多头螺纹与活塞组件中的螺母相连。进行驻车制动时,拉绳通过驻车制动杠杆带动杠杆轴转动,从而通过推杆推动自调螺杆和活塞组件向左移动实现制动。

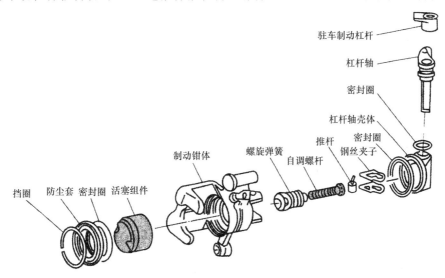

图 15-26   偏心轴和推杆促动式驻车制动机构

② 盘鼓结合式驻车制动器

盘鼓结合式驻车制动器比较复杂,在制动盘凹进去的鼓部内安装一个鼓式驻车制动器。

将一个作为行车制动器的盘式制动器和一个作为驻车制动器的鼓式制动器组合在一起。双作用制动盘的外缘盘做盘式制动器的制动盘,中间的鼓部做鼓式制动器的制动鼓。

15.2.4 液压制动传动装置

液压制动传动装置是利用制动液,将制动踏板力转换为液压力,通过管路传至车轮制动器,再将液压力转变为使制动器工作的机械力。液压力制动的特点是:制动柔和、灵敏,结构简单,使用方便,不消耗发动机功率;但操纵较费力,制动力不大,制动液流动性差,如有空气侵入会降低制动效能甚至失效。

1. 基本组成

为了提高汽车制动的可靠性和行车的安全性,现在汽车广泛采用双管路液压制动传动装置。双管路是指利用彼此独立的双腔制动主缸,通过两套独立管路,分别控制两桥或三桥的车。其特点是:当其中一套管路发生故障失效时,另一套管路仍能继续起制动作用。

双管路的布置方案在各型汽车上各有不同,常见的有前后独立式和交叉式两种形式。

(1)前后独立式

如图 15-27 所示,前后独立式双管路液压制动传动装置由双腔制动主缸通过两套独立的管路分别控制前桥和后桥的车轮制动器。这种布置方式结构简单,即使其中一套管路损坏漏油,另一套管路仍能起作用,但会破坏前、后桥制动力分配的比例,主要用于发动机前置后轮驱动的汽车。

(2)交叉式(也称为对角线式)

如图 15-28 所示,交叉式双管路液压制动传动装置由双腔制动主缸通过两套独立的管路分别控制前、后桥对角线方向的两个车轮制动器。这种布置方式在任意一套管路失效时,仍能保持一半的制动力,且前、后桥制动力分配比例保持不变,有利于提高制动方向稳定性,主要用于发动机前置前轮驱动的轿车。

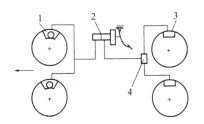

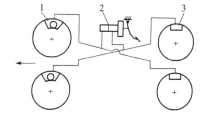

图 15-27　前后独立式双管路液压制动传动装置
1—盘式制动器;2—双腔制动主缸;
1、3—鼓式制动器;4—制动力调节器

图 15-28　交叉式双管路液压制动传动装置
1—盘式制动器;2—双腔制动主缸;
3—鼓式制动器

2. 主要部件

(1)制动主缸

制动主缸又称为制动总泵,其作用是将制动踏板输入的机械能转换成液压能。对应于双管路制动系统,制动主缸常用串列双腔式,如图 15-29 所示。目前,国内轿车及大多数国外轿车都采用等径制动主缸,即制动主缸前、后两腔的缸径相同,而某些国外轿车上装用了异径制动主缸,即制动主缸前、后两腔的缸径不相等。

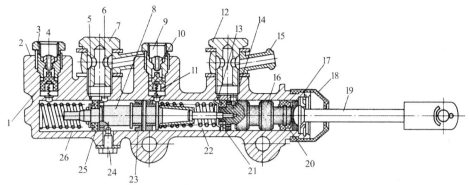

1、11—回油阀；2—主缸缸体；3—前腔出油阀及座；4—前出油口；5、13—旁通孔；6、14—补偿孔；
7、12—空心螺栓；8—前腔(第二)活塞；9—后出油口；10—后腔出油阀及座；15—进油管接头；
16—后腔(第一)活塞；17—挡圈；18—防尘护罩；19—推杆；20—后腔密封圈；21—第一活塞皮碗；
22—第一活塞复位弹簧；23—前腔密封圈；24—定位螺钉；25—第二活塞皮碗；26—第二活塞复位弹簧

图 15-29　串列双腔制动主缸

串列双腔制动主缸主要由储液罐、制动主缸外壳、推杆，前、后腔活塞及前、后腔活塞复位弹簧、皮碗等组成。

主缸的壳体内装有前、后腔活塞及其复位弹簧，前、后腔活塞分别用皮碗密封，前腔活塞用限位螺钉保证其正确位置。储液罐分别与主缸的前、后腔相通，前出油口、后出油口分别与轮缸相通，前腔活塞靠后腔活塞的液力推动，而后腔活塞直接由推杆推动。

不制动时，两活塞前部皮碗均遮盖不住其旁通孔，制动液由储液罐进入主缸。

正常状态下制动时，操纵制动踏板，经推杆推动后腔活塞左移，在其皮碗遮盖住旁通孔之后，后腔制动液压力升高，制动液一方面经出油阀流入制动管路，一方面推动前腔活塞左移。在后腔液压和弹簧弹力的作用下，前腔活塞向左移动，前腔制动液压力也随之升高，制动液推开出油阀流入管路。于是两制动管路在等压下对汽车制动。

解除踏板力后，制动踏板机构、主缸前后腔活塞和轮缸活塞在各自的复位弹簧作用下复位，管路中的制动液借其压力推开回油阀流回主缸，于是解除制动。

当迅速放开制动踏板时，由于制动液的黏性和管路阻力的影响，制动液不能及时流回主缸并填充因活塞右移而让出的空间，因而在旁通孔开启之前，压油腔中产生一定的真空度。此时进油腔液压高于压油腔，因而进油腔的制动液便从前、后腔活塞的前部皮碗的边缘与缸壁间的间隙流入各自的压油腔以填补真空。与此同时，储液室中的制动液经补偿孔流入各自的进油腔。活塞完全复位后，旁通孔已开放，由制动管路继续流回主缸，而多余的制动液便可经前、后腔的旁通孔流回储液罐。液压系统中因密封不良而产生的制动液泄漏及因温度变化而引起的制动液膨胀或收缩，都可以通过补偿孔和旁通孔得到补偿。当制动器间隙过大或液压系统进入空气，致使制动踏板踩到极限位置仍感到制动力不足时，可迅速放松制动踏板随即再踩下，如此反复几次，使压入管路中的油液增多，油压升高，以进一步加大制动力。

若与前腔连接的制动管路损坏而漏油，则在踩下制动踏板时只有后腔中能产生液压，前腔中无压力。此时，在压力差的作用下，前腔活塞迅速移到其前端顶到主缸缸体上。此后，后腔中液压方能升高到制动所需的值。

若与后腔连接的制动管路损坏而漏油，则在踩下制动踏板时，起先只是后腔活塞前移，而不能推动前腔活塞，因而后腔制动液压不能产生。但在后腔活塞直接顶触前腔活塞时，前腔活塞便前移,使前腔产生必要的制动液压而制动。

(2)制动轮缸

制动轮缸又称为制动分泵,其作用是把制动液压力转变为轮缸活塞的推力推动制动蹄压靠在制动鼓上,产生制动作用。制动轮缸有双活塞式和单活塞式两种,如图 15-30 所示为上海桑塔纳和一汽捷达、奥迪轿车所采用的后轮鼓式制动器的双活塞式制动轮缸。

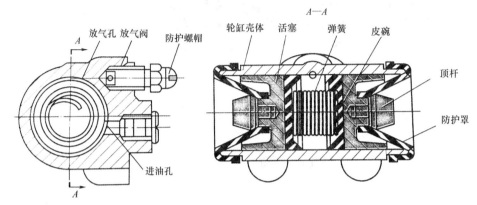

图 15-30　双活塞式制动轮缸

缸体用螺栓固定在制动底板上,缸内有两个活塞,二者之间的内腔由两个皮碗密封。制动时,制动液自进油管接头和进油孔进入,活塞在液压力作用下向外移动,通过轮缸活塞顶杆推动制动片。弹簧保证皮碗、活塞、制动蹄紧密接触,并保持两活塞之间的进油间隙。防护罩除防尘外,还可防止水分进入,以免活塞和轮缸生锈而卡住。在轮缸缸体上方还装有放气阀,以便放出液压系统中的空气。

如图 15-31 所示为单活塞式制动轮缸。为缩小轴向尺寸,液压腔密封件不用抵靠活塞端面的皮碗,而采用装在活塞导向面上切槽内的皮圈,进油间隙靠活塞端面的凸台保持。放气阀的中部有螺纹,尾部有密封锥面,平时旋紧压靠在阀座上。与密封锥面相连的圆柱面两侧有径向孔,与放气阀中心的轴向孔相通。需要放气时,先取下橡胶防护罩,再连踩几下制动踏板,对缸内空气加压,然后踩下制动踏板不动,将放气阀旋出少许,空气即可排出,待空气排出,将放气阀旋紧后再放松制动踏板。如此反复直到空气排尽。

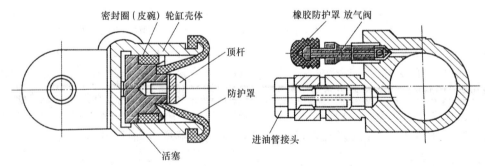

图 15-31　单活塞式制动轮缸

项目练习与测试

(一)填空题

1.汽车制动系统一般至少装用_____各自独立的系统,即主要用于_____时制动的行车制动装置和主要用于汽车停车时制动的_____装置。

2.行车制动装置按制动动力源可分_____、_____和_____三种。

3.按制动传动机构的布置形式,制动系统通常可分为_____和_____两类。其中双管路制动系统提高了汽车制动的_____。

4.制动力最大只能_____地面附着力,不可能超过地面附着力。

5.当挂车与主车意外脱挂后,要求_____。

6.当汽车制动系统部分管路失效时,其余部分制动性能应仍能保持规定原值30%以上,因此新车必须_____装置。

7.车轮制动器按其制动时两制动蹄对制动鼓径向力是否平衡,可分为_____、_____和_____制动器。

8.中央驻车制动器是通过制动_____而使驱动轮上产生制动力矩的,当全浮式半轴折断或传动轴拆除时,驻车制动器_____。

9.汽车上采用的车轮制动器是利用_____来产生制动力的,它的结构分为_____和_____两种。

10.手制动器按其结构不同可以分为_____和_____两种。

11.盘式制动系统的基本零件是_____、_____和_____组件。

12.盘式制动器优于鼓式制动器的主要优点是_____和_____。

13.盘式制动器活塞密封圈的作用是_____和_____。

14.在正常工作情况下,串列双腔式制动主缸的前活塞由_____推动,后活塞由_____推动。

15.挂车气压制动装置,按其控制方法的不同,可分为_____和_____两种,我国一般采用_____的挂车气压制动装置。

16.排气制动装置是利用_____而产生减速制动作用的。

17.前、后轮制动力分配自动调节装置的功用是使前、后轮制动力矩随时按变化的前后轮垂直载荷的比例分配,能充分利用_____,同时_____也会大大减少。

18.钳盘式制动器又可分为_____和_____。

19.汽车的制动系统由产生制动作用的_____和操纵_____的_____组成。

20.操纵制动器的传动机构有_____、_____和_____三种。

21.制动总泵的基本工作过程为_____和_____。

22.驻车制动器按其安装位置分为_____和_____两种形式。

23.制动主缸利用液体_____特性,将驾驶员的踏板运动传送到车轮制动器。

24._____在制动器松开时,为液体从高压室流进储液罐提供通道。

25.制动系统的液压管路由_____和_____组成。

26.常用的汽车制动效能评价指标是指_____和_____。

27.制动时汽车方向稳定性是指汽车制动过程中_____的能力。

28.侧滑是指汽车上的某一根轴或两根轴上的车轮,在制动时发生的_____现象。

29.制动系统载荷传感比例阀感受车辆_____部的高度变化。

（二）判断题

1.简单非平衡式制动器的优点是左、右制动蹄摩擦片的单位压力相等,缺点是制动效能低
（   ）

2.车辆在前进、后退制动时,如果两制动蹄都是助势蹄时,则该制动器是双向平衡式制
动器。   （   ）

3.两制动蹄通过机械杠杆连接,使两制动蹄摩擦片在制动时张力自增,称为自增力式制
动器。   （   ）

4.盘式制动器制动效能比鼓式制动器好,是因为盘式制动器有自增力作用。   （   ）

5.蹄式制动器中,一个蹄是增势蹄时,另一个蹄就必然是减势蹄。   （   ）

6.汽车制动时,后轮先抱死比前轮先抱死安全。   （   ）

7.制动盘径向跳动量过大,会造成制动时制动踏板跳动。   （   ）

8.左、右制动器的间隙不相等将导致制动跑偏。   （   ）

9.液压制动主缸的旁通孔和通气孔堵塞,会造成制动不灵。   （   ）

10.液压制动最好没有自由行程。   （   ）

11.制动踏板自由行程过大,会造成制动不灵。   （   ）

12.双腔制动主缸在后制动管路失效时前活塞仍由液压推动。   （   ）

13.气压制动气室膜片破裂,会使制动不灵。   （   ）

14.气压制动储气筒气压不足,会使制动不灵。   （   ）

15.真空增压器在不制动时,其大气阀门是开启的。   （   ）

16.真空增压器失效时,制动主缸也将随之失效。   （   ）

17.当气压增压器失效时,制动主缸仍然能够进行临时性制动。   （   ）

18.潮湿、泥泞的土路附着系数较高是汽车越野行驶困难的原因之一。   （   ）

19.行车制动装置是驾驶员用手操纵的制动装置,制动器安装在汽车的全部车轮上。
（   ）

20.盘式制动器的自动回位,多数是通过活塞后部的油封来实现的。   （   ）

21.从开始制动到完全制动的过程中,油管、制动蹄和制动鼓都会有一些变形,所以轮缸
活塞还会继续移动一小段距离。   （   ）

22.制动释放后,油管后会保持一定压力,可防止空气侵入液压系统。   （   ）

23.液压系统排出空气时,必须坚持从前到后的原则,有增压器的先放增压器内的空气。
（   ）

（三）选择题

1.液压制动主缸在不制动时,其出油阀和回油阀的开闭情况是（   ）。
A.出油阀和回油阀均开启   B.出油阀关闭而回油阀开启
C.双阀均关闭

2.在不制动时,液压制动系统中制动主缸与制动轮缸的油压是（   ）。
A 主缸高于轮缸   B 主缸与轮缸相等
C 轮缸高于主缸

3.真空增压器在维持制动时,真空阀和大气阀的开闭情况是（   ）。
A 大气阀开真空阀关   B 双阀均关闭

C 大气阀关真空阀开

4.制动液是液压制动系统的重要组成部分,所以制动液要满足的要求是(   )。

A.高温下不易汽化,良好的流动性、润滑性,吸水性差而溶水性好和不易腐蚀其他件

B.高温不易产生气泡,低温不易凝固和有一定的密封作用

C.高温不易产生气泡,低温不易凝固和有一定的黏度

D.只要是制动液就可以一起使用

5.下列步骤除(   )外,其余都是常用的双制动主缸维修的步骤。

A.为拆下主活塞总成,将副活塞限位螺栓拧下

B.用脱脂溶剂清洗制动主缸

C.用研磨法将缸内的锈全部除掉

D.更换所有的皮碗和密封

6.制动器缓慢拖滞转动的原因可能是(   )。

A.系统内空气过量   B.制动轮缸或制动钳活塞被卡住

C.制动踏板回位弹簧拉力过大   D.制动蹄摩擦片磨损量过大

7.液压制动系统进行必需的修理后,不要求对液压制动系统进行冲洗的情况是(   )。

A.制动液含有水分   B.系统内渗有空气

C.制动液内有细小脏微粒   D.制动液用错型号

8.甲说,不合适的制动软管可能引起泄漏;乙说,有缺陷的制动软管可能会造成液压回路节流。说法正确的是(   )。

A.甲   B.乙

C.甲、乙均正确   D.甲、乙均不正确

9.顾客抱怨说,用平稳的力踩制动踏板时,制动踏板只是缓慢地移向底板,没有制动液泄漏的迹象。下列选项中最有可能是该故障原因的是(   )。

A.溢流阀工作不正常   B.主皮碗过量磨损

C.副皮碗过量磨损   D.活塞弹簧变软

10.制动时,制动踏板的自由行程过大,可能的原因是(   )。

A.制动轮缸的活塞被卡住   B.制动蹄与制动鼓间的间隙过大

C.制动蹄摩擦片磨损量过大   D.驻车制动器调整有误

11.下列选项中(   )不是在制动主缸放气之后,对各制动器放气的正确方法。

A.必须先对制动管路最长的制动器放气

B.正确的放气顺序取决于制动系统管路采用哪种布置方式

C.所有类型的制动管路必须先从左后轮开始放气

D.必须把一个制动器上的所有气体放尽,才能给下一个制动器放气

12.为制动盘机械加工做准备的过程中,不正确的是(   )。

A.用千分尺测量制动盘厚度变化量

B.用千分尺测量制动盘厚度

C.用制动器测量仪测量直径

D.用千分尺测量制动盘平行度

13. 甲说,应将制动钳的防尘罩拆下,然后再用一个大的、钝的一字旋具(一字起子)将活塞撬出缸筒;乙说,应当向排气螺钉缸筒施加压缩空气,之后将活塞推出制动卡钳。正确的说法是(　　)

    A. 甲　　　　　　　　　　　　　　B. 乙

    C. 甲、乙均正确　　　　　　　　　D. 甲、乙均不正确

14. 仪表板上的制动故障报警灯始终亮着,造成这种问题的原因可能是(　　)。

    A. 制动故障报警灯开关未调整好　　B. 电路中的保险丝熔断

    C. 液压回路有问题　　　　　　　　D. 制动故障报警灯开关短路

15. 制动时车轮振动严重,下列最不可能造成这个故障的是(　　)。

    A. 轮胎　　　　　　　　　　　　　B. 车轮轴承调整

    C. 制动主缸　　　　　　　　　　　D. 悬架

16. 能使汽车产生良好的制动效能的因素是(　　)。

    A. 轮胎的附着能力　　　　　　　　B. 路面的附着能力

    C. 制动力　　　　　　　　　　　　D. 以上三个都是

17. 关于盘式制动器下列说法不正确的是(　　)。

    A. 在冬季和恶劣路况下行车,盘式制动器比鼓式制动器更容易在较短的时间内使车停下

    B. 盘式制动器高负载时耐高温性能好,制动效果稳定,而且不怕泥水侵袭。

    C. 中低档次车辆的盘式制动器常用在后轮制动

    D. 有些盘式制动器的制动盘上开了许多小孔,是为了加速通风散热,提高制动效能

18. 鼓式车轮制动器的旋转元件是(　　)。

    A. 制动蹄　　　　　　　　　　　　B. 制动鼓

    C. 摩擦片

19. 桑塔纳轿车前轮所采用的制动器为(　　)。

    A. 浮钳型盘式制动器　　　　　　　B. 定钳型盘式制动器

    C. 全盘式制动器

20. 下列几种形式的制动传动机构中,(　　)仅用在手制动上。

    A. 机械式　　　　　　　　　　　　B. 液压式

    C. 气动式　　　　　　　　　　　　D. 以上均不是

(四)问答题

1. 盘式制动器与鼓式制动器相比,有哪些优点?

2. 试举例说明如何进行手制动的调整。

3. 什么是制动踏板自由行程?

4. 常见制动液的种类有哪些?各有何特点?

5. 如何进行制动系统排气操作?

6. 如何检测真空助力器是否工作正常?

(五)案例分析题

一辆丰田海狮面包车,其制动系统是前盘后鼓式。后制动有比例感载阀。该车进厂做二级维护。检修前,技师试车正常,前后轮均能抱死。在二级维护过程当中,发现有一个制

动分泵漏油,于是更换了皮碗。但检修后试车时,发现制动踏板总是软绵绵的,总是能踩到底,且车轮不能抱死。于是技师又更换了原厂总泵及比例感载阀,并排空气多次,用了几瓶制动液仍然无法解决问题。

(1)比例感载阀的作用是:_____。

(2)你认为故障的原因可能是:(　　　)。

A.制动系统未能完全排空

B.真空阻力器有故障

C.新总泵故障

D.新的比例感载阀有故障

E.管路有地方进空气

(3)你认为应如何检修:(　　　)。

A.更换另一台新总泵

B.更换另一个新比例感载阀

C.更换真空阻力器

D.用各种方法排空气,直到踏板力正常后再检查其他故障

E.去除比例感载阀

项目 16　汽车防抱死制动系统及驱动防滑控制系统的维修

教学准备		
序号	名称	内容
1	实训目标　知识目标	了解 ABS 和 ASR 的基本组成、结构以及工作原理
	技能目标	认识 ABS 和 ASR 的各部件,会对各部件进行检查,会用各种专用仪器对故障进行检查
2	课堂设计	带领全体学生在实训室对各部件的安装位置、结构、原理进行简述;然后讲解各部件的检修方法,最后将学生分组对带有 ABS 和 ASR 的整车进行检修,达到熟练操作
3	重点	ABS 和 ASR 的结构、组成及工作原理
4	难点	ABS 各部件的检修; ABS 和 ASR 的故障诊断
5	教学设备及工量具	带有 ABS 和 ASR 的整车数台、常用拆装工具、诊断仪等

16.1　电子制动系统维修

16.1.1　总体认识

在车辆制动时如果车轮抱死滑动,则车轮与路面间的侧向附着力将完全消失。防抱死制动系统(Anti-lock Brake System,ABS)的设计目的,是能根据路面状况,自动调节车轮的制动力,防止因车轮抱死而使其在路面上拖滑,使车轮处于边滚边滑的状态,以提高汽车制动过程中的方向稳定性、转向控制能力和缩短制动距离。它是电子控制技术在汽车上最有突出成就的一项应用,能够有效地提高行车的安全性,从而保证车辆能获得最佳的制动性能。

16.1.2　制动系统故障排除

特定的诊断与检查可及时发现 ABS 中的故障,是维修中非常重要的部分。对于不同的车型,甚至同一系列不同年代生产的车型,诊断与检查的方法和程序都会有所不同,但是别的系统基本诊断与检查方法的内容是不变的。故障诊断与排除的一般步骤是:听取用户反映,目测检查,检查报警灯,路试,对间歇性故障进行诊断,根据故障码进行故障诊断,清除故障码。

（1）听取用户反映

由于防抱死制动系统是相对较新的技术，用户可能尚未正确了解其工作特性。根据用户反映可知道：防抱死制动系统是否真的存在故障，在什么情况下、什么时候发生故障，诊断应先从哪儿开始，特别是用户的有些反映可能属于正常的工作情况，如紧急制动时制动踏板颤动，在制动或者在启动时液压泵电动机和电磁阀发出声音等，在告知用户正常的工作现象后，其他的反映则可以作为诊断的依据。

（2）目测检查

目测检查可以确定是否存在使 ABS 产生故障的明显原因，一般应从以下几个方面进行检查：

①检查储液器是否液面过低、液压装置是否外部泄漏和制动主缸工作是否正常，若发现问题可按需要添加制动液，确定制动液损失的原因并修理，并将各元件安装到正确的位置。

②检查驻车制动器是否完全放松、开关功能是否正常，若发现问题应视具体情况进行维修或调整。

③检查保险丝是否熔断，若熔断则查清保险丝烧坏的原因，并根据需要更换保险丝。

④检查导线及连接器是否有破损或连接器松动现象，若发现问题应按需要修理和接好各连接器。

（3）检查报警灯

仪表板上带有两个故障报警灯：一个是制动故障报警灯（红色）；另一个是 ABS 故障报警灯（黄色），如图 16-1 所示。

图 16-1　故障报警灯

两个故障报警灯正常闪亮的情况如下：当点火开关打开时，红色制动故障报警灯与黄色 ABS 故障报警灯几乎同时亮，制动故障报警灯亮的时间较短，ABS 故障报警灯会亮得长一些（约 3 s）；启动汽车发动机后，蓄压器要建立系统压力，此时两个故障报警灯会再亮一次，时间可达十几秒甚至几十秒。红色制动故障报警灯在停车、驻车制动时也应亮。如果在上述情况下故障报警灯不亮，就说明故障报警灯本身或线路有故障。

红色制动故障报警灯常亮，说明制动液不足或蓄压器中的压力下降（低于14000 kPa），此时普通制动系统与 ABS 均不能正常工作，要检查故障原因并及时排除故障。

黄色 ABS 故障报警灯常亮，说明计算机发现 ABS 中有问题，要及时检修。

（4）路试

进行路试时,应首先检查制动踏板感觉是否适宜,同时应分清间歇工作和不工作时的区别,在 ABS 不工作时主要检查普通制动系统是否正常。测试 ABS 工作是否正常,应至少在40 km/h的初始速度下紧急制动,若感觉到制动踏板有轻微的颤动,轮胎抱死的时间少于 1 s,轮胎与地面基本上无拖痕,说明 ABS 工作正常;否则,说明系统存在故障,ABS 不起作用。

当确定 ABS 存在故障以后,下面就以实际整车为例对 ABS 故障进行检修,步骤如图16-2 所示。

(a)故障现象:ABS 故障报警灯在打开点火开关 3 s 之后常亮,路试 ABS 不起作用

(b)连接诊断接头,打开点火开关至 ON 位置,启动诊断仪

(c)进入初始界面,点击"手动"选择相应的车型

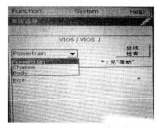
(d)选择底盘系统

(e)进入 ABS

(f)点击"DTC"按钮读取故障码

(g)根据故障码提示,断开左前轮转速传感器插接器,测量其电阻为 1698 Ω,属于正常范围

(h)将诊断仪置于读取数据流界面,进行路试,发现左前轮轮速低于其他轮

(i)对左前轮进行拆解,发现车轮转速传感器表面沾有很多杂质(如图中箭头所示)

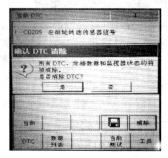
(j)清理转速传感器,清除故障码

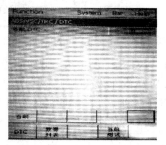
(k)进行路试,ABS 故障报警灯熄灭,ABS 工作正常,无故障码

图 16-2　ABS 故障检修步骤组图

注意 测试动态数据流时切勿单人操作,避免开车时操作诊断仪。

对于 ABS 的诊断主要还是依靠人工经验和诊断仪,因此熟练地掌握诊断仪的使用对于 ABS 的检修至关重要。

16.1.3　ABS 液压系统维修

在维修 ABS 的传统制动系统时,需要做一些预防措施,如在释放制动系统或者打开液压系统之前,技师必须了解系统的部件以及它们的作用。在打开液压管路之前,要仔细阅读制造商的维修说明书,尤其要留心关于高压的安全预防措施 在可能有高压存在的地方不要打开任何的液压管路,否则会造成车辆的毁坏。在没有释放高压的情况下,打开液压管路是非常危险的。

1. 释放系统的高压

如果需要打开液压管路,察看液位,释放高压或更换零部件,必须先查看制造商的维修步骤。这些步骤决定了是否需要释放系统的压力。当步骤需要释放高压时,点火开关需要在关闭位置。以 100 N 的踏板力踩下制动踏板至少 30 次。随着高压的释放,会感知踏板力明显变化。当踩踏制动踏板阻力有所增加时,适当提高踩制动踏板的次数。这样会释放系统所有的液压力。有些系统需要 50 次的踩踏制动踏板来完全释放压力。感觉压力将要释放完毕时多踩踏几次制动踏板。

2. 对 ABS 制动液的要求

ABS 工作时,要以 7～8 次/s 的频率进行“减压→保压→增压”的循环动作,因此,对制动液的要求比普通制动系统的要更高。对 ABS 制动液的基本要求如下:

(1)沸点要高(不低于 260 ℃),保证制动时不会产生“气阻”。

(2)运动黏度要低,以保证 ABS 工作时“减压→保压→增压”循环动作反应及时。

(3)对金属、橡胶无腐蚀性。

(4)能长期保存,性能稳定,在使用中高、低温频繁变化时其化学性能应无大的变化。

(5)吸湿沸点要高(吸湿沸点是指制动液在吸湿率(含水量)为 3.5％时的沸点)。

目前,日、美、韩等国的轿车一般都推荐用 DOT3 制动液或与之相当的 DOT4 制动液,不推荐在 ABS 中使用硅酮型 DOT5 制动液。

3. ABS 排气

防抱死制动系统中的气体是极其有害的,它破坏系统对制动压力的正常调节,可导致 ABS 失去作用。当更换制动器、打开了制动管路、更换了制动系统液压部件时,或是制动踏板发软、变低、制动效果变差时,就需要对 ABS 进行排气。ABS 排气比普通的制动系统稍复杂一些,应遵循一定的要领,以避免费工费时,而制动系统中的空气还是排不干净。ABS 排气时应注意以下几点:

(1)对于装有制动真空助力器的,在进行排气操作前,首先要把制动助力控制装置断开,使制动系统处于无助力状态。

(2)断开 ABS 的电子控制单元,以使排气过程中 ABS 电子控制系统不起作用,避免对 ABS 排气造成影响。

(3)ABS 排气时间要比普通制动系统长,消耗的制动液也较多,需边排气边向制动总泵储液罐添加制动液,使储液罐制动液液面保持在 MIN～MAX 之间。

(4)刚刚放出的制动液不能回添入储液罐。

(5)在排气过程中,制动踏板要缓缓地踩,不能过猛,这与普通制动系统一样。

(6)不同形式的 ABS,其排气程序可能会有些不同,应参照相应的保养手册进行排气操作。

(7)一些系统的排气必须让 ABS 油泵工作(打开点火开关,有的需运行发动机),在加压的情况下可使排气更快更彻底。

16.2　防抱死制动系统(ABS)

16.2.1　常见的元件和术语

1.传感器

传感器用于检测物理运动,并将其运动转化成电信号,它也可以检测电压和电流。常见的传感器有运动传感器、温度传感器、压力传感器和速度传感器等。

2.信号

信号是指传感器传给控制器的电信号。该信号可以是模拟信号,也可以是数字信号。因数字信号容易被电脑识别,所以大多数模拟信号都会通过电脑中的模/数转换器转换成数字信号。模拟信号是连续变化的。数字信号可以是正的、负的或者是高的、低的。我们这里仅简单介绍正的和负的数字信号。数字信号可能会由于开启和关闭的时间量不同,以及重复信号的敏捷度不同而有所不同。这通常是由促发器的运动决定的。不同的速度决定工作周期的频率不同。如较慢车速会使转速传感器信号在 0.5 ms 内达到一个工作周期,而较快的车速则会在 0.1 ms 之内使转速传感器信号达到一个工作周期。在这种情况下,电脑会比较各车轮的转速,并给出正确的控制,如果需要的话,它还会将信号传给液压控制器处理。

3.执行元件

执行元件是电子系统的执行器,它们根据控制器的要求工作。执行元件通常是电动机或螺线管,常见的有电动机和电磁线圈。大多数情况下,控制器可根据传感器给出的信号,通过处理后去控制执行元件的动作。

4.控制器

控制器是电脑程序,它根据传感器信号做出一定的决策并对执行元件产生控制指令。控制器是比我们平时工作和学习用的电脑简单些的一种电脑,如图 16-3 所示,它能通过复杂的程序计算来执行不同的工作,也可以根据其设定好的程序参数来控制发动机、变速器、控制器以及其他的系统。控制器的数据与其他的电脑共享,以减少控制复杂汽车系统的传感器和执行器的数量。

图 16-3 防抱死制动系统控制器及液压控制模块

5.控制局域网

控制局域网(CAN)是最新的复杂联系网,并正在所有的汽车中使用。虽然本书没有详细介绍 CAN,但是 CAN 在现代汽车上的作用不容忽视。

6.制动压力调节器

制动压力调节器是在防抱死制动系统、牵引力控制系统和其他制动系统的基础上而形成的电子单元,用来控制一个或多个车轮的液压制动力系统。老式的制动压力调节器仅能控制释放压力,现在的制动压力调节器既能控制释放压力,也可以增加系统液压力,进而控制轮速。

7.命令

命令是电子信号或由控制器输出的信号。命令通常是控制器电路中的负极电压。例如,当开关打开时,喷油器将总保持 12 V,但是,只有当 PCM 形成接地电路(即电路闭合)时,喷油器才能够进行喷油。其他执行器的工作方式也是相同的。

16.2.2 防抱死制动系统(ABS)的组成与原理

1.ABS 基本组成

防抱死制动系统由传统的普通制动系统和防止车轮抱死的电子控制系统组成。这里提到的 ABS 单指电子控制系统。电子控制系统一般由传感器、电子控制器、执行器及报警灯等组成。其中,传感器主要指车轮转速传感器,执行器主要指制动压力调节器,如图 16-4 所示。

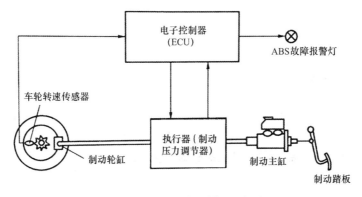

图 16-4 防抱死制动系统原理框图

（1）车轮转速传感器

车轮转速传感器是 ABS 中最主要的一个传感器,其作用是检测车轮速度信号,简称轮速传感器。

（2）电子控制器

电子控制器常用 ECU 表示,俗称 ABS 电脑。它是系统的神经中枢。接收传感器信号,通过计算、分析、判断后对执行器发出控制指令,另外还有监测功能。

（3）制动压力调节器

制动压力调节器的作用是接收 ECU 的指令,驱动调节器中的电磁阀动作（或电动机转动）,调节制动轮缸的制动压力,使车轮始终处于边滚边滑状态。

（4）报警灯

报警灯包括仪表板上的制动故障报警灯和 ABS 故障报警灯。制动故障报警灯为红色,通常用 BRAKE 做标识,由制动液面开关、手制动开关及制动液压开关并联控制;ABS 故障报警灯为黄色,由 ABS 电子控制器控制,通常用 ABS、ALB 或 ANTILOCK 做标识。ABS 具有失效保护和自诊断功能,当 ECU 监测到系统出现故障时,将自动关闭 ABS,恢复常规制动,存储故障信息,并将 ABS 故障报警灯点亮,提示驾驶员尽快进行修理。

2. ABS 基本原理

在一般的制动情况下,驾驶员踩在制动踏板上的力较小,车轮不会被抱死,ABS 不工作,这时就如常规的制动系统一样,制动力完全由驾驶员踩在制动踏板上的力来控制。当紧急制动或在松滑路面上制动时,ABS 将工作:制动开始时,制动压力急剧升高,车轮速度迅速下降,车轮的滑移率在极短时间内到达稳定区域;当轮速传感器检测到车轮出现抱死趋势时,ABS 的电子控制器输出信号到制动压力调节器,使其降低制动压力,减小车轮制动力矩,进而使车轮滑移率恢复到靠近稳定界限的稳定区域内,保持压力,车轮速度上升;当车轮的加速度超过某一值时,再次将制动压力提高到使车轮滑移率稍微超过稳定界限,保持压力,车轮速度又下降。ABS 按上述"压力降低→压力保持→压力升高→压力保持→压力降低"循环反复将车轮滑移率控制在狭小范围内,以获得最佳的制动效能和制动时的方向稳定性和转向操纵能力。需要指出的是,为避免 ABS 在较低的车速下制动时因制动压力的循环调节而延长制动距离,ABS 有最低工作车速的限制,一般来说,当汽车行驶速度超过 8 km/h 时,ABS 才起作用。

16.3 ASR 系统

16.3.1 ASR 系统的基本原理与方法

汽车驱动防滑控制系统（Anti-Slip Regulation）简称 ASR,是继防抱死制动系统（ABS）之后应用于车轮防滑的电子控制系统。ASR 的基本功能是防止汽车在加速过程中打滑,特别是防止汽车在非对称路面或转弯时驱动轮的空转,以保持汽车行驶方向的稳定性、操纵性和维持汽车的最佳驱动力以及提高汽车的行驶平顺性。从控制车轮和路面的滑动率[1]来看，ASR 和 ABS 采用的是相同的技术，但两者所控制的车轮滑动率是相反的。可见 ASR 和 ABS 密切相关，因而常将它们结合在一起使用，构成行驶安全系统。这样，它们可共享许多电子组件和可用共同的系统部件来控制车轮的运动。

1. ASR 基本原理

ASR 通常与 ABS 配合使用，它的作用是在汽车起步、加速过程中，通过减少节气门开度来降低发动机的输出转矩或由制动器控制车速来防止驱动轮打滑，特别是防止汽车在非对称路面或转弯时的驱动轮空转。

车轮完全空转时，纵向附着系数变小，且横向附着系数几乎为零。此时产生的驱动力最小，后轮驱动的汽车会失去方向稳定性，前轮驱动的汽车会失去转向控制能力。在车辆的驾驶过程中，尤其是在低附着系数路面上起步时，为了防止车辆因车轮空转打滑而失去方向稳定性和转向控制能力，应尽可能缓慢地松开离合器，并且尽量保持发动机低速转动，以免驱动力过大。ASR 就是将滑转率控制在 $10\% \sim 20\%$ 的目标值范围以内，防止车轮滑转的。

2. ASR 控制的基本方法

（1）对发动机输出转矩进行控制

合理地控制发动机输出转矩，可以使汽车获得最大驱动力。发动机输出转矩的控制方法有：

①调节燃油喷油量，如减少或中断供油。

②调节点火时间，如减小点火提前角或停止点火。

③调整进气量，如调整节气门的开度和辅助空气装置。

（2）对驱动轮进行制动控制

对驱动轮进行制动控制是对发生滑转的驱动轮直接施以制动力，使车轮的滑转率控制在目标值范围内，这时，非滑转车轮仍有正常的驱动力，从而提高了汽车在滑溜路面上的起步、加速能力以及行驶方向的稳定性。为使制动过程平稳，应缓慢增大制动力。

采用制动控制方式的 ASR 的液压系统可分为两大类：一类是 ASR 与 ABS 的组合结构，在 ABS 中增加电磁阀和调节器，从而增加了驱动控制功能；另一类是在 ABS 的液压装置和轮缸之间增加一个单独的 ASR 的液压装置。普遍认为今后的发展主流是成本较低的 ABS 与 ASR 的组合结构。

（3）对发动机输出功率和驱动轮的制动力进行控制

控制信号同时启动 ASR 制动压力调节器和辅助节气门调节器，在对驱动轮施以制动力的同时减少发动机的输出功率，以达到理想的控制效果。

（4）对差速锁进行锁止控制

这种控制方法用在电子控制的可锁止差速器上。其具体控制方法为在差速器向车轮输出端的离合器片上加压，以实现锁止功能。该控制功能可以使锁止程度从基本锁止到完全

---

①滑动率是滑移率和滑转率的统称。ABS 控制滑移率 $[(v-wr)/v \times 100\%]$，ASR 控制滑转率 $[(wr-v)/wr \times 100\%]$。

锁止逐渐变化。当驱动轮单边滑转时,控制器输出控制信号,使差速锁和制动压力调节器动作,对滑转车轮施以制动力,使车轮的滑转率控制在目标范围之内。这时,非滑转车轮仍有正常的驱动力,从而提高了汽车在滑溜路面的起步和加速能力以及行驶方向的稳定性。如图 16-5 所示为带防滑差速锁(LSD)的 ASR。

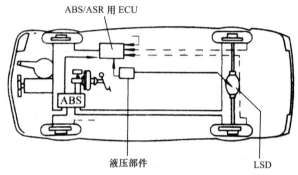

图 16-5   带防滑差速锁的 ASR

(5)对差速锁与发动机输出功率进行综合控制

为了达到最理想的控制效果,采用差速制动控制与发动机输出功率控制相结合的综合控制系统。汽车在行驶过程中,路面打滑的情况千差万别,驱动力的状态也是不断变化的。综合控制系统将根据发动机的状况和车轮滑转的实际情况采取相应的控制。比如,在发动机驱动力较小的状态下出现车轮滑转的主要原因可能是由于路面滑溜,这时采用对滑转车轮施以制动的方法就比较有效。而在发动机输出功率大(节气门开度大、转速高)时出现车轮滑转,则主要通过减小发动机输出功率的方法来控制车轮的滑转。有时候,车轮滑转的情况更为复杂,需要通过对车轮制动和减小发动机输出功率的共同作用来控制车轮的滑转。

16.3.2   ASR 系统的基本组成

1. ASR 的控制单元

由于 ASR 和 ABS 的一些输入信号和处理都是相同的,为了减少电子器件的应用数量,使结构更紧凑,ASR 的电子控制器和 ABS 的电子控制器通常组合在一起。ASR 的 ECU 发出的控制指令有如下几种:控制滑转车轮的制动力;控制发动机的输出功率;同时控制发动机输出功率和驱动轮的制动力。在实际应用的 ASR 中,绝大多数都采用调节发动机输出转矩的方式来控制汽车驱动力矩。而调节发动机输出转矩,通常是利用发动机电子控制装置,通过控制节气门开度和点火提前角的方式来实现的。

2. ASR 的传感器

ASR 的传感器主要是轮速传感器和节气门位置传感器。轮速传感器与 ABS 共用,而节气门位置传感器则与发动机控制系统共用。ASR 的专用信号输入装置是 ASR 选择开关,关闭 ASR 选择开关,可停止 ASR 的工作。例如,在汽车维修中需要将汽车驱动轮悬空转动时,ASR 就可能对驱动轮施以制动,影响故障的检查。这时关闭 ASR 选择开关,停止 ASR 工作,就可避免这种影响。

3. ASR 的制动压力调节器

ASR 的制动压力调节器执行 ASR ECU 的指令,对滑转车轮施加制动力并控制其大小,以使滑转车轮的滑转率在控制目标范围之内。ASR 制动压力源是蓄压器,通过制动压力调节器中的电磁阀来调节驱动轮制动力的大小,它又可以分为独立式和组合式两种。所谓独立式,是指 ASR 制动压力调节器和 ABS 制动压力调节器在结构上各自分开。独立式 ASR 制动压力调节器有四种不同工作状态,分别是不起作用、轮缸增压、轮缸保压、轮缸减压。组合式是指 ASR 制动压力调节器与 ABS 制动压力调节器在结构上组合为一个整体,也称 ABS/ASR 制动压力调节器,这种调压阀是按流通式(也称循环式)调压原理制成的。

16.3.3 ABS/ASR 综合控制系统

ABS 与 ASR 的目的都是控制车轮在制动或驱动工况的滑动率。现代车辆 ABS/ASR 综合控制系统可以共用或分设 ECU,采用整体性、动态性和开放性的设计与控制原则,ABS 与 ASR 控制实现资源共享,互为补充,综合运用各方式的优点使滑动率控制结果区域分布理想化,加强可靠性与灵敏性。

ABS/ASR 综合控制系统组成结构如图 16-6 所示。

1. 确定车轮运行工况

ABS/ASR 防滑控制系统首先对制动力(或制动踏板力)、变速器传动比等辅助信息进行处理,以确定车辆处于驱动状况,自动关闭 ABS 通道。

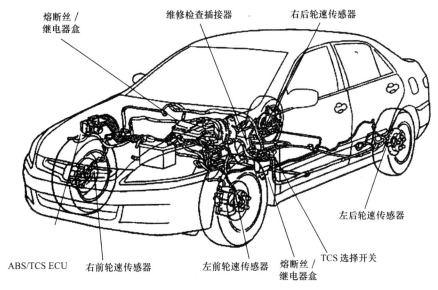

图 16-6　ABS/ASR 综合控制系统组成结构

2. 驱动轮防滑控制

(1)发动机转矩控制。该控制一般运用于 ASR 初始性过渡控制,其目的在于使整个控制过程平顺、稳定。当 ABS/ASR ECU 监测到驱动轮滑动率超过规定值时,首先发出指令使步进电动机运行,通过控制副节气门开度,在主节气门位置不变的情况下减少发动机进气量,进而减少发动机输出转矩和驱动轮转矩。如设置电子控制自动变速器(ECT),则锁定传动比。

(2)如果用发动机转矩控制仍不足以将驱动轮滑动率恢复到预定范围,ABS/ASR ECU

将进一步发出指令使 ABS 工作,在不踩制动踏板的情况下发出独立控制指令,使驱动轮制动压力调节器中的电磁阀工作,打开压力管路产生制动效应。有的车辆在驱动轮制动通道中增设一个并联的独立通道单独实行 ASR 控制,在 ABS 工作时该独立通道互锁关闭。

采用发动机转矩控制可以使控制过程平顺、稳定,有助于行驶稳定性与平顺性,以防止由于突然性的高强度车轮制动所产生的安全隐患。

项目练习与测试

(一)填空题

1.汽车 ABS 的基本组成包括_____、_____、_____和_____。

2.循环式制动压力调节器在汽车制动过程中,ECU 控制流经制动压力调节器电磁线圈的电流大小,使 ABS 处于_____、_____、减压三种状态。

3.根据制动管路布置方式的不同,ABS 可分为_____、_____、_____或_____的两轮系统和四轮系统。

4.典型的 ABS 工作过程可以分为_____、_____、_____和_____这几个阶段。

5.目前大多数车轮的转速传感器都是_____。它是由_____变化而产生_____的装置。

6.在一些 ABS 中为了获得汽车的_____或_____,在汽车上安装有_____,也叫作 G 传感器。

7.ASR 一般可以通过_____、_____和_____的途径实现控制目的。

8.当车辆转向时,如果发生_____或_____,或是车辆实际运行轨迹偏离驾驶员操作轨迹时,ESP 就会发挥作用,纠正车辆_____。

9.汽车驱动防滑控制系统(ASR)是_____功能的自然扩展,它的作用是维持汽车行驶时的_____,并尽可能利用车轮与路面间的纵向附着力,提供最大的驱动力。_____是汽车驱动防滑控制系统(ASR)与汽车防抱死制动系统(ABS)这两大系统功能上的延伸。

10.在汽车的行驶过程中,_____和_____对滑动率有很大影响。

11.ABS 与 ASR 都是用来控制车轮相对地面的滑动,以使车轮与地面的_____达到最大,但 ABS 控制的是汽车_____时所有车轮的"拖滑",主要是用来提高_____效果和确保_____;而 ASR 是控制_____的"滑转",用于提高汽车起步、加速以及在滑溜路面行驶时的牵引力和确保行驶稳定性。

12.ESP 是一项综合控制技术,整合了多项电子制动技术,通过对_____、发动机管理系统和_____来防止车辆滑移。

13.为了实现防止车轮侧滑功能,ESP 在 ABS 和 ASR 基础上,传感器部分需要增设用于检测汽车状态的_____传感器、_____传感器、_____传感器以及检测制动主缸(总泵)压力的制动液压力传感器。

(二)判断题

1.ABS 最早用在铁路机车和飞机上。　　　　　　　　　　　　(　　)

2.当路面的制动力大于附着力时,车轮即出现抱死不转而纯滑移的现象。　(　　)

3.当 ABS 出现故障时,汽车就没有了制动功能。　　　　　　　(　　)

4.所有 ABS 控制范围一般在 15～180 km/h。　　　　　　　　　　　　（　　）

5.霍尔式车轮转速传感器输出的电压信号强弱随车速的变化而变化。　（　　）

6.在正常的情况下,点火开关打开,ABS 故障报警灯数秒后应当熄灭,否则说明 ABS 有故障。　　　　　　　　　　　　　　　　　　　　　　　　　　　　（　　）

7.目前四轮 ABS 大多数使用四通道控制。　　　　　　　　　　　　　（　　）

8.ABS 调节器中的电动泵都是独立于 ECU 工作的。　　　　　　　　　（　　）

9.ABS 的压力调整都是用三位三通的电磁阀来进行的。　　　　　　　（　　）

10.霍尔式车轮转速传感器很好地解决了车速快时 ABS 的控制问题。　（　　）

11.常闭电磁阀的作用是切断到分泵的油路。　　　　　　　　　　　　（　　）

12.车速传感器传感头和齿圈之间的间隙通常只有 0.5～1 mm。　　　（　　）

13.有经验的驾驶员,为了避免汽车起步时驱动轮出现滑转,会尽力使发动机保持高速运转并快速松开离合器踏板,以避免作用在驱动轮上的驱动力过大,防止驱动力超过地面附着力而导致滑转。　　　　　　　　　　　　　　　　　　　　　　　　　（　　）

14.ASR 处于关闭状态时,发动机副节气门会自动处于完全打开位置。　（　　）

15.为了提高汽车通过较差路面的能力,可采用防滑差速器。当汽车某一侧驱动轮发生滑转时,差速器的差速作用即被部分或全部锁止。　　　　　　　　　　　　（　　）

16.ESP 在不同的车型上往往赋予其不同的名称,如奔驰、奥迪称其为 VSC;宝马称其为 DSC;丰田、雷克萨斯称其为 ESP。　　　　　　　　　　　　　　　　　（　　）

17.奥迪轿车 ESP 电子控制单元与液压控制装置集成在一起组成一个总成。　（　　）

18.ESP 可以通过主动调控发动机的转速,并调整每个轮子的驱动力和制动力,来修正汽车的过度转向和转向不足。　　　　　　　　　　　　　　　　　　　　　（　　）

19.电子控制单元通过车轮转速传感器和横向偏摆率传感器来计算车辆的实际行驶方向。　　　　　　　　　　　　　　　　　　　　　　　　　　　　　　（　　）

20.最佳的制动状态是车轮完全被抱死而发生滑移时。　　　　　　　　（　　）

21.制动的方向稳定性是指制动时是否会发生制动跑偏、侧滑或失去转向能力。（　　）

22.车轮抱死的顺序与汽车载荷大小及道路情况有关。　　　　　　　　（　　）

23.ABS 有故障引起电子控制器切断或阻止系统工作,但仍然保持正常的动力助力制动作用。　　　　　　　　　　　　　　　　　　　　　　　　　　　　　（　　）

24.防抱死制动系统因其限制车轮抱死,所以其制动距离会比普通制动距离大。　（　　）

25.带有 ABS 的车辆,紧急制动时制动踏板会产生抖动现象,说明 ABS 有故障。

（　　）

(三)选择题

1.皇冠轿车 ABS 采用(　　　)。

A.两传感器三通道式　　　　　　　　B.三传感器三通道式

C.四传感器四通道式　　　　　　　　D.以上说法都不对

2.路面制动力、制动器制动力和附着力之间的关系说法正确的是(　　　)。

A.路面制动力取决于制动器制动力

B.附着力不大于路面制动力

C.路面制动力等于附着力时最好

D.制动器制动力等于路面制动力

3.汽车 ABS 应急保护功能表现为（　　　）。

A.车速高于 5～8 km/h 才能紧急制动

B.紧急制动时 ABS 才起作用

C.保持制动时方向的稳定性

D.在 ABS 有故障时恢复常规制动

4.汽车制动时的车轮滑移率是（　　　）。

A.车速 v 与轮速 wr 之比 $v/wr×100\%$

B.轮速 wr 与车速 v 之比 $wr/v×100\%$

C.车速 v 与轮速 wr 之差与车速 v 之比 $(v-wr)/v×100\%$

D.轮速 rw 与车速 v 之差与轮速 wr 之比 $(wr-v)/wr×100\%$

5.目前汽车防抱死制动系统的最低工作车速为（　　　）。

A. 15 km/h
B. 20 km/h

C. 25 km/h
D.以上都不是

6.汽车在制动时会发生很大的轴荷位移,使（　　　）。

A.后轮的附着力比前轮大
B.后轮的附着力比前轮小

C.两者一样大
D.两者无法比较

7.汽车制动甩尾的原因是（　　　）。

A.后轮地面附着力较大
B.前轮地面附着力较大

C.后轮制动器制动力不足
D.后轮制动时抱死侧滑

8.汽车 ABS 的 G 传感器的作用主要是（　　　）。

A.检测滑移率
B.检测制动力

C.对计算车速修正补偿
D.使制动时方向稳定

9.电子控制单元通过（　　　）确定驾驶员想要的行驶方向。

A.方向盘转角传感器
B.轮速传感器

C.横摆率传感器
D.加速度传感器

10.速腾的（　　　）是 ABS/TCS/ESP 的控制中心。

A.液压调节器总成
B.电子控制单元

C.后轮转速传感器信号环
D.横向偏摆率传感器

11.以下不是人工读取故障码的方式是（　　　）。

A.通过 ABS 故障报警灯闪烁读取

B.通过自制的发光管灯读取

C.通过电子控制单元盒上的二极管灯读取

D.解码器读取

12.汽车制动时,由于车轮（　　　）的增大,侧向附着系数减小,因此汽车的转向能力下降,当转向轮抱死拖滑时,侧向附着系数几乎为零,汽车将完全丧失转向能力。

A.滑移率
B.制动力

C.减速度
D.附着力

13.装有 ABS 的汽车进行道路测试时,甲说,当用力制动,后轮企图抱死,这时应该听到来自后轮的几声咔咔声;乙说,制动时发生制动踏板海绵感是正常现象。则(　　)。

A. 只有甲正确   B. 只有乙正确

C. 甲、乙均正确   D. 甲、乙均不正确

14. 甲说,所有的比例阀均是可调的;乙说,仅有高度感传比例阀可调。则(　　)。

A. 只有甲正确   B. 只有乙正确

C. 甲、乙均正确   D. 甲、乙均不正确

(四)简答题

1. 简述滑动率与附着系数的关系。

2. 简述 ABS 的分类。

3. 简述 ABS 的组成、作用及工作原理。

4. 简述 ABS 电脑的故障保护功能。

5. 简述 ASR 与 ABS 之间的关系。

6. 简述汽车驱动防滑控制系统(ASR)的基本控制原理。

7. 简述 ESP 的组成和工作原理。

8. 试述汽车上装用防抱死装置对制动性能和操纵性能的意义。

9. 简述 ABS 与 ASR 的区别及各自功用。

(五)案例分析题

1. 一辆现代索纳塔 2.0 轿车,其制动系统是前后轮均为盘式制动器,带 ABS。客户在行车过程中发现 ABS 故障报警灯亮起,心里感到不安,打电话向你咨询处理方法,你如何应对?

2. 一辆广州本田雅阁轿车,其制动系统是前后轮均为盘式制动器,带 ABS。该车在 80 km/h 以上的速度行驶过程中轻踩制动踏板制动时,方向盘发抖,制动踏板也发抖。正常行车时没有这种现象。请你分析故障发生的原因,并提出检查和排除故障的具体方案。

参考文献

[1] 梁建和,甘善泽.汽车底盘构造与维修[M].北京:北京理工大学出版社,2011.

[2] 贺萍.汽车传动技术[M].北京:机械工业出版社,2009.

[3] 张红伟,王国林.汽车底盘构造及维修[M].北京:高等教育出版社,2005.

[4] 姚美红,栾琪文.汽车构造与拆装实训教程[M].北京:机械工业出版社,2013.

[5] 周林福.汽车底盘构造与维修(第三版)[M].北京:人民交通出版社,2014.

[6] 蒋运劲,唐作厚.汽车底盘构造与维修(第二版)[M].北京:北京理工大学出版社,2013.

[7] 散晓燕.汽车底盘机械系统检修[M].北京:人民邮电出版社,2009.

[8] 石功名,高玉芝,何南昌.汽车底盘构造与维修[M].长春:东北师范大学出版社,2011.

[9] 钱锦武.汽车底盘构造与维修(第三版)[M].大连:大连理工大学出版社,2014.

[10] 陈建宏,许炳照.汽车底盘机械系统检修(第二版)[M].北京:人民交通出版社,2011.

[11] 贾广辉.汽车行驶、转向和制动系检修[M].哈尔滨:哈尔滨工程大学出版社,2011.

[12] 潘伟荣,刘越琪.汽车构造与拆装[M].北京:人民交通出版社,2011.

[13] 张芳玲,王清娟.汽车底盘构造与维修[M].哈尔滨:哈尔滨工业大学出版社,2013.

[14] 张红伟.汽车底盘机械系统检修[M].北京:清华大学出版社,2010.

[15] 李雷.汽车底盘电控系统检修(含自动变速器)[M].北京:人民邮电出版社,2009.

[16] 黄嘉宁,高维滨.汽车检修实训教程[M].北京:北京邮电大学出版社,2008.

[17] 曹红兵.汽车底盘构造与维修实训指导[M].北京:机械工业出版社,2014.

[18] 李伟.图解新型汽车底盘拆装与检修(第二版)[M].北京:机械工业出版社,2014.

[19] 劳动和社会保障部教材办公室.汽车拆装技能训练(第三版)[M].北京:中国劳动社会保障出版社,2014.